テキスト食物と
栄養科学シリーズ
5

調理学

第2版

安藤　真美
今田　節子
岡本　洋子
橘髙　博美
久木野睦子
近　　雅代
佐々木敦子
杉山　寿美
寺本　あい
花﨑　憲子
渕上　倫子
升井　洋至
著

朝倉書店

シリーズ編集者

大鶴　　勝　　武庫川女子大学名誉教授
石永　正隆　　山陽女子短期大学・学長
島田　和子　　山口県立大学名誉教授
田中　敬子　　滋賀県立大学名誉教授

編　著　者

渕上　倫子　　岡山県立大学名誉教授

執筆者（五十音順）

安藤　真美　　摂南大学農学部・教授
今田　節子　　ノートルダム清心女子大学名誉教授
岡本　洋子　　前広島修道大学健康科学部・教授
橘髙(桂)博美　京都女子大学家政学部・准教授
久木野睦子　　活水女子大学健康生活学部・教授
近　　雅代　　前福岡女子短期大学・教授
佐々木敦子　　中国学園大学名誉教授
杉山　寿美　　県立広島大学地域創生学部・教授
寺本　あい　　関東学院大学人間環境学部・准教授
花﨑　憲子　　前武庫川女子大学短期大学部・教授
升井　洋至　　武庫川女子大学食物栄養科学部・教授

序

2000年に栄養士法が改正され，2002年4月から管理栄養士の定義が「栄養士の業務であって複雑または困難なものを行う適格性を有する者」から「傷病者に対する療養のため必要な栄養の指導，個人の身体状況，栄養状態等に応じた高度の専門的知識及び技術を要する健康の保持増進のための栄養の指導並びに特定多数人に対して継続的に食事を供給する施設における利用者の身体の状況，栄養状態，利用の状況等に応じた特別の配慮を必要とする給食管理及びこれらの施設に対する栄養改善上必要な指導等を行うことを業とする者」に明確化された．チーム医療を円滑に行う能力や，栄養・給食関連サービスのマネジメントを行う能力，栄養指導を行う能力など，高度な専門的知識および技術をもった資質の高い管理栄養士の育成を図る目的で，一連の改定が行われた．すなわち，管理栄養士が登録制から厚生労働大臣の免許になり（栄養士の免許は都道府県知事），管理栄養士が病院や老人福祉施設で指導した場合点数が加算されるようになった．また，2005年4月より栄養教諭制度がスタートし，食育基本法が施行され，学校における食に関する指導を，栄養に関する専門性と教育に関する資質を併せもつ栄養教諭が担当できるようになった．このように，管理栄養士の地位は徐々に向上しつつあるが，2005年10月より介護保険法が改正され，介護保健施設の入所者の食費が利用者負担となり，個々人の栄養状態，健康状態を適切に評価して栄養ケア・マネジメントをしなければならなくなった．単に管理栄養士を配置するだけでは評価されない，管理栄養士の実力が問われる時代となった．また，2006年3月の管理栄養士国家試験から，管理栄養士養成施設卒業生に対しての試験科目6科目免除制度がなくなり，応用力も試されることになった．

2002年に改定された管理栄養士養成施設のカリキュラムでは，「専門基礎分野」38単位と「専門分野」44単位に大別され，従来のような科目指定はなくなり，独自に開講科目を設定できるようになった．調理学は「専門基礎分野」の「食べ物と健康」に分類され，国家試験出題ガイドラインの「人間と食べ物」「食事設計と栄養」の一翼を担うことになった．従来の調理学に加え「日本人の食事摂取基準2005年版」とその活用法をも含むことになり，調理学の専任教員の必置義務もなくなった．他の医療職の人がもたず，管理栄養士・栄養士に求められるのは栄養・食品・調理関連の知識である．栄養的に配慮されたものでも，おいしくないと食べてもらえない．病院，保健所などで栄養指導する際も，最終的にはどのように調理して食べればよいかとの質問が非常に多い．食育においても調理学が重要な役割を果たす．

調理学は献立作成から始まり，各種調理操作を経て供食に至るまでの全プロセスを扱う学問である．そのため，食文化，食事計画論，おいしさとその評価，調理操作論，各種食品の調理特性など幅広い内容を含む．様々な食品の性質を知り，調理操作による色，味，香り，テクスチャー，栄養素などの化学的・物理的変化を科学の目で眺めることはとても楽しい．基礎理論をつかんでいると失敗が少なく，コツやワザを修得しやすい．調理学の講義で扱った内容は調理学実験や調理学実習で体験し再確認すると，もっと身近なものとなる．

本書は新しいカリキュラムの内容を網羅し，最新の情報も盛り込み，コラムを多く書くことで，できるだけ幅広い知識が得られるよう配慮した．栄養士・管理栄養士養成課程のみならず，教員養成課程や生活・家政系短期大学においても調理学は重要で，いずれにも対応した内容となっている．学生の皆さんが，調理学の重要性を理解し，楽しく学ばれることを期待している．

2006年の初版以降，食事摂取基準や日本食品成分表の改定等があったため，2022年に最新の情報を盛り込んだ教科書に改訂し，第2版とすることにした．

終わりに，出版にあたりお世話になった朝倉書店編集部と，多くの教科書や文献から図表を引用させていただいたことを，著者を代表して深謝します．

2022年2月　　編著者　渕上倫子

目　　次

1. 調理学の概要

1.1 調理の意義と調理学の範囲

「人間は料理をする動物である」といわれるように，人間が他の動物と違う点は火を使って料理する点であり，cooking は主に加熱調理という意味である．人間は火を使って料理することにより，寒冷地，温帯，熱帯など世界のあらゆる地域で生息することが可能となった．動物を飼育し，植物を栽培化することにより食物の種類が増え，気候風土にあった食糧を生産し，それを主食として様々な食文化を形成してきた．そのため，食習慣，食嗜好には地域性がある．

食品を食物に変えるのが調理である．すなわち，衛生的で安全で，栄養バランスのとれたおいしい料理を作り，すぐ食べられるように調製するのが調理である．

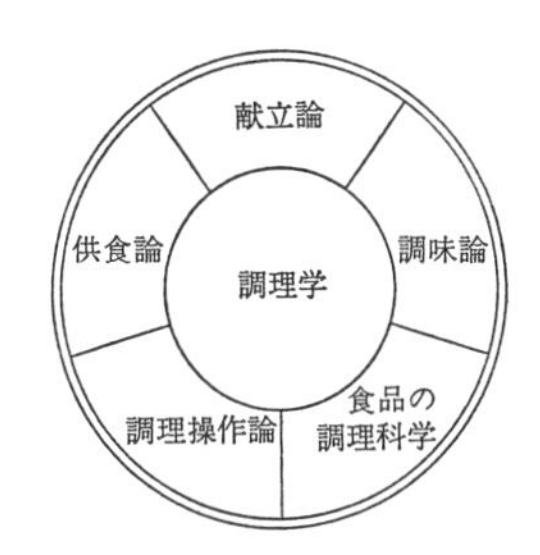

図 1.1　調理学の範ちゅう
（川端晶子編：最新調理学，学建書院，1980）

調理学の範囲は，食事計画，すなわち献立作成から始まり，食材の選択・入手，下処理・各種調理操作・調味し，食器を選んで盛り付けし，配膳し，食事として提供し，食事が終わって，片づけをするまでの全プロセスを扱う学問である（図 1.1）．図 1.2 に示すように，各プロセスには配慮が必要な様々な事柄がある．給食施設での食事とレストランや割烹料理店での食事の違いは，付加価値の程度の違いであり，おいしい食事を提供するためには，これらの心使いがきわめて重要である．

おいしく調理するには，まず，食品材料についての幅広くて深い知識が必要である．すなわち，食品の種類，食品成分や機能，生物学的・化学的・物理的性質や調理特性を知ること．次いで，調理機器，調理操作や調理中の成分変化などを科学的に解明し，法則性を見いだし，調理の技術を身に付けること．おいしく調味するには，おいしいものを食べて舌を磨くこと．美的な料理，盛り付け，配膳には，色や形へのセンスが問われる．陶磁器，漆器，ガラス・木工品などの美術品にも興味を持つこと，芸術についての教養も必要となってくる．調理学は自然科学的，人文科学的，社会科学的知識が必要な学際的な学問である．そのため，調理学の研究はいろいろな分野からのアプローチが可能である．

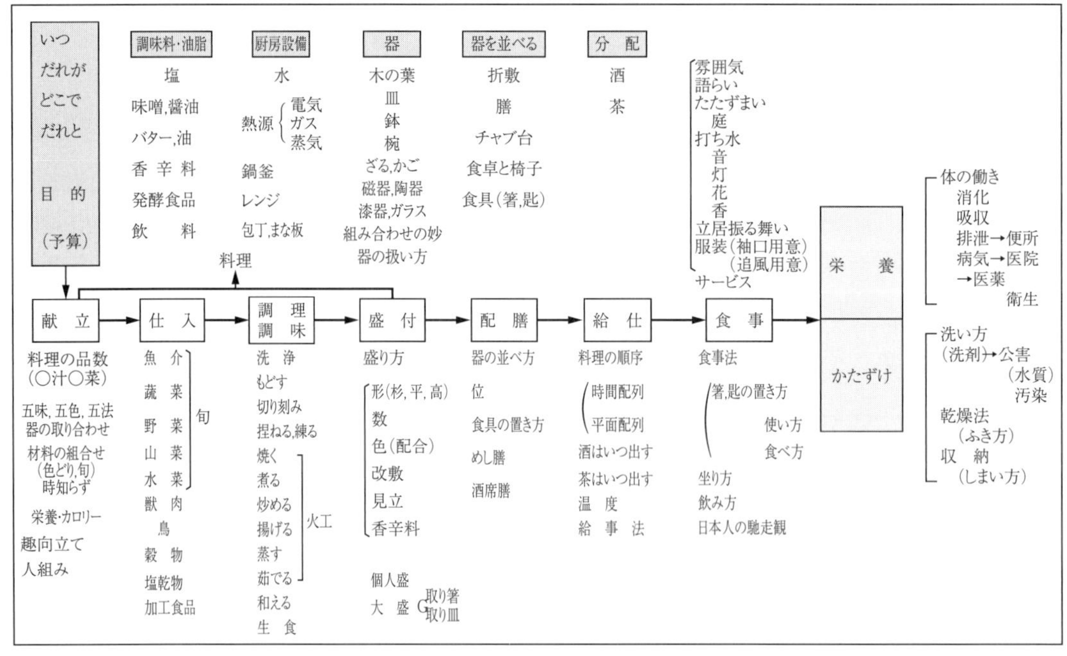

図 1.2　料理のデザイン
(奥村彪生：現代における生活文化とおいしさ—特においしさの付加価値について—. 臨床栄養 **77**, 1990)

栄養士・管理栄養士養成課程や教員養成課程における調理学は理論と実験，実習が三位一体となって初めて実効があるものになる．

1.2　調理の文化（歴史）

私たちは食生活を考える時，現代の食や未来の食に対する関心は強い反面，過去の食に関しては忘れがちになる．しかし，日本文化が発生してから現在まで日本人の食生活は様々に変化をしており，長い年月をかけて受け継がれてきた食生活の変遷や日本食の知恵と文化を再認識することは，現在の食生活の問題点，さらには未来への課題を考えるきっかけになる．図1.3に日本の調理文化の変遷を示す．各時代毎に特徴的な食文化が形成されており，その中で調理方法や調理様式が発展してきた．

発酵食品の始まり（弥生時代）

日本の高温多湿な環境において食品の保存は腐敗との戦いであったが，発酵を有効利用することによって新しい食品を生み出してきた場合も多い．この時代には，酒系と醤（ひしお）系のものがあった．米・麦・豆などを原材料とした穀醤（こくびしお）は現在の味噌・醤油，動物の肉を原材料とした肉醤（にくびしお）は現在の塩辛や鮨，植物などを原料とした草醤（くさびしお）は現在の漬物の原型である．

1.2.1　先土器・縄文時代（日本文化発生～紀元前後）

自然物採集の時代である．縄文時代の貝塚から当時の食生活がうかがえる．食品の種類は多様であるが，主食・副食の区別はなく，手づかみで食べていたと考えられている．縄文時代に土器が使用され始めたことは，それ以前の旧石器時代の食物を焼く，あぶるといった調理法以外に煮炊きが加わったことを意味する．縄文式土器は，時代や発掘された地域によって形状が異なるが，粗製の深鉢は煮炊き用と考えられる．

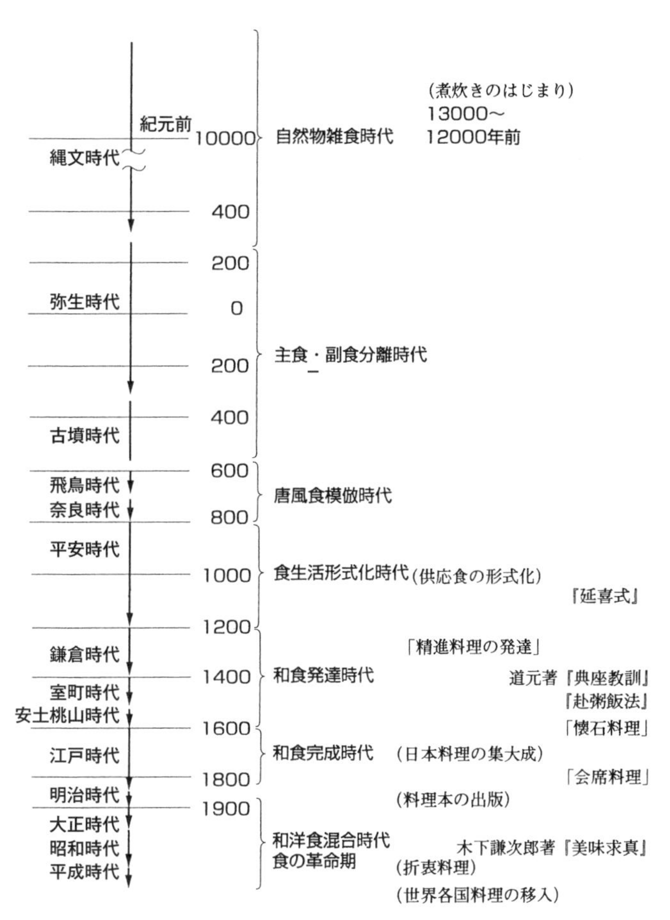

図 1.3　日本の調理文化の変遷
（川端晶子：調理学，学建書院，1987）

米の調理法の変化（平安時代）
　米の調理方法も多様化し，白米も食べられた．米を煮た固粥（かたがゆ）は姫飯（ひめいひ）とも呼ばれ，後のうるち米を蒸した飯（いひ），さらには現代主流である炊く調理で調理されたご飯へと変化していった．また，強飯（こわいひ）をにぎった屯食（とんじき）（現代のおにぎり）もあった．

箸の使用（奈良・平安時代）
　奈良・平安時代の出土品が多いことから，この時代から箸の使用が本格化したと考えられる．主食が適度に粘りのある姫飯へと変化したことが要因の一つとされている．白銀・白銅・象牙・柳・松などが素材として使用された．

精進料理（鎌倉時代）
　精進料理とは，だしに至るまで動物性食品を排除し，植物性食品のみを使った料理である．淡白な味を補うために胡桃・ゴマを入れる，揚げ物にするなどしてコクを加えた．また料理名に，肉・魚の名前をつけ，外観を魚や鳥の姿に成形するなど，使用する食品・調理法・調味に工夫がなされていた．さらに栄養バランスを整えるために大豆や大豆製品が普及し，その後の日本人の重要なタンパク質源となっていった．

食事回数（鎌倉時代）
　食事回数の変化は，武士が戦に出る際に軽食を取ったことと，禅僧が修業の疲れを癒すため，朝・夕の間に少量の軽食を取ったことから始まったとされ，羊羹・饅頭・麺類・豆腐などの点心（疲れている心に点ずるの意），茶請けとしての茶子（ちゃのこ）が食べられた．

1.2.2　弥生・大和時代（紀元前後〜7 世紀）

　金属器を使用した稲作農業が本格的に始まり，その後，現代まで米は日本人の主食として重要である．当時は玄米のまま利用され，主な調理方法は粥であり，木匙を使用して食されていた．また，甑（こしき）と呼ばれる一種の蒸篭でもち米を強飯（こわいひ）としたり，米を焼いて保存食や携帯食として利用していた．

1.2.3　奈良・平安時代（8〜12 世紀）

　隋や唐と正式に国交が開かれ大陸文化の影響を受けた．特に上流階級は唐風に傾いていったが，庶民の食生活は依然として前代同様であった．平安時代の貴族の年中行事や生活に関する内容を記してある『延喜式』から当時の生活を推察できる．食品の種類や調理法は種類を増し，生食・焼き物・煮物・蒸物・茹物・羹（あつもの）・汁物・醤・乾物などに調理された．さらに，米粉や小麦粉を練って植物の形を作り油で揚げた唐菓子も出現している．

1.2.4 鎌倉・室町時代（13～16世紀）

鎌倉時代は武士による武家社会が形成され，唐風模倣を脱して日本的な食生活が発生した．室町時代は禅と茶を中心とする東山文化と共に，日本風の食品や食生活が発達した時代である．この時代，質実剛健を尊ぶ新仏教である禅宗と肉食禁止を提唱する仏教が融合した精進料理が出現している．

また平安時代中期から鎌倉時代に，朝・夕の1日2食から昼を加えた1日3食へ食事回数の変化が発生し，江戸時代に完成した．

1.2.5 安土・桃山・江戸時代（17～18世紀）

南蛮貿易により新しい作物・料理・調理法が輸入され食生活に影響を与えた．作物では，西瓜・南瓜，南蛮黍，唐辛子，甘藷，馬鈴薯などであり，南蛮料理として天ぷら・卵料理など，さらにカステラ・ボーロ・ビスケット・コンペイトウ・カルメラなどの南蛮菓子も伝来している．また，前代に発生した茶の湯文化がさらに発達し，それにともなって懐石料理が登場した．

饗膳料理も変化し，日本古来の系統をもつ式正料理（しきしょうりょうり）や本膳料理から会席料理へと，煩雑・形式化から徐々に簡略化していき，現在まで受け継がれている．また，普茶料理（黄檗（おうばく）山萬福寺に伝わる中国風精進料理）や卓袱（しっぽく）料理など中国の影響を受けた料理も登場した．

懐石料理（安土・桃山時代）
懐石料理とは，一汁二菜または三菜でわび茶の精神にかなう料理とされている．決して粗末なものではなく，自然の味，季節感を取りいれ，食品本来の味・香り・色を大切にした．しかも調理法が重ならないようにするなど工夫を凝らしたものである．懐石料理の食作法は，その後の日本料理の根本理念となっており，後に食品数を増して江戸時代の会席料理へと発展し，日本料理の主流となっていく．

鎖国と食文化（江戸時代）
江戸時代，約260年間にわたる鎖国によって世界の大勢からは遅れたが，元禄文化の開花と共に，日本料理の食品種類や調理法が完成に向かった．数多くの豆腐料理を記した『豆腐百珍』など，当時著された料理書は多い．また，居酒屋・蕎麦屋・鰻屋・鮨屋などの飲食店が多くみられた．

1.2.6 明治・大正・昭和・平成の時代（19世紀～現代）

明治維新により欧米文化の波が押し寄せ，洋風の食材・調理法・食器類・食事作法などが積極的に取り入れられ，それまでの和風の食生活に洋風の食生活が混同し始めた．すき焼き・コロッケ・カレーライスなどは，洋食を日本人に合うようにアレンジした日本生まれの料理である．それまでの食生活は，味・外観・慣例・儀礼などに重点がおかれていたのに対し，栄養学的な科学的根拠によって合理的に営まれるようになり始めた時代である．

戦争による極度の食糧難を経て，戦後の学校給食の開始，料理学校や家政学科を設置する短大や大学の開学，さらには一般家庭における食品・調理・食器などあらゆる面で急速に変化し，今日へと至っている．

1.3 料理様式と食卓構成

料理は各国，各地域独自の地勢や気候風土だけでなく，それぞれの時代の政策的，経済的要因や宗教的な価値観など，自然環境や社会環境を大きく反映し発達してきた．料理様式はそれらの料理を一定のしきたりにしたがって配膳し供する形式をいう．現在の系統化された料理様式として日本料理様式，中国料理様式，西洋料理様式をあげることができる．

1.3.1　日本の食事様式

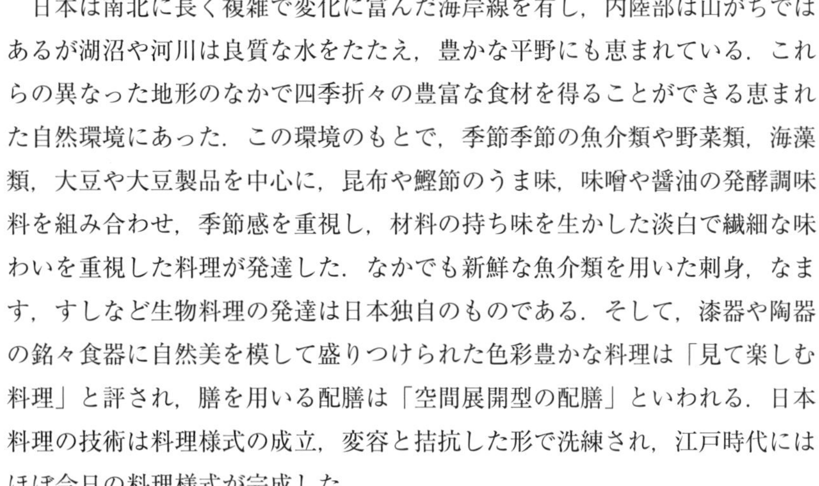

日本は南北に長く複雑で変化に富んだ海岸線を有し，内陸部は山がちではあるが湖沼や河川は良質な水をたたえ，豊かな平野にも恵まれている．これらの異なった地形のなかで四季折々の豊富な食材を得ることができる恵まれた自然環境にあった．この環境のもとで，季節季節の魚介類や野菜類，海藻類，大豆や大豆製品を中心に，昆布や鰹節のうま味，味噌や醤油の発酵調味料を組み合わせ，季節感を重視し，材料の持ち味を生かした淡白で繊細な味わいを重視した料理が発達した．なかでも新鮮な魚介類を用いた刺身，なます，すしなど生物料理の発達は日本独自のものである．そして，漆器や陶器の銘々食器に自然美を模して盛りつけられた色彩豊かな料理は「見て楽しむ料理」と評され，膳を用いる配膳は「空間展開型の配膳」といわれる．日本料理の技術は料理様式の成立，変容と拮抗した形で洗練され，江戸時代にはほぼ今日の料理様式が完成した．

料理様式が整い始めるのは平安時代の大饗（たいきょう）料理からで，これは大陸の影響下に成立した様式であった．ここでは中世から近世にかけて発達し，今日の料理様式の中核をなす日本独自の様式である精進料理，本膳料理，懐石料理，会席料理について特徴を紹介する．

大饗料理

平安時代，宮中をはじめ貴族社会では，行事には酒と料理でもてなす宴が催された．大饗料理は台盤と呼ばれる食卓，箸と匙の使用，高盛の飯など，大陸の影響下に成立した様式で，30種類以上におよぶ料理は食べるためというより，貴族の権威の象徴であったともいえよう．

a．精進料理

中世になって伝来した禅宗の影響下のもとで発達した精進料理は，禅宗寺院の僧侶たちが修行生活のなかで摂った食事様式であった（3頁コラムも参照）．材料は仏教の肉食禁忌のたてまえから野菜，果実，木の実，海藻，乾物などの植物性食品が主体で，当時中国から伝来した豆腐，ゆば，生麸なども使われ，菜種，大豆，胡麻油で揚げる調理法も行われるようになった．

精進料理の食哲学

道元が修行僧のために著した『典座教訓』（1237）には調理人の心得が，『赴粥飯法』（1244）には食べる側の心得，食作法が述べられている．

b．本膳料理

室町時代に入り武士の権力が大きくなると武士本来の質実剛健さは希薄となり，奢侈的，消費的生活を営むようになった．このような社会的状況のな

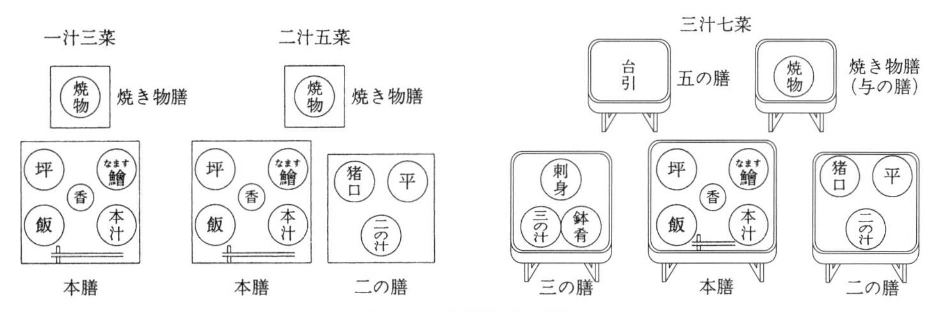

図 1.4　本膳料理の配膳

足付きの漆塗り膳と漆器の食器，陶器の刺身皿

本汁：味噌仕立て　二の汁：すまし仕立て　三の汁：種類の異なる仕立て

鱠：酢締め魚または刺身　平：煮物（炊き合わせ）　猪口：和え物または浸し物

坪：汁気の少ない煮物　焼き物：魚の姿焼き

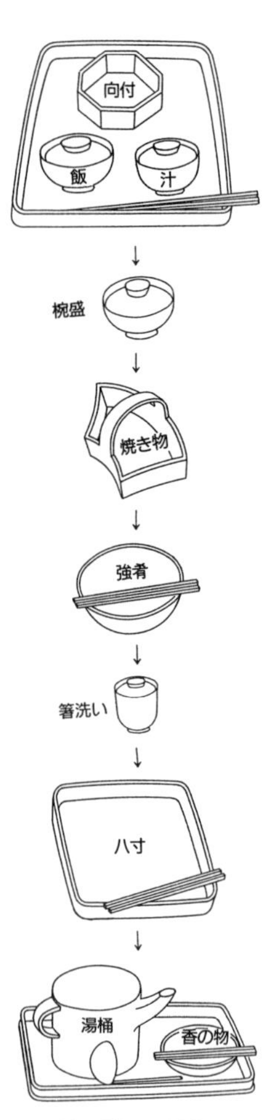

懐石料理の順序
（大羽和子他：調理学実習，ナカニシヤ出版，1991より改変）

かで，食事の礼儀作法を尊ぶ本膳料理が武士の饗宴のなかで完成していった．まず最初に式三献の儀礼である酒の献酬が行われ，これに引き続き饗膳が出された．膳組にはしきたりがあり，足付きの漆塗りの膳を中央に二の膳，三の膳，焼物膳などが配置された．また食器は黒，朱，黄土色などの漆器の椀や平，猪口，陶器の刺身皿（鱠）が用いられた（図1.4）．一汁三菜，二汁五菜，三汁七菜など膳や料理の数，膳の形式などで饗応の華美を重視し，武士の権威を示す意味もあった（空間展開型の配膳）．形式や作法が煩雑であるため今日ではほとんど使われなくなった．

c． 懐石料理

懐石は禅の温石（おんじゃく）に由来し，わずかな暖をとるための温石を懐にするような質素な料理に通ずるといわれる（4頁コラムも参照）．千利休が活躍した安土桃山時代になると，禅宗の食作法や様式を取り入れた茶の湯料理として懐石料理が完成していった．料理は質素で簡素であることを建前とし，一汁三菜（味噌仕立の汁，刺身，煮物，焼物）に箸洗い（小吸物）と八寸（白木の折敷に盛られた酒の肴）から構成され，順次時系列で供された．懐石料理は精進料理の考え方や禅風を取り入れた精神性の高い簡素な料理様式であった．

d． 会席料理

江戸文化の爛熟期といわれる文化・文政時代以降の太平の世を反映した町人文化のなかで料理屋が登場し，そのなかで洗練されていった饗宴料理が会席料理である．折敷の膳を用い，一汁三菜を基本に，飯，汁，鱠（刺身），口取りを膳の中心に，平，大猪口，茶碗，重引などの構成であった（図1.5）．酒主体の膳で，料理の味付けに重点をおいた実質的な料理様式である．この会席料理は現在でも和風客膳料理の主流である．

● 1.3.2 日本の行事食と郷土食 ●

自給自足を大原則として生活を営んできた我々の先祖は，長い年月のなかで自然のリズムを知り，それぞれの土地に産するものを，また容易に入手で

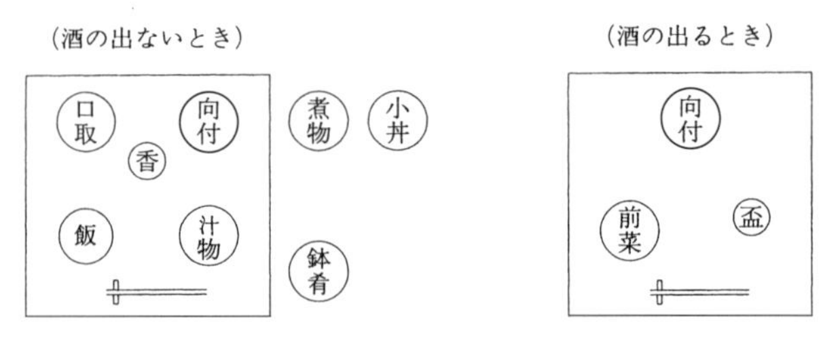

図 1.5 会席料理の配膳
折敷の膳　前菜：先付け・お通し・突き出しともいう．酒の肴に適した2，3品
向付：酢締魚または刺身　口取：山海の珍味を2，3品
汁物（椀）：すまし仕立て　鉢肴：魚の揚物・焼物・蒸物
煮物（炊き合わせ）：季節の野菜や魚の炊き合わせ　茶碗：蒸し物・寄せ物
小鉢（小丼）：浸し物・酢の物・和え物　止め椀：味噌仕立ての汁物

主な年中行事と伝統的な行事食（新暦）

1月：正月（屠蘇，餅，雑煮，正月魚，おせち料理），七草（七草粥），鏡開き，小正月（小豆粥）
2月：節分（煎り豆，鰯の頭を豆がらや柊に刺し門口へ立てる）
3月：雛祭り（白酒，よもぎ餅，すし，貝の潮汁，あられ），彼岸（彼岸団子：草団子，おはぎ）
5月：端午の節句（菖蒲酒，粽，柏餅，赤飯），春祭り（すし，甘酒など）
6月：ロッカツヒテー（流し焼き）
7月：七夕（七夕団子），代満・さなぶり（ぼた餅，すし）
8月：盆（1ヵ月遅れ）（お迎え団子，送り団子，おはぎ，そうめん，ところてん，いぎす，えごねり）
9月：重陽の節句（菊酒，栗おこわ），月見（月見団子，きぬかつぎ，枝豆），彼岸（おはぎ）
10月：秋祭り（すし，赤飯，尾頭付きの魚，膳料理，甘酒）
11月：庭あげ・鎌あげ（ぼた餅，五目飯）
12月：冬至（冬至粥，冬至かぼちゃ），正月餅つき，大晦日（年越しそば）

きる材料を経験的に組み合わせ，おいしく食べる工夫をしてきた．郷土食は毎日の生活のなかで自然発生的に生まれてきた家庭料理や加工保存食である場合が多い．そして郷土食の多くは各地域の行事食ともなり，家庭や地域のなかで母から子へ，姑から嫁へ伝承されてきた．

a.　行事食

われわれの生活は日常と非日常に区分でき，非日常の日には労働を停止し年中行事や人生儀礼が祝われ，必ず神仏を迎えて儀礼を行い，普段とは異なる食べ物を供え，食べる習慣があった．これが行事食であり，自然，信仰，生業などの結びつきのもとで豊作や豊漁，家族の健康や子孫繁栄を祈る素朴な精神活動を反映したものであった．行事食の代表は酒と餅で，正月の鏡餅や雑煮，節句のよもぎ餅や菱餅，粽（ちまき）や柏餅，盆の迎え団子や送り団子などである．祭りのすしは白米と魚を組み合わせたもの，盆や葬式，法事などの仏事では野菜類や大豆製品，海藻を使った精進料理が作られた．そして，人の一生の節目に行われてきた産育儀礼や年祝いなどの通過儀礼の祝膳には赤飯やすし，煮しめや鱠，尾頭付きの魚，汁物など膳料理が供された．かつては行事食は大きな楽しみであり，平凡な日常に区切りをつけ，行事食を通して行われる交流は日常の人間関係に反映されていった．

b.　郷土食

郷土料理，伝承料理，伝統食ともいわれ，3形態に分類できる（表1.1）．地方の特産物が地方独自の方法によって調理されたもの（土産土法による郷土料理），地方の特産あるいは大量生産された食品が乾燥・塩蔵されて他地域へ運ばれ，由来地よりむしろ消費地で調理法が発達したもの，そして，広い地域で共通に生産・入手できた食品で，ある時期まで同じ方法で調理されていたが，各地方ごとに差異を生じながら発達したものである．生産技術の向上や交通・運搬技術の発達は特産物の特徴を不明瞭なものにし，情報媒体の介在は家庭料理の画一化・多様化をもたらした．このような大きな社会環境の変化は，長年の時を経て作り上げられてきた郷土料理を消滅・画一化させていくことに繋がった．

しかし近年，郷土食を見直す動きが見られる．この現象は，郷土食は日本

表 1.1　代表的な郷土料理

分類	代表的な郷土料理
A	地域独自の魚介類を用いた料理：ししゃも（北海道）・はたはた（秋田）・ほや（三陸）・ほたるいか（富山）・すぐき（京都）・あみ（岡山）・むつごろう（佐賀）・いらぶ（沖縄）・石狩鍋（北海道）・かぶらずし（北陸）・たら汁（北陸）・ふなずし（滋賀）・野沢菜漬（長野）・いぎす（瀬戸内沿岸）・えごねり（日本海沿岸）・日本各地のすし・雑煮
B	さばずし・棒たら・にしんそば・にしんの昆布巻き（京都），柿の葉ずし（奈良），昆布と豚肉の炒め煮（沖縄）
C	三平汁（北海道），しょっつる（秋田），五平もち（長野），ほうとう（山梨），きりこみ（群馬），きしめん（愛知），茶がゆ（奈良・和歌山），やせうま（大分）

A：土産土法による郷土料理　B：由来地より消費地で調理法が発達した郷土料理
C：同じ食品で同じ調理法をもっていたが，だんだんと各地で差異を生じながら発達した郷土料理

の気候風土や日本人の体質にあったものであり，健康食としての意義も大きいことを物語っている．

1.3.3　中国料理の食事様式

広大な国土を有する中国では地域により気候風土は大きく異なり，食材や味付けなど各地域に特色ある料理が発達していった．そこには数千年にわたる歴史と文化のなかで培われた食を通じて不老長寿を願う「医食同源」「薬食一如」の食哲学が反映されている．調理素材は豊富で，山海の珍味であるウミツバメの巣やフカヒレ，アワビなどの特殊乾燥物をはじめ，各種の獣鳥肉類や川魚など健康に良い物は余すところなく有効に利用する料理が発達した．そして油脂を使った加熱調理法が中心であり，炒め煮，揚げ煮など複数の高温加熱法を組み合わせた料理が多い．「その醬を得ざれば食わず」といわれたように醬油，味噌，酢，酒など醸造調味料の種類が多く，ニンニク，ネギ，生姜などの香辛料を生かした味付けは「味を楽しむ料理」ともいわれる．そして大皿に盛った料理をじか箸で取り皿に取り分けて食べる食事作法も中国料理の特徴である．

中国料理は菜と点心に大別でき，菜は前菜と大菜（主要な料理）からなり，点心は一品で軽食となるものや菓子または菓子代わりになる甘味のものをいう．献立構成は，偶数を尊ぶために宴席料理は前菜 2～4 品，大菜 4～8 品，点心 2～4 品で構成される．主食，副食の区別は明確でなく，前菜，大菜，湯菜（汁物），点心（飯，粥，麺，饅頭など），甜菜（デザート）の順に時系列で供される．料理は一般に冷から温へ，塩味から甘味へ，あっさりしたものから濃厚な料理へ，からっとした揚げ物から煮物へと出されていく．また，お茶と点心で軽食や間食を摂る食事様式は「飲茶」とよばれる．

1.3.4　西洋料理の食事様式

西洋料理の中心はフランス料理であるが，その歴史は古代ギリシャに始まり，古代ローマでその基礎ができたといわれる．その後フランス王妃をイタリアから迎えたことによりフランス宮廷にイタリア料理が伝わり，ルイ王朝の保護のもとで芸術的な宮廷料理としての西洋料理が発達した．16～17 世紀のルネッサンス期に宮廷から全国に料理が広まり，各地の料理人の工夫により今日の世界を代表するフランス料理が確立していった．

麦栽培と家畜の放牧を基盤とする農業形態のもとで獣鳥肉類と乳類，乳製品，油脂を中心とする料理が発達した．季節性に乏しい肉料理には，多種類のソースを効果的に使い，多種類の香辛料や香味野菜を巧みに組み合わせて味に変化をもたせ，料理にあった洋酒を組み合わせ料理の味を引き立てる工夫がなされた．西洋料理は「香りを楽しむ料理」ともいわれる．献立様式は，前菜，スープに始まり，うま味の濃厚な魚，肉料理を頂点に，最後に淡

表 1.2　西洋料理の献立構成

構　成	内　容	飲　料
前　菜（仏）hors d'oeuvre （英）appetizer	食事の最初に出し，食欲を呼び起こす役割をも	シェリー酒または白ワイン
スープ（仏）potage （英）soup	澄んだスープ，次の料理との味の調和を重視，食欲増進のため	
魚料理（仏）poisson （英）fish	多彩な魚料理	白ワイン
肉料理（仏）entree （英）entree	献立の中心をなす肉料理，数種の野菜を添える	赤ワイン
冷　菓（仏）sorbet （英）sherbet	口直しのために供されるシャーベット	
蒸し焼き料理（仏）roti （英）roast	主として鳥肉の蒸し焼き料理，野菜を添える	
野菜料理（仏）legumes （英）vegetable	魚・肉料理の付け合わせ，または生野菜のサラダ	
甘味料理（仏）entremets （英）sweets	食後の菓子，冷菓（ババロア，ゼリーなど），温菓（プディング，スフレなど）から一品	シャンパン
果　物（仏）fruit （英）fruit	季節の果物	
コーヒー（仏）cafe （英）cafee	濃く入れ，デミタスで供する	リキュール

白な野菜サラダやデザートが供される時系列型の配膳である（表 1.2）.

1.4　食器・食具と食卓

料理を盛り付ける器が食器，食べ物を口に運ぶ道具を食具というが，これらは手のひらを丸めた窪みと指を起源として発達してきたともいわれる.

1.4.1　食　　器

料理と食器の調和は，料理のでき栄えや食欲を左右する．現在では様々な材質と特徴を備えた食器が出回り，用途によって利点や欠点を考慮し使い分けられている．特に「見て楽しむ料理」といわれる日本料理においては，食器自体の形や大きさ，色彩などの美しさと料理の調和，使いやすさ，手や指，口に触れたときの心地よさなどが要求される．季節の食材の味や色を生かし，自然美を模して盛り付けられる日本料理には陶器や漆器が適し，光物の金属器やガラス器が多用されることはなかった．また，銘々食器を手にもって食べる習慣には熱伝導率の低い漆器や陶器が適している．そして，西洋料理には高級感のある銀製の大皿が，中国料理では白磁や色彩豊かな磁器の大皿や取分け皿など，それぞれの料理様式に適した食器が使われ，料理を演出している.

1.4.2 食　具

食べ物を口に運ぶ道具には，ナイフ，フォーク，スプーンや箸があるが，道具を使わず手で食べることを習慣とする地域もある．アフリカ，中近東，西アジア，インド，東南アジア，太平洋諸島，中南米では伝統的な手食がみられ，イスラム教徒やヒンズー教徒の間では左手は不浄とされ，右手の指を使って食べる．そして，フランス料理のマナーを受け入れた国々ではナイフ・フォーク・スプーンが使われるが，その歴史は箸に比べて浅く，17世紀ごろといわれる．箸を使う習慣は中国，朝鮮半島，日本とベトナムが中心である．中国とベトナムでは汁物はちりれんげを使うが箸が主流であり，朝鮮半島では汁物と飯は匙で，副食は箸で食べられる．日本でも，中国や朝鮮半島の影響を受け古代の大饗では匙と箸の組合わせが見られたが，その習慣が民間に広まることはなく，匙が脱落して箸が主に使われるようになった．

1.4.3 食　卓

食卓は料理が存在する場である．日本料理の正式な食卓は膳であり，陶器や漆器の食器と箸で構成され，座食で供される．日常食においては箱膳からちゃぶ台へ，そして椅子式テーブルへと変容してきたが，基本的な銘々食器と箸を使う食べ方は大きく変わっていない．中国料理では方卓が正式であるが，現在では円卓が多く使われ，料理は1卓ごとに大皿に盛られ，各自が取り分けて食べる．西洋料理では椅子式テーブルにクロスをかけ，花などで食卓を演出する．また，立食形式のブッフェ，喫食者が選んで食事を組み立てるカフェテリア，そしてバイキング形式など，食事の目的に合わせた供食形式がある．

参考文献

安達　巖：新装　日本型食生活の歴史，新泉社，2004
石川寛子編著：食生活と文化，弘学出版，1988
石川寛子編著：食生活の成立と展開，放送大学教育振興会，1995
金谷昭子編著：食べ物と健康　調理学，医歯薬出版，2004
熊倉功夫・川端晶子編著：21世紀の調理学2　献立学，建帛社，1997
佐原　真：食の考古学，東京大学出版会，1996
日本家政学会編：食生活の設計と文化，朝倉書店，1992
橋本慶子・下村道子・島田淳子編：調理科学講座 調理と文化，朝倉書店，1993
渡辺　実：日本食生活史，吉川弘文館，1964

2. 食事計画論（食事設計の基本知識）

2.1 食事の意義と役割

生活の質（QOL）を高め心身ともに健全な人生を送るためには，食生活の充実が不可欠である．現代は食料の生産・加工技術，流通機構の発達などによって，利便性・効率性の高い食事形態が重視される傾向にある．一方で，栄養摂取のアンバランス，欠食・孤食など食生活のあり方，食品の安全性，食糧自給率や環境問題など多くの課題を抱えている．各人が健康の維持・増進，食文化の継承，環境保全など幅広い視野で，望ましい食事のとり方を主体的に考えなければならない時代であるといえる．

食事設計は，安全性の確保を前提に，栄養性，嗜好性，食文化，経済性，環境問題など食を取り巻く生活全体を考慮することが求められる．

1）　栄養性

食事をとる第一の目的は，生命・健康の維持増進，生活活動に必要な栄養素を過不足なく摂取することである．日常の食事は，生活習慣病などの疾病の予防・治療などに大きく関わるため，各人の性・年齢・身体状況・栄養状態・生活状態などを十分把握して栄養計画を立てる必要がある．

2）　嗜好性

食事は栄養的に優れているだけでなく，各人の嗜好にも配慮し，おいしく，楽しく食べられるような工夫が必要である．

3）　食文化

食事様式の違いは各々の文化から生み出されたものである．その地域の自然・風土・産物・歴史・宗教・食習慣から育まれてきた行事食や郷土食を継承し発展させること，さらに食卓を通しての異文化コミュニケーションも重要な役割である（第1章参照）．

4）　経済性

経済性を考慮しない食事設計は個人の生活経営あるいは給食経営管理において成り立たない．予算の枠内で適切な栄養効果を上げるため，市場価格の仕組みや社会の経済動向などを常に把握しておくことが大切である．

5) 環境問題

現在，日本では国内産の食材だけでなく，世界各国からの輸入により食材を賄っており，「フードマイレージ」の観点から環境負荷がきわめて大きく，「地産地消」の取り組みなど食材の供給のあり方が見直されている．また，食生活と自然環境とは密接に関係しており，厨房から考える地球環境「エコクッキング」と呼ばれる運動が推進されている（第11章参照）．

2.2 日本食品標準成分表の理解と活用

「日本食品標準成分表」（以下，成分表）は，わが国において日常的に用いられている食品の成分に関する基礎データを提供するものであり，各種給食施設での栄養管理・栄養指導面はもとより，一般家庭においても広く利用されている．また，国民健康・栄養調査の実施，食料需給計画の作成などの行政面や教育・研究分野にも活用されている．

食品成分表は，追加・変更の検討が継続的に実施されており，2000年以降においては5年ごとに全面改訂を重ねてきている．表2.1に初版成分表から「日本食品標準成分表2020年版（八訂）」（以下，成分表2020）までの収載内容の変遷を示す．現在用いられている成分表2020は，文部科学省科学技術・学術審議会資源調査分科会が2020年12月に公表したものである．今回の改訂では，エネルギー産生成分が見直され，従来法と合わせて新法による値が本表に収載されている．

成分表2020は，第1章：説明，第2章：本表，第3章：資料から構成されている．また，別途，アミノ酸成分表編，脂肪酸成分表編，炭水化物成分表編が公表されている．一般に広く利用されている成分表は，各出版社がこのオリジナルから主に第2章の本表を抜粋し，利用しやすいようにアレンジしたものである．

表 2.1 日本食品標準成分表の沿革

名称	公表年	食品数	成分項目数
日本食品標準成分表	1950年	538	14
改訂日本食品標準成分表	1954年	695	15
三訂日本食品標準成分表	1963年	878	19
四訂日本食品標準成分表	1982年	1621	19
五訂日本食品標準成分表—新規食品編	1997年	213	36
五訂日本食品標準成分表	2000年	1882	36
五訂増補日本食品標準成分表	2005年	1878	43
日本食品標準成分表2010	2010年	1878	50
日本食品標準成分表2015年版（七訂）	2015年	2191	52
同　追補2016年	2016年	2222	53
同　追補2017年	2017年	2236	53
同　追補2018年	2018年	2294	54
同　データ更新2019年	2019年	2375	54
日本食品標準成分表2020年版（八訂）	2020年	2478	54

2.2.1 食品の分類，配列と食品番号

成分表2020に収載の食品は，1穀類，2いも及びでんぷん類，3砂糖及び甘味類，4豆類，5種実類，6野菜類，7果実類，8きのこ類，9藻類，10魚介類，11肉類，12卵類，13乳類，14油脂類，15菓子類，16し好飲料類，17調味料及び香辛料類，18調理済み流通食品類の順に18の食品群別に収載されており，大分類，中分類，小分類及び細分の四段階に分類される．

食品番号は5桁で表され，初めの2桁は食品群，次の3桁は小分類または細分にあてられている．

2.2.2 収載成分

成分表2020は，表2.2のような項目で構成されている．各食品の成分値は，年間を通じて普通に摂取する場合の全国的な平均値として，1食品1標準成分値を可食部100g当りの数値で示している．献立作成での栄養価計算における数字の取扱いは成分表に示された単位（最小単位の位）に準じて行う．また，収載値の0，Tr，－，(0)，(Tr)の意味は以下の通りである．

0： 最小収載量の1/10未満，あるいは検出されなかった．

Tr： 含まれてはいるが最小収載量に達していない．

－： 未測定で測定も不可能である．

(0)： 文献などにより含まれていないと推定される．

(Tr)：文献などにより微量含まれると推定される．

2.2.3 廃棄率および可食部

廃棄率は，原則として通常の食習慣において廃棄される部分を食品全体あるいは購入形態に対する重量の割合（％）で示し，廃棄部位は備考欄に記載している．「成分表の廃棄率」と「調理前の可食部重量」から，廃棄部を含めた原材料重量が算出できる．

$$\text{廃棄部を含めた原材料重量（g）} = \frac{\text{調理前の可食部重量（g）}}{100 - \text{廃棄率（\%）}} \times 100$$

2.2.4 調理した食品について

食品は調理に際し，水さらしや加熱による食品中の成分の溶出や変化，水や油の吸着による重量の増減がみられる．成分表2020では，①一般調理（小規模調理）を想定，②調理に用いる器具はガラス製等，③原則として調味料を添加しない，という調理条件に従い，水煮，ゆで，炊き，蒸し，電子レンジ調理，焼き，油いため，ソテー，素揚げ，天ぷら，フライ及びグラッセ等の加熱調理，水さらし，水戻し，塩漬け及びぬか漬け等について「調理した食品」の成分値が収載されている．また，調理による重量変化率が資料

表 2.2　日本食品

食品番号	索引番号	可食部100g当たり																										
							たんぱく質		脂質			炭水化物								無機質								
												利用可能炭水化物																
		食品名	廃棄率	エネルギー		水分	アミノ酸組成によるたんぱく質	たんぱく質	脂肪酸のトリアシルグリセロール当量	コレステロール	脂質	利用可能炭水化物（単糖当量）	利用可能炭水化物（質量計）	差引き法による利用可能炭水化物	食物繊維総量	糖アルコール	炭水化物	有機酸	灰分	ナトリウム	カリウム	カルシウム	マグネシウム	リン	鉄	亜鉛	銅	マンガン
		単位	%	kJ	kcal	(…… g ……)				mg	(………………… g ………………)									(………………… mg …………………)								
		成分識別子	REFUSE	ENERC	ENERC_KCAL	WATER	PROTCAA	PROT-	FATNLEA	CHOLE	FAT-	CHOAVLM	CHOAVL	CHOAVLDF-	FIB-	POLYL	CHOCDF-	OA	ASH	NA	K	CA	MG	P	FE	ZN	CU	MN

として記載されている．

この「調理した食品の成分値」と「調理前の可食部重量」を用い，次式により調理された食品全重量に対する成分量が算出できる．

調理された食品全重量に対する成分量

$$=\text{調理した食品の成分値}\times\frac{\text{調理前の可食部重量(g)}}{100\ \text{(g)}}\times\frac{\text{重量変化率(\%)}}{100}$$

2.2.5　成分表の利用上の注意

成分表の利用にあたっては，成分表の構成と内容を熟読し，分析に使われた食品についての情報や分析方法を知り，収載食品および成分値の意味を理解することが必要である．本表の成分値のみでなく，備考欄，説明，資料を活用することにより，栄養価計算の精度を向上させることができる．実用に際しては，成分表に記載されている食品名を，その地域や集団が理解しやすい名称に換えて献立作成や食材発注を行ったり，通常容量で計られる液状食品については，液状食品 100 ml 成分表を参考にするなど工夫するとよい．

また，近年は多くの栄養価計算ソフトが販売されており，給食施設等の多くはコンピュータによる栄養管理が行われている．

2.3　献立作成と栄養

献立とは，1 回の食事で提供する料理の種類とその組合せ，順序，さらに

標準成分表の項目

可食部100g当たり																												備考
無機質				ビタミン																								
				ビタミンA							ビタミンE																	
					カロテン																							
ヨウ素	セレン	クロム	モリブデン	レチノール	α-カロテン	β-カロテン	β-クリプトキサンチン	β-カロテン当量	レチノール活性当量	ビタミンD	α-トコフェロール	β-トコフェロール	γ-トコフェロール	δ-トコフェロール	ビタミンK	ビタミンB_1	ビタミンB_2	ナイアシン	ナイアシン当量	ビタミンB_6	ビタミンB_{12}	葉酸	パントテン酸	ビオチン	ビタミンC	アルコール	食塩相当量	
(…………μg…………)											(……mg……)				μg	(………mg………)					(…μg…)		mg	μg	mg	(…g…)		
ID	SE	CR	MO	RETOL	CARTA	CARTB	CRYPXB	CARTBEQ	VITA_RAE	VITD	TOCPHA	TOCPHB	TOCPHG	TOCPHD	VITK	THIA	RIBF	NIA	NE	VITB6A	VITB12	FOL	PANTAC	BIOT	VITC	ALC	NACL_EQ	

（日本食品標準成分表2020より）

は使用する食材や調理法を示したもの，すなわち，食事の計画書である．

● 2.3.1　食品構成の作成 ●

食品構成とは，食品を栄養的特徴によりいくつかの群に分類し，どの食品群をどれだけ摂取すれば望ましいのか重量の目安を示したものである．食品構成をもとに献立作成すれば，成分表を使って栄養価計算をしなくても，目標とする食事摂取基準をほぼ満たすことができる．また，食品構成は，食品群別に1日分の目標摂取量を示すことから，栄養教育の媒体としても利用できる．

a．　食品群

食品構成に用いられる食品群は，使用目的，対象集団の特性によって，種々の分類方法を使い分けている．食品群には，日常生活で利用しやすい「3色食品群」，「4つの食品群」，「6つの基礎食品」，日本食品標準成分表における食品群，糖尿病交換表や腎臓病交換表に則った食品群などがある（表2.3）．集団給食施設等では，都道府県への特定給食施設栄養管理報告書の分類に準じた分類を採用すると，事務作業の簡便化を図ることができる．

b．　食品構成の作成方法

食品構成は，目標とする食事摂取基準に見合ったものであるだけでなく，利用しやすいものでなければならない．そのためには，対象の個人や集団の過去の食品の使用実績，地域性等を加味した食品構成を作成する必要があ

表 2.3　主な食品群

分　類	特　　徴
〈3群〉 3色食品群	・食品を含有栄養素の特徴により，赤（血や肉をつくるもの）・黄（力や体温となるもの）・緑（からだの調子をよくするもの）の3群に分類し，食品の働きについて説明した ・比較的単純で理解されやすいので，初歩的な栄養教育に用いられる
〈4群〉 4つの食品群	・食品を栄養的特徴により4群に分類し，不足しがちな栄養素を補充することに重点を置かれたため，食品群の配列は栄養的必要度の高い順に1群（乳・乳製品，卵），2群（魚介・肉，豆・豆製品），3群（緑黄色野菜，淡色野菜，いも類，果実），4群（穀物，砂糖，油脂，菓子類，種実類）となっている ・香川式食事法「4群点数法」の基となっており，基礎食品の組合せにより献立作成を行う
〈6群〉 6つの基礎食品	・厚生労働省より栄養教育の教材として示され，食品を含有栄養素の種類によって1群（魚，肉，卵，大豆），2群（牛乳･乳製品，骨ごと食べられる食品），3群（緑黄色野菜），4群（その他の野菜，果実），5群（米，パン，めん，いも），6群（油脂）の6群に分類した ・毎日摂らなければならない栄養素とそれらを含む食品の組み合わせを示した ・日常的な個々人や家族の食品構成に向いている
〈その他の食品群〉	
18食品群	日本食品標準成分表による分類（国民栄養調査で用いる分類）
16食品群	特定給食施設栄養管理報告書（各都道府県）で用いる分類
4群6表	糖尿病治療法のための交換表
2群6表	腎臓病食交換表

る．また，学校給食のように管轄省庁により標準の食品構成が示されている場合もある．

以下に，食品構成作成の手順を示す．

①「食品群別加重平均成分表」を作成する．食品群別の使用食品の頻度や分量は，季節，地域，施設により異なる．このため，加重平均成分値は，対象となる集団や施設の過去における一定期間（季節別，半年間，1年間）の食品の使用実績から算出することが望ましい．すなわち，食品群別に期間中の純使用量を合計して各食品の使用比率を求め，この比率を食品群100g当りに占める重量とみなして，食品成分表より各栄養素を算出する．各食品の栄養素量の合計が，その食品群の加重平均成分値となる．

②喫食対象者にとって適切な「推定エネルギー必要量」，「タンパク質推奨量」および適切な「栄養比率（PFC比率，動物性タンパク質比率，等)」を決める．

③①の食品群別加重平均成分値を用いて，次の（1）～（6）の手順を参考に「食品構成表」を作成する．

（1）穀類エネルギー比（炭水化物エネルギー比50～70%）を基に，穀類の量を算出する．

（2）タンパク質推奨量を基に，動物性タンパク質比40～50%を目安にして，動物性食品の量を算出する．このとき，卵類，牛乳・乳製品などは摂取すべき目標値などを参考に割り振る．

（3）穀類，動物性食品からのタンパク質を推奨量から差し引き，これらを植物性食品に割り振って，植物性食品の量を算出する．このとき，野菜類，果物類は摂取すべき目標値，目安などを参考にする．

（4）脂肪エネルギー比から脂肪エネルギー量を算出し，（1）～（3）に含まれる脂肪エネルギー量を差し引いて，残りを油脂類から摂取する．

（5）総エネルギー量から（1）～（4）のエネルギー量を差し引き，炭水化物エネルギー比内で砂糖に配分する．

（6） （1）〜（5）で求めた食品構成が目標とした食事摂取基準を満たしているか確認し，大きく過不足がある場合は再調整する．

2.3.2 日本人の食事摂取基準の基本概念

日本人の食事摂取基準（旧栄養所要量）は，健康な個人または集団を対象として，国民の健康の維持・増進，生活習慣病予防を目的とし，エネルギーおよび栄養素の摂取量の基準を示したものである．食事摂取基準は，その時々の最適な栄養の考え方に基づき検討・見直しをし，5年ごとに改訂される．最新版「日本人の食事摂取基準（2020年版）」は，高齢化の進展や糖尿病等の有病者数の増加をふまえ，健康の保持・増進，生活習慣病の発症予防および重症化予防に加え，高齢者の低栄養予防やフレイル予防も視野に入れ策定された．

「食事摂取基準」（dietary reference intakes, DRIs）は，エネルギーについては，過不足の回避を目的とするため，エネルギー収支バランス（摂取量と消費量のバランス）の維持を示す指標として体格（BMI：body mass index）を用い，目標とするBMIの範囲が示されている．各栄養素については，摂取不足の回避を目的とした推定平均必要量（estimated average requirement：EAR），推奨量（recommended dietary allowance：RDA），目安量（adequate intake：AI），過剰摂取による健康障害の回避を目的とした耐容上限量（tolerable upper intake level：UL）（図2.1），および生活習慣病予防を目的とした目標量（tentative dietary goal for preventing life-style related diseases：DG）の5種類が設定されている．

2.3.3 食事摂取基準の活用方法

「日本人の食事摂取基準（2020年版）」では，食事摂取基準を正しく活用するための基本的事項が記述されている．食事改善に活用する場合は，PDCAサイクルに基づく活用を基本とし，対象者を個人または集団として扱う場合を分けて取り扱う（表2.4）．特定給食施設において活用する場合にも，PDCAサイクルに当てはめて運用することが重要であり，食事摂取状況のアセスメント（評価）から始め，エネルギー・栄養素の摂取量が適切かどうかを判断することで，より良い計画を立案することができる（図2.2）．食事調査に活用する場合は，習慣的な摂取量の推定が可能な食事調査法を選択することが重要である．なお，いずれの目的においても，食事摂取基準に示された数値は「目指すもの」であり，必ずしも実現しなければならないものではない．また，この食事摂取基準は1日当たりの摂取量で示されているが，その意味は習慣的な摂取量（1ヶ月間程度）の基準を与えるものであるから，毎日常に摂取基準を満たさなければならないというものではない．

BMI（body mass index）
BMI＝体重（kg）÷身長$(m)^2$で求められる肥満度判定指数．BMIの適切な範囲は18.5以上25.0未満とされ，18.5未満はやせ，25〜30は肥満，30以上は高度肥満と判定される．食事摂取基準活用においては，BMIが適切な範囲にあれば，エネルギー摂取量はおおむね適切であると判断できる．標準体重（kg）＝身長$(m)^2 \times 22$

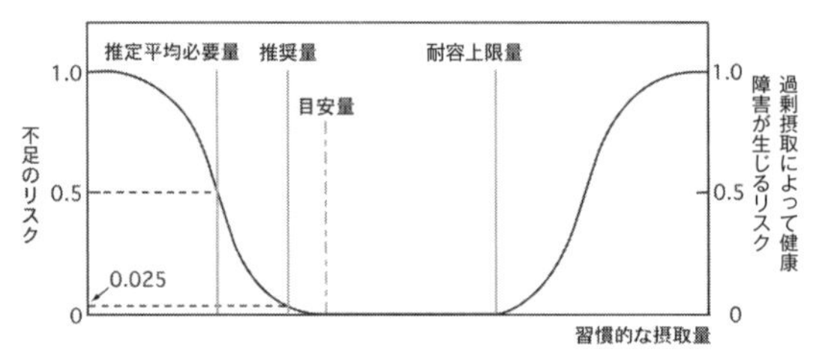

図 2.1 食事摂取基準の各指標（推定平均必要量，推奨量，目安量，耐容上限量）を理解するための概念図

縦軸は、個人の場合は不足または過剰によって健康障害が生じる確率を，集団の場合は不足状態にある者または過剰摂取によって健康障害を生じる者の割合を示す．

不足の確率が推定平均必要量では0.5（50%）あり，推奨量では0.02～0.03（中間値として0.025．2～3%または2.5%）あることを示す．耐容上限量以上を摂取した場合には過剰摂取による健康障害が生じる潜在的なリスクが存在することを示す．そして，推奨量と耐容上限量とのあいだの摂取量では，不足のリスク，過剰摂取による健康障害が生じるリスクともに0（ゼロ）に近いことを示す．

目安量については，推定平均必要量ならびに推奨量との一定の関係をもたない．しかし，推奨量と目安量を同時に算定することが可能であれば，目安量は推奨量よりも大きい（図では右方）と考えられるため，参考として付記した．

目標量は，他の概念と方法によって決められるため，ここには図示できない．

（日本人の食事摂取基準，2020年版より）

他に，食習慣や栄養摂取に関連するガイドライン等を作成するための基礎資料として用いられる．

2.3.4 ライフステージに適した食事

人の一生は，乳児期，幼児期，学童期，思春期，青年期，成人期，高齢期に区分される．食事計画は，それぞれのライフステージに適したものでなければならない．

a. 乳児期

乳児期とは出生から満1歳までをいう．乳児期は，身体的・機能的な発達が最も著しい時期であるとともに，生涯の食習慣の形成の上でも重要な時期である．

乳児期の食事摂取基準は，0～5（月），6～11（月）の2区分，特に成長に合わせより詳細な区分が必要と考えられる場合は0～5（月），6～8（月），9～11（月）の3区分で示している．著しい成長に必要な栄養素を質・量ともにバランスよく摂取できるように，生理機能の発達に合わせながら，乳汁から離乳を経て固形食へと食形態を移行させて与えていく．特に，離乳期以降は食事を通して豊かな心と食習慣・生活習慣が形成されるよう配慮する．

b. 幼児期

幼児期は満1歳から6歳未満をいう．乳児期に次いで心身ともに著しい発達の時期であり，体づくりや生活習慣を確立するために重要である．

幼児期の食事摂取基準は，1～2歳と3～5歳に区分して示しているが，成長速度には個人差があるため個々人に適した栄養を考える必要がある．体重1kg当たりのエネルギーや栄養素の必要量は成人より多いが，1回で食べら

表 2.4 食事改善を目的として食事摂取基準を用いる場合の基本的な考え方

目的	用いる指標	対象	食事摂取状況のアセスメント	食事改善の計画と実施
エネルギー摂取の過不足の評価	体重変化量 BMI	個人に用いる場合	・体重変化量を測定 ・測定されたBMIが，目標とするBMIの範囲を下回っていれば「不足」，上回っていれば「過剰」のおそれがないか，他の要因も含め，総合的に判断	・BMIが目標とする範囲内にとどまっている者の割合を増やすことを目的として計画を立案 〈留意点〉一定期間をおいて2回以上の評価を行い，その結果に基づいて計画を変更し，実施
		集団に用いる場合	・体重変化量を測定 ・測定されたBMIの分布から，BMIが目標とするBMIの範囲を下回っている，あるいは上回っている者の割合を算出	・BMIが目標とする範囲内にとどまっている者の割合を増やすことを目的として計画を立案 〈留意点〉一定期間をおいて2回以上の評価を行い，その結果に基づいて計画を変更し，実施
栄養素の摂取不足の評価	推定平均必要量 推奨量 目安量	個人に用いる場合	・測定された摂取量と推定平均必要量および推奨量から不足の可能性とその確率を推定 ・目安量を用いる場合は，測定された摂取量と目安量を比較し，不足していないことを確認	・推奨量よりも摂取量が少ない場合は，推奨量を目指す計画を立案 ・摂取量が目安量付近かそれ以上であれば，その量を維持する計画を立案 〈留意点〉測定された摂取量が目安量を下回っている場合は，不足の有無やその程度を判断できない
	推定平均必要量 目安量	集団に用いる場合	・測定された摂取量の分布と推定平均必要量から，推定平均必要量を下回る者の割合を算出 ・目安量を用いる場合は，摂取量の中央値と目安量を比較し，不足していないことを確認	・推定平均必要量では，推定平均必要量を下回って摂取している者の集団内における割合をできるだけ少なくするための計画を立案 ・目安量では，摂取量の中央値が目安量付近かそれ以上であれば，その量を維持するための計画を立案 〈留意点〉摂取量の中央値が目安量を下回っている場合，不足状態にあるかどうかは判断できない
栄養素の過剰摂取の評価	耐容上限量	個人に用いる場合	・測定された摂取量と耐容上限量から過剰摂取の可能性の有無を推定	・耐容上限量を超えて摂取している場合は耐容上限量未満になるための計画を立案 〈留意点〉耐容上限量を超えた摂取は避けるべきであり，それを超えて摂取していることが明らかになった場合は，問題を解決するために速やかに計画を修正，実施
		集団に用いる場合	・測定された摂取量の分布と耐容上限量から，過剰摂取の可能性を有する者の割合を算出	・集団全員の摂取量が耐容上限量未満になるための計画を立案 〈留意点〉耐容上限量を超えた摂取は避けるべきであり，超えて摂取している者がいることが明らかになった場合は，問題を解決するために速やかに計画を修正，実施
生活習慣病の一次予防を目的とした評価	目標量	個人に用いる場合	・測定された摂取量と目標量を比較．ただし，発症予防を目的としている生活習慣病が関連する他の栄養関連因子および非栄養性の関連因子の存在とその程度も測定し，これらを総合的に考慮した上で評価	・摂取量が目標量の範囲に入ることを目的とした計画を立案 〈留意点〉発症予防を目的としている生活習慣病が関連する他の栄養関連因子および非栄養性の関連因子の存在と程度を明らかにし，これらを総合的に考慮した上で，対象とする栄養素の摂取量の改善の程度を判断．また，生活習慣病の特徴から考えて，長い年月にわたって実施可能な改善計画の立案と実施が望ましい
		集団に用いる場合	・測定された摂取量の分布と目標量から，目標量の範囲を逸脱する者の割合を算出する．ただし，発症予防を目的としている生活習慣病が関連する他の栄養関連因子および非栄養性の関連因子の存在と程度も測定し，これらを総合的に考慮した上で評価	・摂取量が目標量の範囲に入る者または近づく者の割合を増やすことを目的とした計画を立案 〈留意点〉発症予防を目的としている生活習慣病が関連する他の栄養関連因子および非栄養性の関連因子の存在と程度を明らかにし，これらを総合的に考慮した上で，対象とする栄養素の摂取量の改善の程度を判断．また，生活習慣病の特徴から考え，長い年月にわたって実施可能な改善計画の立案と実施が望ましい

（日本人の食事摂取基準2020年版より改変）

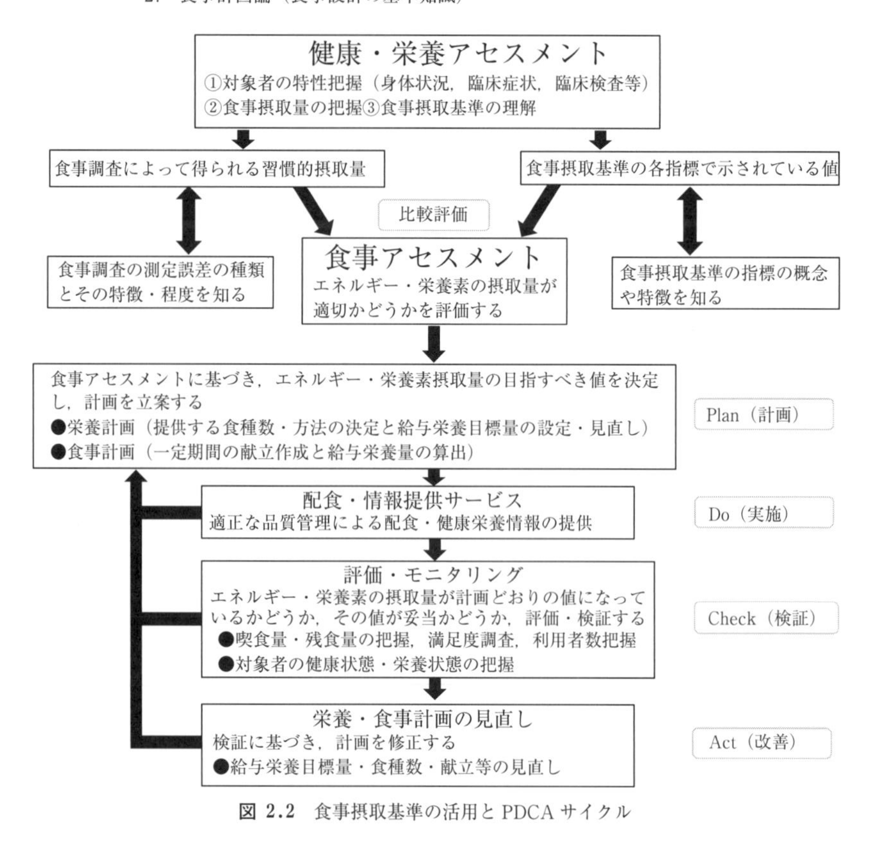

図 2.2　食事摂取基準の活用と PDCA サイクル

れる量は少ないため，3 回の食事の他に 1 日のエネルギーの 10〜15% を間食で補充する．また，身体の消化・吸収などの機能，菌に対する抵抗力は成人に比べ未熟であるため，食材の選択や調理法および衛生面に注意する．

さらに，この時期の食経験が成人してからの嗜好や食習慣に大きく影響するため，調味は薄味にする，偏りなく多くの種類の食品を与えるなど配慮する．また，保育所や幼稚園などの社会とのつながりができる時期であり，他者とのコミュニケーションをとりながら，食に関する基礎知識や習慣を身につけさせるように工夫する．

c.　学童期

学童期は，小学生を中心とした 6〜11 歳をいう．幼児期に比べ発達速度はゆるやかになるが，運動が活発になり，内臓器官の機能発達がみられる．知識欲も旺盛で，栄養や食生活の正しい知識を分かりやすく進めることにより食習慣を完成させる時期でもある．

学童期の食事摂取基準は，6〜7 歳，8〜9 歳，10〜11 歳の 3 区分で示している．成人後の体格・体質にも影響するため，成長に必要な栄養素である必須アミノ酸，ビタミン類（特にビタミン B 群，C，D），無機質（特に鉄，カルシウム）が不足しないように注意する．また，この時期の学校給食は，必要な栄養量を給与するためだけでなく，教育活動の一環として行なわれている．2005 年には栄養教諭制度や食育基本法が導入され，ますます食教育という側面が重要視されてきている．

d．思春期・青年期

思春期の年代区分は明確ではないが，中学生から高校生にかけて身体機能面で充実し，第二次性徴が発現し性差が顕著となる時期である．思春期に続く青年期には身体のすべての発育がほぼ成人レベルに達し，生涯最も健康度が高く，生活の基盤を築く時期である．この頃の食習慣が，その後の健康を左右することとなる．

身体の発育や成熟に伴い，エネルギーや各栄養素の必要量も最大域にある．食事摂取基準に基づき，個々人の体格や生活スタイルに見合った食事内容にすることが大切である．また，夜型の生活や外食依存，痩せ志向などの問題が増え，不規則な食事時間，食事量の過不足，栄養素のアンバランスなどもみられる．食事，運動を中心にバランスの取れた生活習慣を心がけることが重要である．

e．成人期

この年代は，社会的活動が多くなり，過労，ストレスの増大，睡眠・運動不足，食事のアンバランス，不規則な生活など生活習慣病を発症させる要因が多くなる．

成人期の初期段階から，適正な食事と運動，休息を心がける．体力の低下が自覚されるようになる成人期後半には，基礎代謝や身体活動量は低下するが，食物摂取量はあまり減少しないので，肥満や生活習慣病が増加する．食事摂取基準を参考に，個々人の健康・栄養状態・生活状況などを十分に考慮し，適切な摂取量を決め，生活習慣病予防のための食事づくりを心がける．

f．高齢期

高齢期は老化現象や老年病を伴う身体上の衰退期であるが，健康状態の個人差が大きい．

一般に歯の欠落や内臓器官の弱まりにより消化機能が衰え，咀嚼・嚥下機能の低下，感覚機能の減退，日常の身体活動量の減少に伴う食欲不振などがみられる．栄養失調に陥らないように，特にタンパク質と微量栄養素を質的に充実させた内容とし，食べやすい形状にするため切り方や加熱の仕方を工夫することが必要である．また，食事は生活の楽しみとしての比重が高まるので，嗜好を尊重しつつ適切な栄養摂取ができるよう配慮する．

2.3.5　食生活指針と食事バランスガイド

a．食生活指針

食生活指針は，健康成人（一般の人々）を対象としており，QOL（生活の質）の向上，健康を指向した栄養課題への取り組み，食料生産への理解と協力，日本の食文化の継承，食料の無駄や廃棄をなくそうという目的で，2000 年に文部科学省，厚生労働省，農林水産省の 3 省により策定された．

食事摂取基準とは異なり，一般の人々が理解しやすいように，ことばによるメッセージで示されているので，一般家庭での食事計画をたてる際の参考にしやすい（表2.5）.

b. 食事バランスガイド

2005年，厚生労働省と農林水産省は，食生活指針を具体的な行動に結び付けるために，食事の望ましい組合せやおおよその量を，親しみやすく分か

表2.5 食生活指針

食事を楽しみましょう ・心とからだにおいしい食事を，味わって食べましょう. ・毎日の食事で，健康寿命をのばしましょう. ・家族の団らんや人との交流を大切に，また，食事づくりに参加しましょう.
1日の食事のリズムから，健やかな生活リズムを ・朝食で，いきいきした1日を始めましょう. ・夜食や間食はとりすぎないようにしましょう. ・飲酒はほどほどにしましょう.
主食，主菜，副菜を基本に，食事のバランスを ・多様な食品を組み合わせましょう. ・調理方法が偏らないようにしましょう. ・手作りと外食や加工食品・調理食品を上手に組み合わせましょう.
ごはんなどの穀類をしっかりと ・穀類を毎日とって，穀類からのエネルギー摂取を適正に保ちましょう. ・日本の気候・風土に適している米などの穀類を利用しましょう.
野菜・果物，牛乳・乳製品，豆類，魚なども組み合わせて ・たっぷり野菜と毎日の果物で，ビタミン，ミネラル，食物繊維をとりましょう. ・牛乳・乳製品，緑黄色野菜，豆類，小魚などで，カルシウムを十分にとりましょう.
食塩や脂肪は控えめに ・塩辛い食品を控えめに，食塩は1日10g未満にしましょう. ・脂肪のとりすぎをやめ，動物，植物，魚由来の脂肪をバランスよくとりましょう. ・栄養成分表示を見て，食品や外食を選ぶ習慣を身につけましょう.
適性体重を知り，日々の活動に見合った食事量を ・太ってきたなと感じたら，体重を量りましょう. ・普段から意識して身体を動かすようにしましょう. ・美しさは健康から．無理な減量はやめましょう. ・しっかりかんで，ゆっくり食べましょう.
食文化や地域の産物を活かし，ときには新しい料理も ・地域の産物や旬の食材を使うとともに，行事食を取り入れながら，自然の恵みや四季の変化を楽しみましょう. ・食文化を大切にして，日々の食生活に活かしましょう. ・食材に関する知識や料理技術を身につけましょう. ・ときには新しい料理を作ってみましょう.
調理や保存を上手にして無駄や廃棄を少なく ・買いすぎ，作りすぎに注意して，食べ残しのない適量を心がけましょう. ・賞味期限や消費期限を考えて利用しましょう. ・定期的に冷蔵庫の中身や家庭内の食材を点検し，献立を工夫して食べましょう.
自分の食生活を見直してみましょう ・自分の健康目標をつくり，食生活を点検する習慣を持ちましょう. ・家族や仲間と，食生活を考えたり，話し合ったりしてみましょう. ・学校や家庭で食生活の正しい理解や望ましい習慣を身につけましょう. ・子どものころから，食生活を大切にしましょう.

（文部科学省・厚生労働省・農林水産省決定，2000）

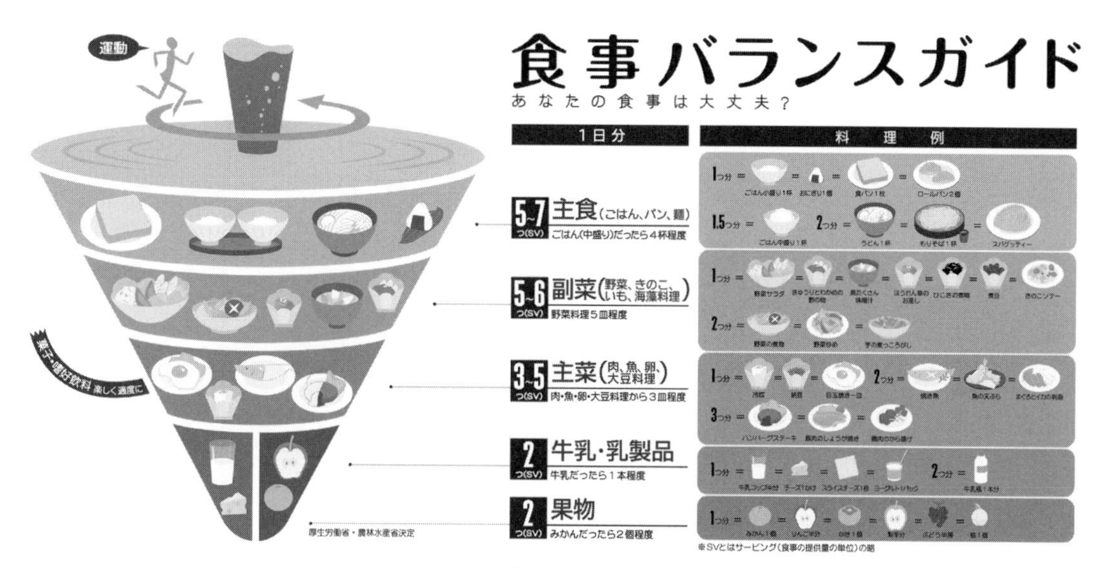

図 2.3　食事バランスガイド

りやすいイラストで示した食事バランスガイドを策定した（図 2.3）．イラストは，食事のバランス，継続的な運動の重要性を，規則正しく回転するコマで表現している．食生活指針の項目「主食，主菜，副菜を基本に，食事のバランスを」と伝統的な日本の食事パターンに基づき，食事内容を，「主食」「副菜」「主菜」「牛乳・乳製品」「果物」の 5 つの料理に区分している．また，1 日にどれだけ食べるかは，「○つ（SV）」という単位で示され，区分ごとに何をどれだけ食べるかを具体的な「料理」で表現し，その標準的な量を大まかに示している．各料理区分の量的な基準および数量の考え方については，表 2.6 に示した．さらに，水，お茶はコマの軸とし，食事の中で欠かせない存在であることを強調している．菓子・嗜好食品はコマを回す紐とし，量的な目安は示さずに楽しく適度にというメッセージが添えられている．

食事バランスガイドの活用においては，①自分自身の 1 日分の適量を把握する（表 2.7），②摂取の目安と料理例（図 2.3，表 2.6）を基本に食事の目的と好みに合せて料理を選ぶという手順で，食事を組み立てる．

2.3.6　献立作成条件と手順

献立は，目的により日常食，治療食，供応・行事食に大別される．また，食文化的な側面からは，日本料理，西洋料理，中国料理，その他の各国料理に区分される（1.3 節参照）．日常食や治療食では，栄養的配慮が優先されるが，供応・行事食では，食文化的要素も重要である．さらに，内食，中食，外食などの摂取形態，定食形式，カフェテリア形式，バイキング形式などの供食形態によっても献立内容を考慮する必要がある．

表 2.6　料理例に示した料理と量の目安

料理区分		料理と量の目安	1つ(SV)分にあたる重量
主食	炭水化物の供給源であるごはん、パン、麺・パスタなどを主材料とする料理。	●1つ(SV)分 ・ごはん小盛り1杯(100g) ・おにぎり1個(100g) ・食パン1枚(4～6枚切り、60～90g) ・ロールパン2～3個(30g×2～3) ●1.5つ(SV)分 ・ごはん中盛り1杯(150g) ●2つ(SV)分 ・うどん1杯(300g) ・もりそば1杯(300g) ・スパゲッティ(乾100g) ※具が少なめのもの	主材料に由来する炭水化物。 おおよそ40g
副菜	ビタミン、ミネラル、食物繊維の供給源である野菜、いも、豆類(大豆を除く)、きのこ、海藻などを主材料とする料理。	●1つ(SV)分 ・野菜サラダ(大皿) ・きゅうりとわかめの酢の物(小鉢) ・具たくさん味噌汁(お椀に入ったもの) ・ほうれん草のお浸し(小鉢) ・ひじきの煮物(小鉢) ・煮豆(うずら豆、小鉢) ・きのこソテー(中皿) ●2つ(SV)分 ・野菜の煮物(中皿) ・野菜炒め(中皿) ・芋の煮っころがし(中皿)	主材料となる野菜等。 おおよそ70g
主菜	たんぱく質の供給源である肉、魚、卵、大豆および大豆製品などを主材料とする料理。	●1つ(SV)分 ・冷奴(100g) ・納豆(40g) ・目玉焼き一皿(卵50g) ●2つ(SV)分 ・焼き魚(魚の塩焼き1匹分) ・魚の天ぷら(キス2匹、えび1匹分) ・まぐろとイカの刺身(まぐろ40g、イカ20g) ●3つ(SV)分 ・ハンバーグステーキ(肉重量100g程度) ・豚肉のしょうが焼き(肉重量90～100g程度) ・鶏肉のから揚げ(肉重量90～100g程度)	主材料に由来するたんぱく質。 おおよそ6g
牛乳・乳製品	カルシウムの供給源である牛乳、ヨーグルト、チーズなどが含まれる。	●1つ(SV)分 ・牛乳コップ半分(90ml) ・チーズ1かけ(20g) ・スライスチーズ1枚(20g程度) ・ヨーグルト1パック(100g) ●2つ(SV)分 ・牛乳瓶1本分(180ml)	主材料に由来するカルシウム。 おおよそ100mg
果物	ビタミンC、カリウムの供給源であるりんご、みかんなどの果実およびすいか、いちごなどの果実的な野菜が含まれる。	●1つ(SV)分 ・みかん1個 ・かき1個 ・ぶどう半房 ・りんご半分 ・梨半分 ・桃1個	主材料の重量。 おおよそ100g

（中村丁次監修：健康増進のしおり，日本栄養士会，2005）

a．献立作成条件

日常食の献立は，朝食・昼食・夕食の1日の食事を単位として，「日本人の食事摂取基準（2020年版）」を基に喫食者にとって望ましい食品構成を考え，これを参考に作成する．

献立作成における主な条件は，①安全性の確保，②適切な栄養の供給，③嗜好性，④食文化，⑤経済性，⑥能率性，⑦環境面を考慮することである（2.1節参照）．

b. 献立作成手順

食品構成に基づく日常食・治療食の献立作成の手順を示す．まず，喫食者を把握し，目標とする食事摂取基準を決定し，それに基づく食品構成を決める．食品構成は1日を単位としているため，朝・昼・夕の3食に分配する．分配は，朝：昼：夕＝20～25％（2/8）：35～40％（3/8）：35～40％（3/8）を目安とするが，対象に応じて考える．通常，一定期間（1週間，10日間あるいは1か月間）の平均値が食品構成と近似すればよい．

次に，食品構成をもとに使用食材を吟味しながら，以下の手順を参考に献立を決める．

①主食（米飯・パン・めんなど）を決める．
②主菜を決める．タンパク質源となる魚，肉，卵，豆類から選び，朝・昼・夕で食材が重複しないよう考慮する．
③副菜を決める．野菜やイモ類を用いて，主菜に合った料理（つけあわせ，和え物やサラダ，煮物など）とする．
④汁物を決める．汁物を加えるかどうか決め，献立に変化をつけるとともに，主菜や副菜で不足している食品を考慮して汁の実を決める．
⑤①～④で不足している食品を副々菜やデザート類として加える．
⑥食味構成を決める．喫食者の状況に合わせて，献立全体の調味バランス，各料理の調味を決める．必要に応じて，常備菜（佃煮，漬物など）や香味野菜（スダチ，ユズ，大葉，ミョウガ，サンショウ，ミントなど）を添えて，味の濃淡や香りを加え，食欲増進をはかる．

以上で料理の組み合わせとしての献立の作成は完成するが，実際に調理・提供するためには，以下の手順が必要である．

①詳しい調理方法を決める．食数，調理設備・器具，調理人員，調理時間などを考慮し，各料理の調理方法と調理操作の配分を決定する．また，喫食者の状態に合わせて，切り方や加熱方法を決定する．
②廃棄率を考慮した食材の購入量を決める．これに基づき，計画的に発注・購入する．
③料理に用いる食器を選択する．料理との調和，季節感，使いやすさなどを考慮する．

供食形態

供食形態は，主に下に示すような形式があり，食事の目的や集団給食施設の特徴にあった方式を選ぶ．

定食形式：1食分が主食，主菜，副菜などで組み合わされた献立方式で，1種類のみを提供する単一献立方式と，2種類以上の定食献立または1種類の定食献立と何種類かの一品料理を提供する複数献立方式がある．

カフェテリア形式：主食，主菜，副菜などをそれぞれ一品料理として提供し，喫食者が好みで料理を選択し，1食分を組み立てる形式である．

弁当形式：集団給食において，給食施設をもたない企業・団体に対し給食センターなどから弁当を配食する形式をいう．家庭でも，給食のない学校や遠足などの行事，行楽では，1食分を弁当にし持参する．

ブッフェ：セルフサービスの立食形式のことをいう．料理は，正餐のコース料理に準じるが，品数は提供目的や規模に応じて調節する．

バイキング：ブッフェと同じセルフサービスであるが，食事をする席が決まっており，テーブルセッティングが必要である．

表 2.7 対象特徴別，料理区分における摂取の目安

単位：つ(SV)

対象者	エネルギー(kcal)	主食	副菜	主菜	牛乳・乳製品	果物
・6～9歳の子ども ・身体活動量の低い(高齢者を含む)女性	1,600	4～5	5～6	3～4	2	2
	1,800					
・ほとんどの女性 ・身体活動量の低い(高齢者を含む)男性	2,000	5～7		3～5		
	2,200					
	2,400					
・12歳以上のほとんどの男性	2,600	7～8	6～7	4～6	2～3	2～3
	2,800					

（中村丁次監修：健康増進のしおり，日本栄養士会，2005）

表 2.8　献立評価の項目例

・喫食者の状態にあった食事摂取基準・食品構成であったか ・食品構成を満たせていたか ・朝食・昼食・夕食の配分は適切であったか ・喫食者の嗜好を満たせていたか ・主食，主菜，副菜，汁物，デザートの食材，味に季節感，バランスがあったか
・調理工程，調理機器の使用に無理はないか ・調理時間およびその配分に無理はないか ・予算内におさまっているか ・盛り付けの食器，料理の配色，食感は適切であったか ・調理後のごみ，後片付けを適切に行うことができるか
・食事摂取基準をもとにした栄養評価 　各栄養素充足率，PFC 比率，摂取脂肪酸組成，アミノ酸スコアなど
・喫食者アンケートなどによる評価

④盛り付け方，配膳方法を決める．これらにより，視覚的なおいしさが決定される．

⑤後始末も一連の調理作業と考え，衛生面，環境面に留意して行えるよう計画する．

PDCA サイクル
PDCA は plan（計画），do（実施），check（検証），action（改善）の略で，経営管理機能の循環課程（マネジメントサイクル），類似のものに，plan（計画），do（実行），see（評価）の PDS サイクルや，planning（計画），organizing（組織化），cotrolling（統制）の POC サイクルなどがある．

マネジメントサイクル
計画化に始まり，組織化，指揮ないし動機付け，調整・統制へ進み，再び計画化へフィードバックする一連の循環過程．

供応・行事食の献立作成については，食事制限などが必要でない健康な者が対象の場合には，食事摂取基準や食品構成を考慮することなく作成して良い．

作成した献立は，表 2.8 に示す項目について評価する．この評価をもとに検討し修正献立を作成する．このように PDCA（plan-do-check-action）サイクルを繰り返すことにより，献立の完成度を高めていくことができる．

献立システムの一例を図 2.4 に示す．近年，HACCP の概念に基づき安全かつ衛生的に生産（調理）管理するシステムとして，クックチルシステムなどの新しい調理システムが開発された（5.7 節参照）．これらの新調理システムを導入することで，調理・配膳・後始末や安全・安心マニュアルの作成および管理を効率的に行うことができる．

2.3.7　供食，食卓構成，食事環境

a．供食

供食とは，配膳・配食の過程，すなわち食事を提供することである．供食は，単に食事を与えるのではなく，食事をもてなすという意味をもち，食事の精神的・文化的側面を考慮し，食事の楽しみを創造することが大切である．食べる人に満足感を持ってもらえるように，清潔で明るく，楽しい雰囲気づくりを心がける．

よりよい供食のためには，①食事の種類（日常食，行事食などの区別）と目的（生命維持，健康増進，嗜好満足，他者とのコミュニケーションなど），②喫食者（年齢，嗜好，健康状態および人数など），③季節（四季）や時間帯（朝，昼，夕），④料理様式（和洋中など），⑤献立内容（食材，調理方法，調味，食器など），⑥食事の場所（家庭，集団給食施設，飲食店など）

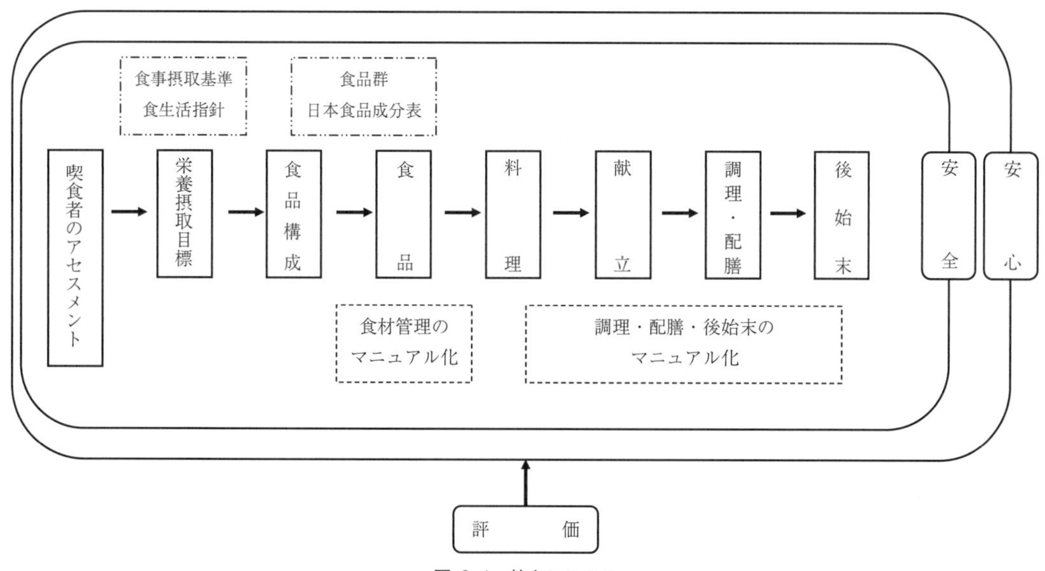

図 2.4　献立システム

について十分考慮し，可能な範囲で心配りし，食卓構成および食事環境を適切に整えることが重要である．

b．　食卓構成

食事は，食卓を軸にして，人間，時間，空間が相互に作用している．食卓構成は，様々な角度から考慮した供食の趣旨に基づいて食卓全体を演出することである．

1）　食器・食具

食事に使う器具には，食べ物を盛るために使う食器と食べ物を取り分けたり口に運ぶための食具がある．文化の違いによって食べ方に違いがあり，これにより食器・食具にも様々な種類がある（1.3 節参照）．

2）　食卓のセッティング

代表的な料理様式は，日本料理，中国料理，西洋料理である（1.3 節参照）が，現在の日常食は，和風・洋風・中国風に加えエスニック風など，折衷・融合型になってきており，食卓のセッティングも 1 つの様式にこだわる必要はない．食欲増進が図られるよう，清潔で楽しく安らぎが得られるように配慮したい．

c．　食事環境

ここでいう食事環境とは，食事にかかわる空間と食事をサービスする人などである．食事は，五感で味わうものであるから，清潔であるだけでなく，室内の装飾・香り（インテリア，花，お香など），音（音楽，自然の音），室温・湿度，照明などトータルな室内環境に配慮し，喫食者にとって心地よくなるよう心がけたい．

サービスする人は，強い香りをつけず，爪や頭髪，服装は清潔で機能的に保ち，思いやりのある対応を心がけたい．

参 考 文 献

金谷昭子編著：食べ物と健康　調理学，医歯薬出版，2004
川端晶子・大羽和子：健康調理学，学建書院，2004
川端晶子・畑明美：N ブックス　健康食事学，建帛社，2004
君羅満・岩井達・松崎政三編著：N ブックス　給食経営管理論，建帛社，2004
菅野道廣・上野川修一・山田和彦編：健康・栄養科学シリーズ　食べ物と健康 II-食事設計と栄養，南江堂，2005
鈴木久乃・太田和枝・原正俊・中村丁次編：給食用語辞典，第一出版，2003
田中平三・坂本元子編：食生活指針，第一出版，2002
殿塚婦美子編：改訂大量調理―品質管理と調理の実際―，学建書院，2002
中村丁次監修：健康増進のしおり No.2005-2，社団法人日本栄養士会，2005
フードガイド（仮称）検討会：［フードガイド（仮称）検討会報告書］食事バランスガイド，厚生労働省および農林水産省 Web page，2005
フードスペシャリスト協会編：新版フードコーディネート論，建帛社，2003
文部科学省科学技術・学術審議会資源調査分科会編：日本食品標準成分表 2010，全国官報販売協同組合，2010
渡邉智子・鈴木亜夕帆・西牟田守：液状食品の 100 ml 成分表―五訂成分表収載食品について―，栄養学雑誌，**59**，197-202，2001
大越ひろ・高橋智子編著：管理栄養士講座　四訂　健康・調理の科学―おいしさから健康へ―，建帛社，2020
香川明夫監修：八訂食品成分表 2021，女子栄養大学出版部，2021
伊藤貞嘉・佐々木敏監修：日本人の食事摂取基準 2020 年度版，第一出版，2020
食事摂取基準の実践・運用を考える会編：日本人の食事摂取基準 2020 年版の実践・運用，第一出版，2020

3. 食物の嗜好性（おいしさ）とその評価

3.1 おいしさに関与する要因

日常食，供応食，特定給食施設食，介護食，治療食等，いずれの食事においても，健康的配慮とともに，それを構成する食物がおいしく感じられることが大切である．人はおいしいと感じると消化液の分泌が促されて，食物の栄養的価値も大きくなり，さらには生活に満足感を与えることになる．疾病治療のため栄養管理された食事もおいしく食べられなければ，栄養的効果が低くなるであろう．

食物の適温
供食時における食物の適温は体温±25～30 ℃ である．一般に温かいものでは60～65 ℃，冷たいものでは5～10 ℃ で供するとおいしく感じられる．

図 3.1 においしさに関与する要因を示した．我々が食物をおいしいと感じる要因として，食物自身の特性と食べる人側の要因がある．

3.1.1 食物自身の特性からみたおいしさ

咀嚼音
せんべいを食べるときのパリッパリッとする音や，たくあんやキュウリを噛むときのポリポリという音などはおいしさを感じさせる．

食物自身のもつ特性として，味，におい，テクスチャー（口ざわり，口あたり，舌ざわり，歯ごたえ），食物自体の温度，色，形状，咀嚼音などがあげられる．われわれは，口で感じる味（味覚，触覚），鼻でかぐにおい（嗅

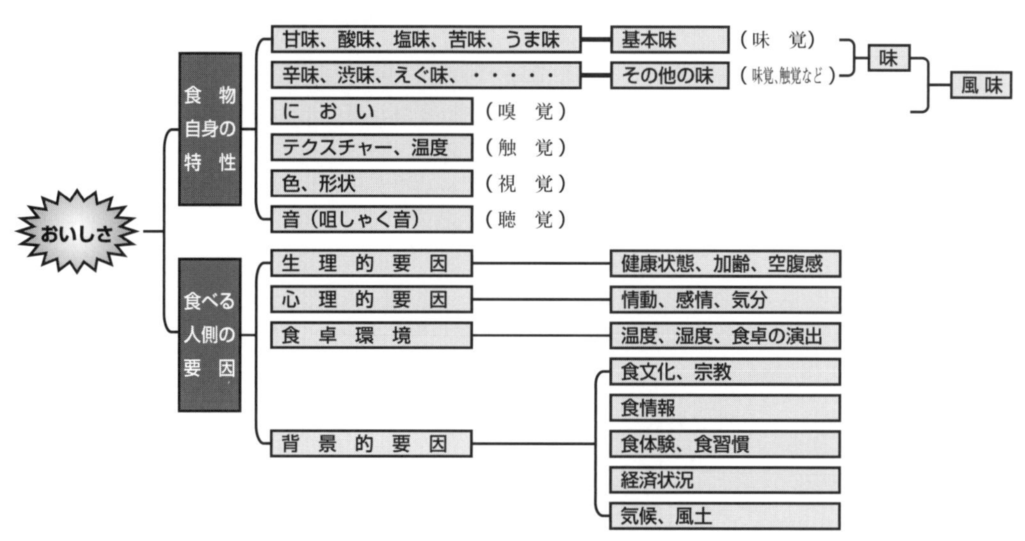

図 3.1　おいしさに関与する要因

覚），テクスチャー・温度（触覚），目でみた色や形（視覚），口で噛む音（聴覚）など五感を総動員させて食物のおいしさを味わっている．

3.1.2　食べる人側の要因からみたおいしさ

食べる人側の要因として，生理的要因，心理的要因，食卓環境，背景的要因があげられる．

a．生理的要因

生理的要因として，その人の健康状態や疾病状況，加齢，空腹感，生活活動量，疲労感などがある．加齢に伴い食物のおいしさに変動がみられるが，味を感じる味蕾数の減少や味蕾の形態的変化，唾液や胃液の分泌量の減少と質的変化も一因とされている．

b．心理的要因

心理的要因として，そのときの怒り，恐れ，愛などの情動，感情（快—不快），長時間持続的に生じる気分がある．おいしさは同じ食事内容でも心の状態によって大きく変化する．

c．食卓環境

食卓環境としては，食事室の照明，温度・湿度，食器，食卓の演出などがある．おいしさは，部屋からの眺望，テーブルセッティング，音楽などによっても少なからず影響を受ける．小中学校や病院の給食を教室やベッドサイドではなく，ランチルームや食堂で楽しい演出をしてとることもできる．これらの工夫は，人側からみたおいしさの要因を巧みに利用したものといえよう．

d．背景的要因

背景的要因としては，食文化，宗教，食情報，教育，食体験，食習慣，経済状況，気候，風土などがあげられる．例えば，特定の食品について，健康上有益であるという食情報が与えられると，よりおいしさが高まるような事例もみられる．また，乳幼児期の食体験や食習慣の記憶は脳に刷り込まれていることが多く，乳幼児期に食べたものをおいしく感じる事例も数多くある．

3.1.3　おいしさの判断

食物に関する情報は，脳内でどのように処理され，おいしさの判断・評価が行われているのだろうか．食べ物には味，におい，テクスチャー等の情報が含まれるが，これらの情報は別々の感覚器で受容され，大脳皮質のそれぞれの感覚野に送られる．各感覚野に送られた情報は，大脳皮質連合野で統合・判断される．たとえば，“ごはん”を食べたときには，つやがある，香りがよい，甘味・うま味がある，粘りがあるといった情報がここで統合され，“ごはん”という食べ物の判断が行われる．統合された感覚情報は，扁

扁桃体，視床下部，海馬

扁桃体に，大脳皮質連合野の感覚情報が送られる．ここで過去に経験した食物との照合が行われる．これまで何度か食べたことがある食物に対しては，食べてもよいという判断が下されるが，未知の食物には不安感を生じさせる．こうした扁桃体からの情報は視床下部に伝達される．快感をもたらすものは摂食中枢を刺激し，不快感をもたらすものは満腹中枢を刺激する．一方，扁桃体からの情報は海馬（記憶が蓄積される中枢的部分）や大脳皮質連合野にも送られ，食物の特性だけでなく，食事時の雰囲気等の食卓環境，食文化，食体験，風土などの背景的要因等，おいしさに関する記憶が形成・蓄積される．

乳頭

ヒトの舌表面は乳頭という細かな突起におおわれ，ざらざらしている．乳頭には，糸状乳頭，茸状（じじょう）乳頭，有郭乳頭，葉状乳頭の4種類がある．糸状乳頭以外の乳頭には，味蕾が含まれている．茸状乳頭は，舌の全体に分布し，最も数が多い．有郭乳頭は，舌の奥部に存在する大きな乳頭で，8〜12個存在する．葉状乳頭は舌の縁部にヒダ状に存在する．

味覚と味

味物質が味蕾を刺激することによって応答する5つの基本味のみを味覚とよぶ場合もある．トウガラシを口に取り込むとひりひりするが，顔などの皮膚につけてもひりひりする．辛味物質を受容する神経終末は口腔内だけでなく，皮膚全体に存在する．したがって，辛味などのその他の味は，味覚ではないという説もある．

桃体，視床下部，海馬で相互にやり取りされて，最終的においしさの総合判断が行われる．

3.2 味と調味料

3.2.1 味の要素

甘味，塩味，酸味，苦味，うま味の5つの味が基本味とされている．基本味以外のその他の味として，辛味，渋味，えぐ味，アルカリ味，金属味，こくなどがある．

3.2.2 味を感じる仕組み

甘味，酸味などの基本味，あるいは辛味などのその他の味は，食べ物を口腔内に含むことによって感じられる．口腔内に取り込まれた水溶性味物質の

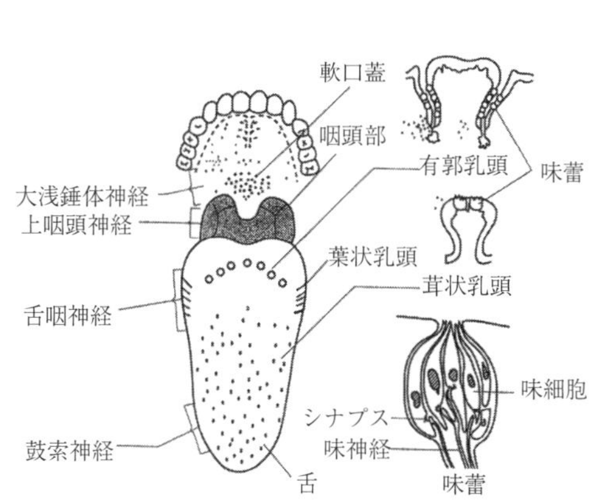

口腔内において味情報を伝える器官

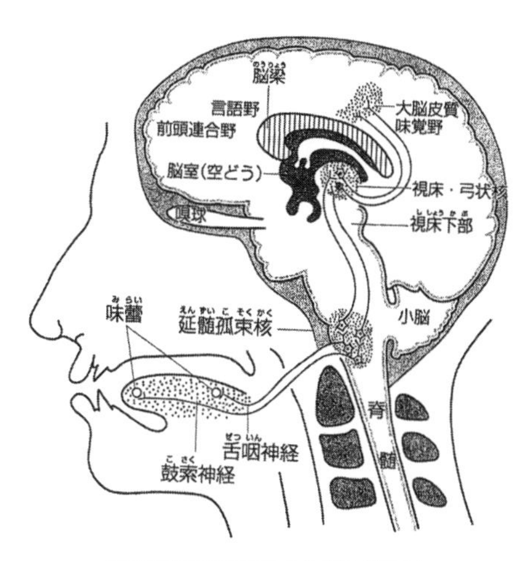

味の情報が口腔内から脳へ流れる

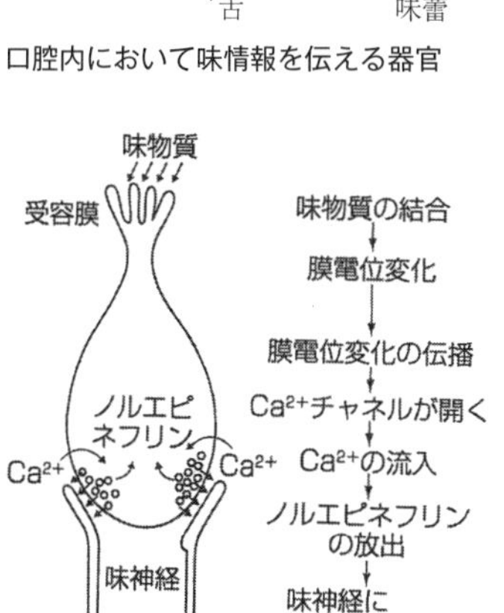

一つの味細胞において味の情報が味神経に伝わる様子

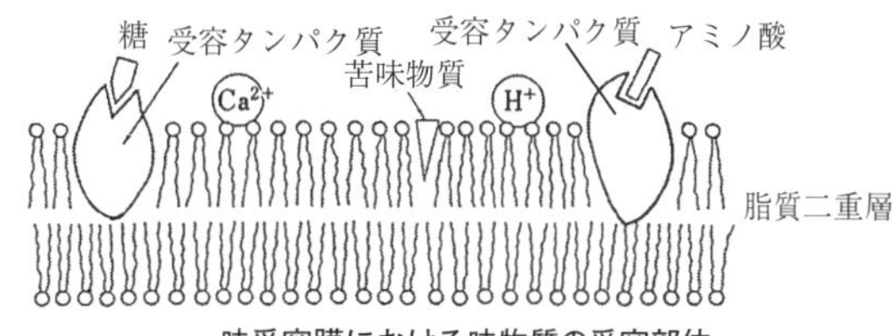

味受容膜における味物質の受容部位
糖とアミノ酸に関しては特異的に結合する受容タンパク質（リセプター）が知られている．図の上部が味細胞の味受容膜の外側である．

図 3.2 味を感じる仕組み
（栗原堅三：味の分子認識，味とにおいの分子認識 40，1999；高木雅行：感覚の生理学，裳華房，1994；島田敦子・下村道子：調理とおいしさの科学，朝倉書店，1993）

刺激を受け取るのが味蕾である．味蕾は舌表面だけでなく，口腔粘膜にも分布している．図 3.2 に，乳頭と味蕾の模式図を示した．味蕾は花のつぼみのような形をしていて，その中には細長い紡錘形をした味細胞が含まれる．味蕾の入り口には味孔がある．この味孔に，水や唾液に溶けた味物質が入り込み，味細胞で味刺激に変換される．味刺激は味細胞とシナプス結合している味神経を興奮させ，延髄，視床を経て，大脳皮質味覚野に伝えられ，甘い，酸っぱいなどの味を感じる．

5 つの基本味は，味蕾を経由して感じられる味であるが，味蕾のない口腔内粘膜でも味は感じられる．基本味以外の味として，辛味や渋味等があるが，辛味物質は，口腔内の上皮組織に分布する神経終末に直接的に結合する．この神経終末は味神経とは別の神経とつながっていて，脳に伝えられると考えられている．その他の味については，口中の皮膚感覚に関与するのではないかとされるが，味を感じる仕組みははっきりとわかっていない．

3.2.3　味感受性と年齢，味覚障害

a.　味の閾値

物質の味を感知できる最低の濃度のことを刺激閾値といい，濃度の異なる 2 種の味を区別できる最小濃度を弁別閾値という．

b.　ヒトの味感受性と年齢

ヒトの場合，胎生 12 週目には，成人と同じ形態の味蕾ができる．胎生 3～9 か月で味を感じる能力を獲得し，出生時には味を感じる能力が備わっていると考えられている．乳幼児では，味蕾は舌の上だけでなく，口の中の粘膜にも広く分布している．乳幼児期には，味蕾の数がもっとも多く，口のなか一面に広く分布していることから，味感受性がもっとも鋭敏な時期といえよう．老年期，とくに 75 歳以上になると，古典的な研究によると，味蕾数の減少や味蕾の萎縮等の形態的変化が起こり，味感受性の低下がみられるとされていたが，最近の研究によると，加齢にともなう著しい味感受性の低下はみられない，とされている．多くの研究者が加齢によって味感受性がどう変動するか研究してきたが，その結果にはばらつきがある．総括すると，高齢になると個人差が顕著であり，全体としてはやや味感受性が低下するといえよう．

c.　味覚障害

「味をまったく感じない」「味を感じにくい」「特定の味のみわからない」「口のなかでいつも味がする」「本来の味質をほかの味と錯覚する」などの症状を味覚障害という．味覚障害の原因としては，食事性，薬剤性のものが多く亜鉛の欠乏により，味蕾機能が正常に作用しない症例が多い．味蕾を構成している味細胞は，寿命が短く短期間で新しく作りかえられ，新陳代謝の盛んな細胞である．味細胞では細胞の再生に必要なタンパク質の合成が絶えず

食べ物の硬さと味の感じ方

食物が液体（ジュース，吸物など）の場合には，味物質が味蕾の味細胞の脂質二重膜に容易に接触し，味を感じることができる．一方，固体の場合には，味物質は唾液の中に溶けて，それが味蕾の味細胞に達するので時間がかかり，味を感じにくい．試料をゾルからゲルに変化させると粘性や硬さを増すが，それに伴い味強度が弱くなることが認められている．一般に硬い食べ物ほど味を感じにくく，軟らかい食べ物ほど味を感じやすい．

新生児の味物質に対する顔表情

スタイナー（1987）は，新生児にいろいろな味溶液を与えたときの顔表情を観察した．ショ糖（甘味）を与えると顔表情がゆるみ飲む行動をする．酢酸溶液（酸味）やキニーネ溶液（苦味）を与えると，口をすぼめ飲むことを拒否する．これらは，味物質による顔表情の変化や挙動は，学習過程によって獲得されるものではなく，出生時にはすでに獲得されていることを示すものである．

味覚異常の発生件数

1990 年，日本口腔，咽頭科学会員へのアンケート調査結果から，味覚異常の発生件数は年平均 14 万であることが推計学的に確認された．

薬剤で亜鉛欠乏になる

利尿剤，降圧剤，血管拡張剤，筋弛緩剤，抗うつ剤，消炎鎮痛剤，抗生物質，抗ガン剤などの中には味覚障害を起こす可能性のある成分が含まれているので，長期間常用すると味覚障害を起こすことがある．

行われている．亜鉛を含む酵素が，タンパク質の合成を促進しているので，亜鉛が欠乏すると，タンパク質の合成ができなくなり，味細胞の新生が遅れ，味感受性の低下をまねく．さらに，亜鉛欠乏が長期間に及ぶと，味細胞は完全に壊れ，二度と再生できなくなるといわれている．

亜鉛の摂取

日本人の食事摂取基準（2020）によると，18～29歳で亜鉛の推定平均必要量は9 mg/日（男性），7 mg/日（女性）である．亜鉛は，カキ，卵黄，乳製品，肉類，レバー，きな粉，種実類，穀類などに豊富に含まれている．バランスのよい食事をしていれば，亜鉛が不足することはないといわれている．ただし，加工食品の中にはポリリン酸ナトリウムやフィチン酸のように亜鉛と結合しやすい添加物が含まれているので，長期間続けて摂取することは避けたい．

3.2.4　基本味とその他の味

a．甘味

代表的な甘味料の種類と特徴を表3.1に示す．砂糖（ショ糖），ブドウ糖，果糖などの糖質甘味料と非糖質甘味料がある．糖類の甘味度は立体構造と温度の影響を受ける．ショ糖には立体異性体がなく甘味度が安定しているが，ブドウ糖，果糖等には立体異性体が存在し，型や温度によって甘味度が異なる．

近年，健康志向の高まりから，砂糖にかわる甘味料として，虫歯になりにくい（抗う蝕性），腸内のビフィズス菌を繁殖させる，カルシウムの吸収を促進する，エネルギーが低いなどの機能性をもった各種甘味料が研究開発されている．これらの中には，特別保健用食品として厚生労働省の許可を受けている甘味料もある．

b．酸味

食物の酸味を呈する代表的な酸味物質として，酢酸，クエン酸，乳酸，リ

表 3.1　甘味料の種類と特徴

【　】はエネルギー（kcal/g）

		一　般　名	甘味度【エネルギー】	特　　徴
糖質甘味料	一般的糖類	砂糖（ショ糖，スクロース）	1.0　【4】	安定した甘味
		ブドウ糖（グルコース）	0.6～0.7　【4】	清涼感のある甘味
		果糖（フルクトース）	1.2～1.7　【4】	果物に含まれる
		乳糖（ラクトース）	0.2～0.3　【4】	乳に含まれる
		麦芽糖（マルトース）	0.4　【4】	デンプンをβ-アミラーゼで分解して生成
		トレハロース	0.3～0.4　【4】	グルコースがα-1位どうしで結合(非還元性)
		異性化糖	1　【4】	ブドウ糖と果糖の混合物
	オリゴ糖類	フルクトオリゴ糖	0.6　【2】	虫歯になりにくい　低エネルギー　整腸作用
		ガラクトオリゴ糖	0.7　【2】	虫歯になりにくい　低エネルギー　整腸作用
	ショ糖誘導体	カップリングシュガー	0.5～0.6	虫歯になりにくい
	糖アルコール	マルチトール	0.8　【2】	虫歯になりにくい　低エネルギー
		ソルビトール	0.6～0.7　【3】	虫歯になりにくい　低エネルギー
		エリスリトール	0.8　【0】	虫歯になりにくい　低エネルギー
		キシリトール	0.6　【2】	虫歯になりにくい　低エネルギー
		ラクチトール	0.4　【2】	低エネルギー
非糖質甘味料	天然甘味料	ステビオサイド	100～300	ステビアの葉から抽出
		グリチルリチン	250	甘草の根から抽出
		フイロズルチン	25～30	甘茶の葉から抽出
	人工甘味料	アスパルテーム	200	ペプチド
		サッカリン	300～500	一部の食品にのみ使用許可

（青木　正編著：新食品学総論・各論，朝倉書店，2002より改変）

ブドウ糖，果糖の立体異性体と甘味度

ブドウ糖や果糖にはα型とβ型の立体異性体が存在する．ブドウ糖のα型：β型の甘味度は3：2であるが，果糖では1：3である．ブドウ糖はα型のほうが甘く，結晶はα型であるが，水に溶かすとβ型が増加し甘味が弱くなる．果糖はβ型のほうが甘く，低温の水溶液ではβ型の比率が大きくなるので，甘味が強い．また，果糖は水温が高くなるにつれて，α型の割合が高くなり（α型：β型＝59：41のとき平衡），甘味が弱くなる．果物には果糖が多く含まれ，冷やすと甘さを強く感じる．

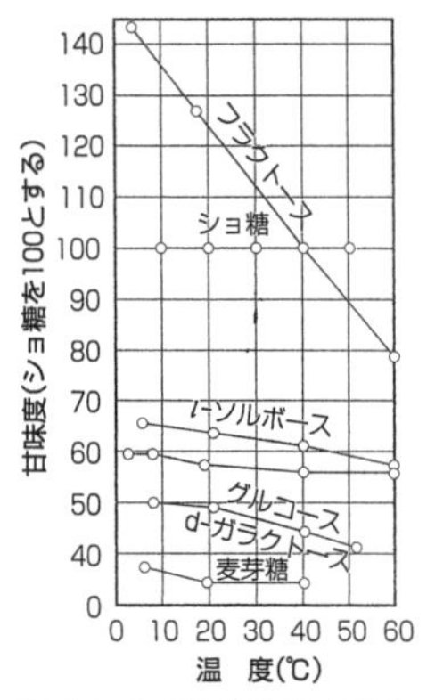

温度による糖類の甘味度の変化

（吉積智司他：甘味との系譜とその科学，光琳書院，1986）

ライトソルト（減塩塩）

ライトソルトは特別用途食品として厚生労働省に許可された食塩であり，NaCl 50％，KCl 50％を含む．NaClを摂取制限している人の塩味調味料として用いられている．

表 3.2　主な有機酸の種類と特徴

有機酸	所　在	酸味の特徴
クエン酸	柑橘類，梅干し	おだやかで爽快な酸味
酒石酸	ブドウ	やや渋味のある酸味
リンゴ酸	リンゴ，ナシ	爽快な酸味，かすかに苦味
コハク酸	日本酒，貝類	コクのあるうまい酸味
乳酸	ヨーグルト，漬物	渋味のある温和な酸味
L-アスコルビン酸	野菜，果物	おだやかで爽快な酸味
酢酸	食酢	刺激的臭気のある酸味

（小俣　靖：“美味しさ”と味覚の科学，日本工業新聞社，1996）

ンゴ酸などの有機酸があげられる．無機酸で食物に利用されているのは炭酸とリン酸で，ビールや清涼飲料水などに用いられる．酸味は，有機酸や無機酸が水中で解離して生じる水素イオン（H^+）によって引き起こされる味である．酸味の強さは水素イオン濃度とは必ずしも平衡しない．同じ水素イオン濃度でも無機酸より有機酸が酸味を強く感じる．酸味の質は一様ではなく，食物に含まれている酸によって異なる．表3.2に，主な有機酸の種類と特徴を示す．

c．塩味

代表的な塩味物質は，食塩（塩化ナトリウム NaCl）である．その他 KCl，NH_4Cl，LiCl，$MgCl_2$などの無機塩も塩味を呈する．純粋な塩味を呈する物質は食塩のみで，その他の無機塩は苦味を伴うものが多い．食塩は水溶液中で解離してナトリウムイオン（Na^+）と塩素イオン（Cl^-）になり，この両イオンの存在によって塩味を感じる．食塩摂取量，そのうちNa^+量を減少させるために，食塩の一部をKClで置換した塩や醤油を治療食では使用する．

d．苦味

苦味は食物に多く含まれる場合には好まれないが，微量含まれると食物のおいしさを引きたてる味である．苦味物質の種類は多いが，その代表的なものとして，カフェイン（コーヒー，紅茶，緑茶），テオブロミン（チョコレート，ココア），ナリンギン（柑橘類），フムロン（ビール）などがある．アミノ酸やペプチドにも苦味を呈するものがある．

e．うま味

うま味は，近年，甘味，酸味，塩味，苦味に続く基本味として国際的に認められ，UMAMI Tasteとして紹介されている．1908年，池田菊苗が昆布からL-グルタミン酸を抽出し，昆布の味の主成分であることを明らかにしたが，その後も日本人がうま味研究に貢献している．うま味物質は，アミノ酸，核酸系物質，有機酸の3つに分類され，アミノ酸は植物性食品，核酸系物質は動物性食品を中心に含まれる．代表的なうま味物質として，グルタミン酸ナトリウム，イノシン酸ナトリウム，グアニル酸ナトリウムがあげられる．表3.3に，主なうま味物質の種類と所在を示す．アミノ酸系うま味物質

表 3.3 主なうま味物質の種類と所在

種　類	うま味物質	所　　在
アミノ酸系	L-グルタミン酸ナトリウム L-アスパラギン酸ナトリウム L-テアニン	昆布，チーズ，茶，ノリ，トマト 味噌，醤油 茶
核酸系	5'-イノシン酸ナトリウム 5'-グアニル酸ナトリウム 5'-キサンチル酸ナトリウム	煮干し，鰹節，アジ，豚肉，牛肉，エビ，鶏肉 干椎茸，マツタケ，エノキダケ 魚介類
有機酸	コハク酸	ハマグリ，シジミ，日本酒

表 3.4 その他の味物質の種類と所在

味の種類	味　物　質	所　　在
辛　味	カプサイシン ピペリン サンショオール ジンゲロン ジアリルジスルフィド アリルイソチオシアネート	トウガラシ コショウ サンショウ ショウガ ネギ，ニンニク カラシ，ワサビ，ダイコン
渋　味	タンニン カテキン類	赤ワイン，渋柿 茶
えぐ味	ホモゲンチジン酸 シュウ酸	タケノコ，ワラビ タケノコ

（島田淳子・下村道子編：調理とおいしさの科学，朝倉書店，1993）

と核酸系うま味物質が共存すると，うま味が著しく強められる．これをうま味の相乗効果とよぶ．日本では古来から昆布と鰹節を用いてだしをとってきたが，これはうま味の相乗効果をねらったものである．

f. その他の味

辛味，渋味，えぐ味などは食物に含まれる量や食経験によって，好まれたり，不快に感じられることがある（表3.4）．この他，金属味，アルカリ味，こく，デンプン味，油脂味，広がりがある，厚みがあると表現される味もある．

辛味成分には，唾液分泌を促し食欲を高める，エネルギー代謝を促進する作用や抗菌作用，抗酸化作用などがある．

渋味は口腔粘膜のタンパク質が一時的に凝固することによって起こる収斂味である．えぐ味は植物性素材のあくの主成分でもあり，調理の際には，あく抜きをして用いる．

● 3.2.5 味の相互作用 ●

食べ物の味を単独で味わうことはほとんどなく，複数の味を同時に味わっていることが多い．2種類以上の味が共存すると，相互に影響しあって味質や呈味力が変動する．表3.5に，味の相互作用を示す．

①対比効果：　2種類の異なった味を同時または継続的に味わうとき，一方の味が強められる効果をいう．しるこに塩を入れると甘味を強く感じる．

うま味の相乗効果

異なった系列のうま味物質が共存するときに，相乗効果がみられる．昆布と鰹節，昆布と干し椎茸，トマトと魚介類，トマトと肉類，チーズと魚介類，野菜と肉類などを併用すると相乗効果によってうま味が強められる．

核酸系うま味物質が2つ共存しても相乗効果は認められない．鰹節と干椎茸を併用した場合，相乗効果はみられない．

日本のだしだけでなく，洋風料理やアジアの料理においても，植物性と動物性素材が併用されている．うま味の相乗効果が科学的に証明される以前から，古今東西われわれはうま味の増強効果を経験的に知っていたわけである．

カラシ，ワサビ，ダイコンの辛味と調理

カラシ，ワサビ，ダイコンの辛味はイソチオシアネート類である．ワサビやダイコンでは，すりおろしたとき，酵素（ミロシナーゼ）がカラシ油配糖体に作用して，時間経過とともにイソチオシアネート類を遊離して辛味が生成される．すりおろして，しばらくおくと酵素が力を発揮し，辛味を増すが，辛味は揮発性のため長時間放置するとなくなる．また，この辛味は加熱により消失する．ダイコンは目の粗いおろし金でおろし，ワサビは目の細かいおろし金でおろし，いずれも円を描くようにゆっくりおろし，酵素を十分働かせると辛味が増す．また，粉カラシは，40℃ のぬるま湯で時間をかけて練ると，酵素が作用し，辛味が増すといわれている．

表 3.5　味の相互作用

相互作用		味	例
対比効果	同時対比	甘味＋塩味 うま味＋塩味	しるこやあんに少量の食塩を加えると，甘味を強く感じる だしに少量の食塩を加えると，うま味を強く感じる
	継時対比	甘味→酸味 苦味→甘味	甘いデザートの後に，すっぱいフルーツを味わうと，酸味を強く感じる 苦い薬の後，甘い菓子を味わうと，甘味を強く感じる
抑制効果		苦味＋甘味 酸味＋甘味 塩味＋酸味 塩味＋うま味	コーヒーに砂糖を加えると，苦味が緩和される グレープフルーツに砂糖をかけると，酸味が抑えられる 古漬けには発酵して酸味が加わるため，塩味を弱く感じる 塩辛には熟成してうま味が加わるため，塩味を弱く感じる
相乗効果		うま味＋うま味 甘味＋甘味	昆布（グルタミン酸ナトリウム）と鰹節（イノシン酸ナトリウム）を併用すると，うま味が強められる ショ糖に少量のサッカリンを加えると，甘味が強められる
変調効果		塩味→無味 苦味→酸味 味変容物質→酸味 味変容物質→甘味	塩からいものを味わった後では，無味の水を甘く感じる スルメの後に，レモンを味わうと，レモンを苦く感じる ミラクルフルーツの後，酸味のある食物を味わうと，甘く感じる ギムネマシルベスタ茶の後，甘い食べ物を味わうと，甘味を弱く感じる

②抑制効果：　2種類の異なった味を同時に味わうとき，一方の味が弱められる効果をいう．塩味は酸味やうま味が共存すると，食塩量が少なくても満足感が得られる．したがって，減塩の調理では，だしを効かせたり，食酢や柑橘類を上手に利用するとよい．

③相乗効果：　同じ味質の2種類の味物質が共存することによって，その味が強められる効果をいう．混合だしなど．

④変調効果：　2種類の異なった味を継続して味わったときに，後の味が，最初の味の影響によって変化する効果をいう．

3.2.6　だ　し

だしは料理のおいしさの基本となり，食品素材からうま味成分を抽出したものである．和風だしの素材としては，鰹節類，昆布，煮干し，干し椎茸などが汁の2〜4% 程度用いられる．洋風だしは，スープストック（英），ブイヨン（仏）とよばれ，鶏骨，牛すね肉，香味野菜などが用いられる．中国風だしは，湯（たん）とよばれ，鶏骨，豚骨，ネギ，ショウガなどが使われる．和風だしでは，短時間で素材のもっているうま味成分を溶出させ，不味成分はできるだけ溶出させない調理法をとっている．一方，洋風だしや中国風だしでは，でき上がりの30〜50% の素材を必要量の2〜3倍の水を入れ，3時間程度加熱し素材のもっているあらゆるうま味成分を溶出させる．肉や魚の臭みを除き，風味づけをするために，香味野菜やブーケガルニが加えられる．

ブイヨンとフォン

ブイヨンは主にスープのベースになるだしであるが，フォンは主にソースのベースになるだしである．フォンはブイヨンよりも香りや味が濃厚で，こくのあるだしである．仔牛からとったフォン・ド・ヴォーがよく使われる．

ブーケガルニ

ブーケガルニとは，フランス語でハーブの束を意味し，セロリーの茎，パセリの茎，ローリエ，タイムの小枝などを糸で束ねたものである．ドライハーブやスパイスをガーゼで包んだものも市販されている．

3.2.7　調味料の種類と調理特性

調味料は，食素材に塩・甘・酸・うま味などをつけ，食べ物の風味を整えておいしさを高める作用をもっている．調味料には，食塩や醤油，味噌などの塩味調味料，砂糖やみりん，みりん風調味料などの甘味調味料，食酢や柑橘類の絞り汁などの酸味調味料，うま味調味料などがある．その他に，複雑な風味を与え消臭効果をもたらす風味調味料や酒類，さらに特有の風味を付与する加工調味料などがある．調味料の種類は，わが国の伝統食に世界各国の食が加わり増加傾向にある．また，製造技術の発展に相まって多種類の調味料が開発され出回っている．

a. 食塩

塩には，国内で海水を利用して製塩される塩と輸入天日塩がある．食塩は，塩味をつける基本的な調味料であり，生理的意義も大きく，生命の維持には欠かせないものである．ナトリウムは細胞外液に存在し，体液の浸透圧の調節や，酸・アルカリ平衡の保持に役立っている．過剰の食塩は，腎臓から尿として，皮膚から汗として排出され，体液中の濃度を一定に維持するように調節されている．食べ物の塩分濃度範囲は狭く，人の体液の塩分濃度0.8～0.9% に近い場合，おいしいと感じることが多い．食塩には食べ物に塩味をつけるだけでなく，表3.6のような調理特性がある．健康維持・増進のため，食塩摂取量は，成人男性1日7.5g未満，成人女性1日6.5g未満，高血圧・慢性腎臓病の重症化予防のためには6.0g未満が望ましいとされている．

食べ物に含まれる塩分濃度

食　物	塩分濃度(%)
飯物	0.5～0.8
汁物	0.5～1.0
炒め物	0.8～1.0
蒸し物	0.7～0.8
焼き物	1.0～2.0
煮物	0.8～1.5
あえ物	0.8～1.5
つくだ煮	4～6
塩辛	3～7
漬物(短期)	2～5
漬物(長期)	5～16

漬物の塩

漬物には，漬物塩や並塩，新家庭塩などが用いられ，これらは塩化ナトリウムににがり成分やクエン酸，リンゴ酸が添加されており，漬物に複雑な味を与えている．

b. 醤油

醤油は大豆，小麦，食塩水を原料として，麹菌によって発酵熟成させた調味料で，グルタミン酸などのアミノ酸，グルコースを中心とした糖類，乳酸などの有機酸，揮発性香気成分などが含まれており，調理では塩味とともにうま味，香り，色を与える働きがある．また，加熱しすぎると香りが失われる．塩分濃度は濃口14.5%，薄口16.0%，減塩7%，たまり13～15%，再仕込み12～15%，白醤油16～18% 程度である．食素材が濃厚な味や臭みをもっているとき（たとえば，魚の煮つけ）には濃口醤油を用い，食素材の色をいかしたいとき（たとえば，青菜の煮浸し）や，すまし汁，うどんだしな

表 3.6 食塩の調理特性

調　理　特　性		例
脱水作用	野菜や魚・肉の水分を除く 魚臭を除く	野菜・魚・肉のふり塩，漬物 魚のふり塩
タンパク質への作用	熱凝固を促す 魚肉・食肉ペーストの粘弾性を増す 小麦粉生地のグルテン形成を促進する	茶碗蒸し，卵豆腐 魚肉練り製品，ハンバーグステーキ パン，うどん，餃子皮
防腐効果	有害微生物の繁殖を抑える	漬物，佃煮，塩蔵品
酵素作用の阻止	酸化酵素の活性を抑える	野菜・果物の褐変防止 ビタミンCの酸化防止
その他	葉緑素を安定させる 粘出物を除く 発酵を調整する	青菜の塩ゆで サトイモの下処理 パン生地のイースト発酵抑制

大豆タンパク質の消化吸収率

味噌の大豆タンパク質では，大部分がペプチドやアミノ酸にまで分解されており，消化吸収されやすい（消化吸収率は約85％）.

味噌汁の煮返し

味噌汁の煮返し，あるいは，味噌を加えた後の長時間加熱は望ましくない．これは味噌のコロイド粒子がうま味成分を吸着しながら，互いに結合し大きな粒子となるので，うま味が少なく，ざらざらした口ざわりの味噌汁になるためである．また，長時間加熱によって低沸点の香気成分が揮発し，味噌特有の香りが失われる.

砂糖の分類

含蜜糖は糖蜜を含んだものであるが，分蜜糖は砂糖の結晶から糖蜜を除去したものである．結晶の大きさにより，ざらめ糖，車糖などに分類される．精製度によって，車糖は上白糖，中白糖，三温糖に区分される.

上白糖

上白糖は，車糖とよばれる細かい結晶に，ビスコ（転化糖シロップ）を添加し水分を与えたものであり，調理一般に用いられる.

食物に含まれるショ糖濃度

食　物	ショ糖濃度(％)
煮物	0～10
飲み物	0～10
アイスクリーム	10～20
ゼリー類 プディング	10～20
水ようかん	20～30
あん類	30～50
ジャム	40～60
キャンデー類	70～80
氷砂糖	100

*ショ糖以外の甘味料が使われることもある.

表 3.7 味噌の分類および主な銘柄，産地

原料による分類	味・色による区分		塩分（％）	主な銘柄もしくは産地
米味噌	甘	白	5～7	白味噌，西京味噌，府中味噌，讃岐味噌
		赤	5～7	江戸甘味噌
	甘口	淡色	7～11	相白味噌（静岡），中甘味噌
		赤	10～12	中味噌（瀬戸内海沿岸），御膳味噌（徳島）
	辛	淡色	11～13	信州味噌，白辛味噌 仙台味噌，佐渡味噌，越後味噌，津軽味噌
		赤	12～13	秋田味噌，加賀味噌
麦味噌	淡色系		9～11	九州，中国，四国
	赤　系		11～12	九州，埼玉，栃木
豆味噌	辛	赤	10～12	八丁味噌，名古屋味噌，三州味噌

（丸山悦子・山本友江編著：調理科学概論，朝倉書店，2005）

どには薄口醤油を用いる.

c. 味噌

味噌は蒸した大豆を砕き，これに麹と食塩を加えて発酵熟成させたもので，複雑なおいしさを呈し，わが国の食文化を築いてきた．塩分濃度，色，産地，原料，形態などによって多種多銘柄の味噌がある．麹の種類によって米味噌（米麹），麦味噌（麦麹），豆味噌（豆麹）に，塩分濃度によっては甘味噌，辛味噌などに分けられる（表3.7）．味噌の香りはエステル類，甘味は糖類，酸味は有機酸，うま味はアミノ酸やグルタミン酸によるものである．味噌には食べ物に塩味，うま味，香り，色をつける働きのほかに，次のような調理特性がある.

① 矯臭（きょうしゅう）効果（におい消し）： 味噌のコロイド粒子が，魚や肉の臭み成分（揮発性アミン）を吸着する．加熱すると，味噌の香気成分や揮発性成分が臭みを弱める（サバの味噌煮，サバの味噌漬け，カキの土手鍋，イワシの酢味噌あえなど）.

② 緩衝能： 味噌には緩衝能があり，酸性やアルカリ性の物質を加えてもpHの変動は少ない．したがって，味噌汁の実にさまざまな材料を用いても，味噌汁の味の変化は少ない.

③ 活性酸素消失効果： 味噌には，体内の活性酸素の消失効果がある.

d. 砂糖

砂糖の主成分はショ糖で，最も広く用いられている甘味調味料である．サトウキビ（甘蔗（かんしょ））やサトウダイコン（甜菜（てんさい））を原料として得られる．精製法によって多くの種類がある（9.2節参照）.

砂糖には，甘味をつける働きの他に，次のような調理特性がある.

① 溶解性： 砂糖は水によく溶け，温度上昇とともにその溶解度が上る．溶けやすさは，砂糖の製造方法と関係があり，結晶の小さいほど速く溶ける.

② デンプンの老化防止： 砂糖は親水性であるため，デンプンの糊化・老

化に必要な水分を奪い，糊化および老化が抑制される（カステラ，求肥）.

③ タンパク質の熱変性の抑制： 砂糖が，タンパク質の熱変性に必要な水を奪い，熱変性を遅らせる．プディング，卵焼き，カスタードクリームなどでは，砂糖を添加することによって軟らかい仕上がりとなる．

④ 卵白泡の安定化： 砂糖はメレンゲの泡を安定させ光沢を与える．したがって，砂糖を減らすとスポンジケーキが膨化しにくくなる．

⑤ ゼリー強度の硬化： 寒天やゼラチンのゼリーは，砂糖添加量が増加すると硬くなる．

⑥ 防腐効果： 砂糖濃度が高いと，食品中の水分を砂糖が奪い，水分活性が低下するので微生物の繁殖が抑えられる（果物の砂糖漬け，煮豆など）.

⑦ イーストの発酵促進： 砂糖の添加によりイーストの発酵が促される．

⑧ 砂糖溶液の加熱温度による状態変化： 砂糖溶液を煮つめると，温度が高くなるにともなって，色・香り・粘りなどに変化がみられ，冷却時の状態も変わってくる．この調理特性を利用して，シロップ，フォンダン，抜糸（バース），あめ，カラメルなどが作られる（9.2 節参照）.

e．みりん・みりん風調味料

みりんはもち米と米麹に焼酎を加え，もち米を発酵・糖化させて作られる．みりんといえば，本みりんを指すことが多く，アルコール分約 14% を含み，酒税法では酒類に分類される．みりん風調味料はアルコール分が 1% 未満で，成分をみりんに類似させたものであり，酒類としては扱われない．みりんのアルコール風味がその料理にふさわしくないときには，「煮きり操作」を行って，みりんを加熱し揮発性のアルコール分を除去する．これは，みりんの香り成分を増強することにもなる．加熱しない料理では，煮きりみりんを用いるが，加熱料理ではみりんをそのまま用いる．みりんには，食品に上品な甘味をつけるとともに，てり・つやの付与，特有の風味の付与，消臭作用などの調理特性がある．

酒類の利用

和風料理では，清酒を炊き込み飯に用いると，飯は風味よく，ふっくらと仕上がる．肉を使った洋風料理には赤ワイン（たとえば，牛タンの赤ワイン煮）が用いられ，酸味とタンニンの渋味が加わり，臭みが除かれる．魚介類，鶏肉，野菜類を使った洋風料理には白ワイン（たとえば，白身魚の白ワイン蒸し）が使われる．中国風の炒め物，煮込み，汁物などには紹興酒や清酒が使われる．ドライフルーツやナッツをラム酒やブランデーなどに漬け込み，それをバターケーキ生地に混ぜ込むと，特有の風味がケーキに加わる．酒類の量が多すぎると，素材の持ち味を損なうことがある．

f．食酢

食酢は酢酸を主成分とする酸味調味料で歴史は古い．穀物や果実に含まれるデンプンや糖が，糖化，アルコール発酵，酢酸発酵の過程を経て酢酸となる．食酢には酢酸のほかに乳酸などの有機酸，アミノ酸，香り成分などが存在し，特有の風味を形成している．食酢は製造過程によって醸造酢と合成酢に，原料によって穀物酢と果実酢に分類される．表 3.8 に酸味料の種類と特徴を示す．穀物酢には酢酸約 4% が含まれ，和風料理に用いられることが多く，リンゴ酢やワインビネガーではリンゴ酸や酒石酸などを約 6% 含み洋風料理に使用されることが多い．食酢には酸味をつけるとともに，表 3.9 に示す調理特性がある．食酢は胃液の分泌を促して食欲を起こさせ，疲労回復にも貢献し健康的意義も大きい．減塩食では酸味を調味に使うと効果的である．また，酸味は塩味，甘味をやわらげ，うま味をひきたてる．

表 3.8　酸味料の種類と特徴

分類	種類	特徴
穀物酢	穀物酢	醸造酢　米・小麦・トウモロコシなどを原料　調理一般（1 l 中に 40 g 以上の穀類を使用したもの）*
	米酢 純米酢	醸造酢　米を原料　すし飯・酢の物など和風調理（1 l 中に 40 g 以上の米を使用したもの）*
	玄米酢	醸造酢　玄米を原料　調理一般，飲料
	黒酢	醸造酢　玄米と麦を原料　調理一般，飲料
果実酢（1 l 中に 300 g 以上の果汁を使用したもの）*	アップルビネガー	醸造酢　リンゴ果汁・リンゴ酒を原料　フルーティな風味　ドレッシング・マリネなどの洋風調理
	赤ワインビネガー	醸造酢　赤系ブドウ果汁・ワインを原料　ドレッシング・ソースなどの洋風調理　イタリア産バルサミコ酢は赤ワインビネガーの一種
	白ワインビネガー	醸造酢　白系ブドウ果汁・ワインを原料　洋風調理
	柑橘酢	柑橘類のしぼり汁そのままのものと，しぼり汁に醸造酢を混合したものがある　ポン酢（もともとはダイダイのしぼり汁をさす）は柑橘酢の一種　鍋物・調理一般
	梅酢	梅干しを漬けるとき出る汁　和風調理

*　日本農林規格

表 3.9　食酢の調理特性

調理特性		例
色素の変化	アントシアン色素を赤く発色 フラボノイド色素を白くする クロロフィルを褐色（フェオフィチン）にする	紫キャベツ，ショウガ，紫ジソ カリフラワー キュウリのピクルス
テクスチャーの変化	脱水 軟化	なます 昆布の煮物　魚の酢煮
タンパク質の変性	凝固させ，身をしめる 熱凝固を促進する	魚の酢じめ ポーチドエッグ
殺菌・防腐効果	微生物の繁殖を抑制する	ラッキョウ漬け
酵素作用抑制	酸化酵素の活性を阻止し，褐変を防ぐ	ゴボウ，レンコンを酢水につける
魚臭除去	トリメチルアミンを酢酸化合物にする	魚の酢じめ

g.　うま味調味料

主なうま味調味料としてアミノ酸系のL-グルタミン酸ナトリウム，核酸系の5′-イノシン酸ナトリウムおよび5′-グアニル酸ナトリウムがある．最近では食品製造業界や家庭外調理での使用が多くなり，家庭内調理ではあまり使用されなくなった．

h.　風味調味料

風味調味料は，日本農林規格によると，「化学調味料および風味原料（鰹節，昆布，貝柱，干し椎茸等の粉末または抽出濃縮物をいう）に糖類・食塩等（香辛料を除く）を加え，干し燥し，粉末状，顆粒状等にした調味料であって調理の際風味原料の香りおよび味を付与するもの」とされている．和風だしの素（鰹だし，煮干しだし，昆布だし等），固形コンソメ（チキンコンソメ，固形フォン・ド・ヴォー等），中国風だしの素（鶏ガラスープの素等）など多種類のものが広く利用されている．風味を有する点がうま味調味料と異なる．糖類・食塩等が添加されていることを考慮し，調味する必要があ

表 3.10 調理・製菓用の酒類の種類と特徴

種類	特徴
清酒	醸造酒 米を原料 煮物・炊き込み飯など和風料理
ワイン	醸造酒 ブドウを原料 製菓用・洋風料理
紹興酒	醸造酒 もち米を原料 中国風料理
ブランデー	蒸留酒 ブドウを原料 製菓用 ブドウ以外の果実からつくられるものとしてカルバドス（リンゴ）など
ラム酒	蒸留酒 サトウキビから得られる糖蜜を原料 製菓用
キルシュ酒	蒸留酒 サクランボを原料 製菓用
リキュール類	醸造酒，蒸留酒に香料や色素，果実，種子などを加えたもの 製菓用 コアントロー，オレンジキュラソー，グランマニエ，フランボワーズ，クレーム・ド・カシスなど

る．風味調味料は，天然素材から抽出しただしと同じうま味成分を含むが，香りの点では劣る．

i．酒類

表3.10に，調理や製菓に利用される酒類の種類と特徴を示す．酒類には次のような調理特性がある．

① 矯臭，風味の改善，こく・光沢の付与

② 肉の軟化： ワインを用いてあらかじめ，肉をマリネしておけば，肉の軟化効果が期待できる．ワインのpHは3～4で，肉タンパク質の等電点(pH 5.4）より低いため，肉は軟らかくなる．肉タンパク質は，等電点のときに保水性が最小となり，等電点より酸性になってもアルカリ性になっても肉の保水性は増加する．

j．その他の加工調味料

1） ウスターソース類

フランスなどではソースといえば，料理に添えられるソースをさすが，わが国ではウスターソースをソースとよぶことが多い．ウスターソース類は濃度によってウスターソース，濃厚ソース，中濃ソースに分けられる．ウスターソース類は，食卓でできあがった料理にかけて使用する，煮込み料理に隠し味として少量添加する，ソース焼きそばにからめるなど，わが国独自の使い方や味のバリエーションに発展し，われわれの嗜好にあうように作り上げられている．

2） トマトピューレ，トマトケチャップ

トマトピューレは完熟トマトを煮て裏ごし濃縮したものであり，ケチャップのように味付けされていないので，煮込み，トマトソースなどの各種ソースなどに利用できる．トマトケチャップはトマトピューレに砂糖，食塩，食酢，タマネギ，香辛料を調合して加工されたものであり，トマトピューレよりも保存性がある．そのほかトマト加工品として，トマトペーストがあるが，これはトマトピューレをさらに煮詰めたものである．

3） ドレッシング類

ドレッシングとは，“調理を仕上げる”という意味をもち，植物油，食酢，調味料，香辛料を基本材料として混合・乳化したものであり，分離タイプと

魚醤

魚や小えびに塩を加え発酵させ塩辛にする．さらに長期保存すると，発酵が進み，魚肉タンパク質がアミノ酸に分解され液状になるが，これが魚醤である．魚醤油ともいわれ，液状のものが多いがペースト状のものもある．東南アジアでは，ナムプラ（タイ），ニョクマム（ベトナム）が日常的に利用され，日本では，しょっつる（秋田），いしる（石川）が伝統的な魚醤として知られている．

豆板醤（トウバンジャン）

蒸したソラ豆を発酵させ，唐辛子，塩を加えてつくる唐辛子味噌．中国料理の麻婆豆腐，えびの辛味ソース炒め，肉味噌そばなどに用いられる．

オイスターソース
カキを塩漬けし発酵させ，調味料を加え濃縮したもの．中国料理の炒めものや煮込みに利用し，こくやうま味，風味を与える．

コチュジャン
蒸したもち米を発酵させ，唐辛子，塩，砂糖などを加えてつくる唐辛子味噌．辛味とともに甘味ももちあわせている韓国の調味料であり，ビビンバ，焼き肉などに使われる．

調味料の重量の計算

$$調味料の重量=\frac{食素材の重量(g)\times 調味\%}{100}$$

食素材の重量とは，魚介類・野菜などでは廃棄部分を除去した可食部分の重量であり，乾物では，戻した重量である．汁物や水分の多い煮物では，だしの分量を基準に調味料を計算する．

乳化タイプがある．マヨネーズも，日本農林規格では，ドレッシング類に分類される．

4)　アジアの調味料類

魚醤，豆板醤，蠣油（カキ）（オイスターソース），芝麻醤，甜麺醤，コチュジャンなどがある．

● 3.2.8　味　つ　け ●

a.　調味料の比率

好まれる料理の味つけは，食材の特性や，食べる人側の要因によって異なるが，標準的な「調味パーセント」を料理別に示す（図3.3）．これによると，料理の塩分濃度は範囲が狭く，飯物では0.5%，汁物では0.5～0.8%，煮物や和え物では1～2%，焼き物では0.5～2%である．

「調味パーセント」とは，食素材（重量）に対する塩分（重量）や糖分（重量）などの調味料の比率を計算したものである．調味料には，塩，醤油，味噌，砂糖，みりん，酢，油脂の他に，片栗粉，だしなどが含まれる．

$$調味パーセント（\%）=\frac{調味料（g）}{食素材（g）}\times 100$$

調味パーセントに基づいて味つけをすれば，味つけに再現性がでてくる．

表 3.11　塩味料・甘味料の調理時の概量比（重量比）

	塩味料					甘味料	
	食　塩	薄口醤油	濃口醤油	辛口味噌	甘口味噌	砂　糖	みりん
塩分・糖分含量（%）	99	15～18	13～16	11～13	5～7	98（主成分：ショ糖）	45（主成分：ブドウ糖）
調理時の概量比	1	6	7	8	17	1	3

みりんの糖質は，70～90%がブドウ糖である．みりんを砂糖のかわりに用いるときには，ブドウ糖の甘味度はショ糖の60～70%であるので，約3倍量を使用すると砂糖と同等の甘味となる．
アスパルテームやステビア抽出物などのように，高甘味度を示す甘味料の場合には，調理時の概量比はさらに小さくなる．

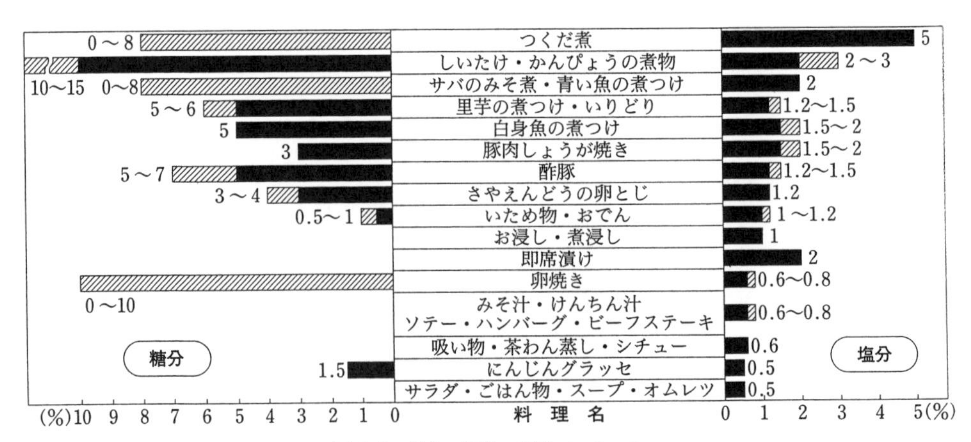

図 3.3　糖分・塩分の調味パーセント
（香川芳子：五訂食品成分表，女子栄養大学出版部，2001）

つまり，食素材の分量等が変化してもおおよそ一定の味つけをすることができる．ただし，大量調理では，少人数調理に適する調味パーセントをそのまま使用できない．表3.11に，塩味料・甘味料の調理時の概量比を示す．

食塩のかわりに，醤油，味噌を使用する場合や，砂糖のかわりにみりんを使用する場合には，含まれている塩分含量や糖分含量を基準に換算する．

b．調味料の拡散

味つけ操作では，調味料が，食素材の内部に拡散作用によって移動し，味がつく．食素材の状態は，調味料や食素材の性質，調味料を入れる時期などによって異なる．

1）生食調理の味つけ

植物の細胞は生きており，その細胞膜は半透性をもつ．生野菜に塩をふったり，高濃度調味液に漬けると，浸透圧により細胞内の水分が浸み出し，原形質分離を起こして細胞が死滅する．同時に，細胞膜の半透性が失われ，調味料が細胞内に入り，食材に味がつく（野菜のなます，野菜の漬物など）．

2）加熱調理の味つけ

加熱により細胞が死ぬと，細胞膜内外の分子の移動が自由に行われ，拡散によって調味料は食材の内部へ侵入し，味がつく．

調味料の拡散速度は，食材の形が小さく，表面積が大きいほど，また食材の水分が多く，温度が高いほど速い．しかし，煮物では加熱終了時に調味料は一様に拡散しておらず，食材の表面と内部の味が均一でない．加熱終了後，時間経過とともに，調味料は表層部から内部へ移動し，食材に平均に味がつく．煮しめや煮込みを一定時間おくと，「味がなじむ」のはこのためである．

c．調味料を入れる時期

煮物などでは，調味料を入れる時期は，食材のみを加熱し，調味料を順次入れる方法と，複数の調味料を最初から加えて加熱する方法がある．

1）根菜類，イモ類

根菜類やイモ類などの硬い食材を煮る場合には，最初に食材のみをだし等で加熱して，ある程度組織を軟化させてから，砂糖，食塩，酢，醤油，味噌の順に調味料を入れるとよいといわれている．このことを，「さしすせその順」に調味するという．

食塩よりも砂糖を先に加えるのは，砂糖は食塩に比べて分子量が大きく食材内部に拡散しにくいためである．酢，醤油，味噌は酸性のため，早く入れると野菜が軟化しにくく，また，風味も損なわれるので最後に加える，あるいは2〜3回に分けて加えるとよい．酢レンコンの場合は白く，歯ざわりをよくするため最初から入れる．上記の野菜類を煮るとき，調味料を「さしすせその順」に加えないで，複数の調味料を同時に用いることもある．

塩の使用量と満足感

塩味をつけるとき，食べ物の中に混ぜ込む，あるいは拡散させるよりも，表面のみに塩味をつけた方が，同一塩分濃度の場合には，塩味を強く感じる．たとえば，おむすびに塩をする場合，塩を飯に混ぜ込むより，表面のみにつけた方が少ない塩の量で満足する．減塩食の調理では，均一に調味するよりも重点的に調味した方が少ない調味料で満足感が得られる．

半透膜の性質と浸透

半透膜は分子量の小さい水は通すが，塩や砂糖のような分子量の大きい物質は通さない．半透膜で濃度の異なる溶液をへだてておくと，濃度の低いほうの水は膜を通って濃度の高いほうへ移動する．この現象を浸透という．両液の濃度が等しくなるまで，水の移動は続く．

拡散と拡散速度

混合系の液体の濃度が不均一なとき，濃度分布を均一にしようと変化が起こる．混合系液体は平衡状態になるために分子の移動が起こる．これを拡散という．物質の拡散速度は，物質の分子量の平方根に反比例する．調味料として用いられる砂糖と食塩を比べると，分子量の違いから，食塩のほうが砂糖より拡散が速い．

	分子量
食　塩	58.5
ショ糖	342.2

2)　タンパク質性食品

魚介類を煮る場合には，調味液を沸騰させた中へ食材を入れて加熱する．こうすると，高温で表面のタンパク質が熱凝固して，内部からうま味が溶出するのを防ぐことができる．しかし，魚の種類や鮮度によっては，調味液に食材を入れた後に加熱する．高野豆腐などでも調味液を煮立てた中に入れて煮る．

3.3 におい（香り）と香辛料・香草・薬味

3.3.1 香気成分

香辛料の歴史

香辛料の歴史は，人類の狩猟生活とともに始まるといわれている．エジプトのミイラ作製に香辛料が使用され，防腐剤の役割をもっていた．中国の漢方薬の概念は殷の時代に確立されていた．15 世紀後半にはマルコ・ポーロが肉の防腐効果のあるコショウを求めて東洋と貿易したことなどは有名な歴史的出来事である．

「におい」を持つ化合物は約 40 万種類あり，人間はそのうち約 1 万種類ほどのにおいを区別することができるといわれている．そのなかで，人間にとって好ましいにおいを「香り」とよんでいる．どの食品も固有のにおいを持っており，とくに，味噌・醤油・みりんなどの調味料やワイン・酒類などの発酵食品，茶・コーヒーなどの嗜好飲料は多くの香気成分を持っている．それらの香気成分はガスクロマトグラフィーで分析され，マススペクトルで構造式が決定されている．1 つの食品から，500 種以上の香気成分が同定される場合もあるが，必ずしも量の多いものがにおいの主体とは限らないし，単独では特徴がないが，組み合わせによって香りが出る場合が多い．

3.3.2 においを感じる仕組み

嗅覚の遺伝子の数は多い

2004 年ノーベル医学生理学賞を受賞したリチャード・アクセルとリンダ・バックがにおいを識別する遺伝子を嗅覚受容体から取り出した．嗅覚受容体はラットでは 1000 種類，人間では 347 種類存在しており，それぞれが異なる遺伝子で作られていることをつきとめた．その遺伝子の数は，約 3 万種ある人間の遺伝子の 3% を占めていることからも嗅覚の重要性がわかる．

嗅覚は食べ物を口にする前から，その食べ物が何であるか，おいしいかどうか，腐っていないかを予知することができる感覚である．

嗅覚がにおいを感知する仕組みを図 3.4 に示した．空気中に揮発した化学物質は，空気に接して存在している鼻の嗅細胞の，先端にある嗅受容膜の中

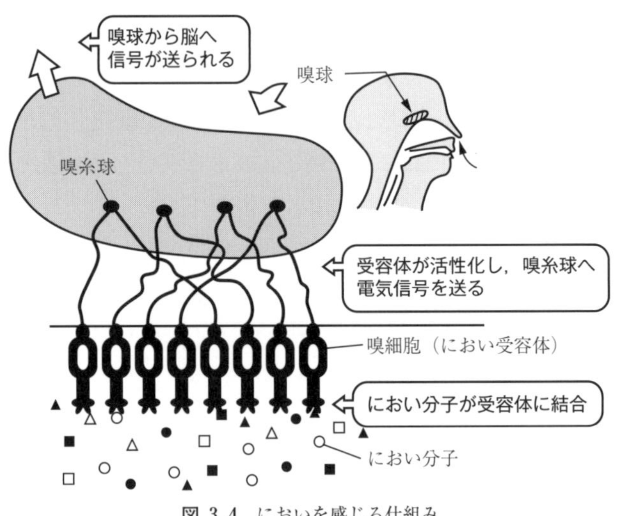

図 3.4　においを感じる仕組み

にある受容体（センサー）と結合する．ひとつの受容体は複数種のにおい分子と結合できるので，そのにおいがどれとどれの受容体に結合したかによって，におい分子の種類がわかる仕組みになっている．このため人間は347種の少ない受容体で1万種類のにおいをかぎ分けることができるのである．受容体に，におい分子が結合すると，情報伝達物質を刺激して，各嗅細胞の膜に電気的変化（受容器電位）が生じ，電気信号が脳の下部にある嗅球に伝えられる．そしてこれらの情報は神経線維が集まった糸球体につながり，大脳皮質につながっていく．ここで何のにおいか，おいしい食べ物か，毒物かを判断することができる．

3.3.3　調理によるにおいの変化（非加熱，加熱調理）

食品中に存在する香気成分は，多くの場合組織を破壊することで揮発しやすくなる．サンショウの葉を吸い口として使用する場合手のひらでたたき，木の芽和えにする場合には，すり鉢でするのはこのためである．現在は，すりごまや粉末にしたコショウ，コーヒー豆などが市販されているが，香りは最も変化しやすい揮発性成分であるので，すりたて，ひきたてのほうが優れている．

加熱することによって香気成分が揮発しやすくなることが多い．麦茶，緑茶，紅茶，コーヒーなどの飲料は熱湯で抽出したり，あるいは煮出したりする．味噌汁の香りは，必要最小限の加熱でその香りを楽しむ．マツタケは香りが必要以上に空中に散逸しないように，ホイル焼き，土びん蒸しなど蓋をして閉じ込める調理法にするとよい．「だし」の香りも，鰹節の削りたてからとった香りにはパックの削り節は勝てない．香辛料も加熱により揮発することから，カレーのにおいなど部屋中に漂うことがある．ご飯の炊けるにおいも加熱調理によって生成された香りである．

ほとんどの食品にはタンパク質と糖質が含まれており，加熱によりアミノカルボニル反応が起きる．その結果，パンやケーキの焼ける香ばしいピラジン系の香りが生成される．カラメルソースは砂糖の焦げたにおいで，主成分はフルフラールである．蒲焼のにおいも，主たるにおいは醤油と砂糖を加熱し，焼くことによって生成した香りである．

3.3.4　香辛料・香草・薬味

一般に植物由来の乾燥した香辛料をスパイス，生の野菜風のものを香草（ハーブ）とよんでいる．タマネギ，ネギなどを大量に使用する場合は香味野菜と呼ぶ．香辛料は西洋料理や中国料理だけでなく，日本料理の薬味（ネギ，ショウガ，シソ，ミツバ，ミョウガ，ワサビ，カラシ，ダイコン，ボウフウ，メタデ，ホジソ），インド料理（クミン，カルダモン，ガラムマサラ），東南アジア料理（コリアンダー），中南米料理（チリパウダー）など，どの国の料理にも使用され，その国を代表する料理の特徴を表す重要な役割を果たしている．

a. 香辛料の調理機能

香辛料の役割は，大きく分けて4つ考えられる．第一は香辛料のもつよい香りを料理につける賦香作用で，オールスパイス，バジル，シナモン，フェンネル，カルダモン，ナツメグ，メース，タラゴン，ペパーミント，スペアミント，スターアニスなどがある．第二は食品の臭みをマスキングする役割をもつ消臭作用で，ベイリーフ，キャラウエイ，クローブ，コリアンダー，ガーリック，ローズマリー，セージ，タイム，オレガノなどがある．第三は辛味作用でコショウ，ジンジャー，ワサビ，サンショウ，マスタード，トウガラシ，ホースラディシュなどがある．第四は着色作用でターメリック，サフラン，パプリカ，クチナシがある．多くの場合1つの香辛料がいくつもの機能を兼ね備えている．ブレンドして使用される香辛料を表3.12に示した．

b. 香辛料の生理機能

香辛料は調理機能のほかに人体への生理機能性も有する．その第一は抗菌性である．メース，ベニノキ，ベイリーブス，コショウ，ナツメグはボツリヌス菌に対して抗菌活性が見られ，521種の香辛料のうち212種に活性があったことが報告されている．第二は抗酸化性である．ローズマリー，セージ，オレガノ，タイム，ナツメグ，メース，ターメリック，クローブ，トウガラシなどの抗酸化性はほとんど香気の主成分によることがわかっている．

アロマセラピー
動物は人間以上に嗅覚が発達しているといわれているが，このことは嗅覚受容体の数からも理解することができる．さらに最近の研究では香気成分は脳内分泌液（エンドルフィン，セロトニン，エンケファリン）の製造を助け，血液中に分泌させることがわかっている．これらの脳内ホルモンは免疫の働きを助け，気分を良くする働きがある．これがアロマセラピーの仕組みであろうといわれている．

家庭での香辛料の使用状況
関西地区の大学生家庭で香辛料の使用頻度を調べた結果，ショウガ，コショウ，ゴマ，ワサビ，タマネギ，カラシ，七味唐辛子，ニンニク，トウガラシなど辛味作用をももつものの利用が多かった．料理ではさしみ，冷奴，肉野菜炒め，うどん，カレーライス，きんぴら，ハンバーグ，おでん，シチュー，そうめんなどに使用されていた．

表 3.12 ブレンドして使用される香辛料

香辛料名	特徴と使用例
ブーケガルニ	ベイリーフ，タイム，パセリの軸，セロリーなどの「香草の束」の意味．ブイヨンを作るときに取り出しやすいようにまとめている．粉末は袋に入れて．
エルブドプロバンス	南仏プロバンス地方の代表的なハーブミックス．オレガノ，タイム，ローズマリーが多く，バジル，セージ，マジョラムが配合されることも．肉，魚のソテー，トマト味の煮込み料理に．
フィーヌゼルブ	パセリ，タラゴン，チャービル，チャイブなどを刻み合わせたもの．オムレツに．
ガラムマサラ	ヒンズー語で「辛い混合物」という意味．インドの各家庭でカレー料理用にミックスしてあるもの．市販品もある．ナツメグ，ガーリック，カルダモン，クミン，シナモン，クローブ，キャラウエイ，コリアンダー，ペパーなど．
ピクリングスパイス	ピクルス用ミックススパイス．ペパー，ベイリーフ，ナツメグ，クローブ，カルダモン，唐辛子など．
チリパウダー	唐辛子を中心にした辛いミックススパイス．メキシコ・中南米でタバスコとして．
カイエンヌペパー	数種の唐辛子の粉末を混ぜたもの．洋風豆料理，ドレッシング，煮込みハンバーグ．
レッドペパー	赤唐辛子の数種を混ぜ合わせているので，奥行きがある辛さ．カレー，スープ，煮込み料理，ドレッシング．
五香粉（ウーシャンフェン）	フェンネル，スターアニス，シナモン，クローブ，サンショウの他陳皮が入ることも．
カレー粉	日本人向けの20から30種の香辛料をブレンドしたカレースパイス．ターメリックを色付けに，辛味は唐辛子で．
七味唐辛子	赤唐辛子，粉サンショウ，青海苔，陳皮．ゴマ，ケシの実，麻の実の7種．
ユズコショウ	青い柚の皮と青い唐辛子をおろしたものを塩味で．鶏の水炊きなどの鍋物やワサビ代わりに．

抗菌性と抗酸化性の両方の機能を持つものも多い．第三はトウガラシの辛味成分であるカプサイシンのエネルギー代謝亢進作用である．トウガラシを食した場合に日本語で「辛い」という言葉が，英語になると「hot＝ホット」となる．トウガラシを食べると体が温かくなることは古くからよく知られていたが，動物実験で脂肪燃焼作用があることが明らかになった．このほか，抗黴性，殺線虫活性なども報告されている．

3.4 テクスチャーとレオロジー

食物のおいしさは，食品がもっている5基本味（甘味，酸味，塩味，苦味，うま味），辛味，渋味，香りなどの化学的味のみならず，色，形などの外観やテクスチャー，温度，音などの物理的味により影響される．食品のおいしさに関与する因子を化学的因子と物理的因子に分けた調査によると，固形食品では物理的因子のほうが比率が大きく，物理的な味はおいしさにとって非常に重要な要素である．食品の組織や構造によって力学的特性が決まり，それが最終的に食感としてのテクスチャーに現れる．日本語にはテクスチャーに関する擬声語，擬態語が圧倒的に多いということからも，日本人が食品の物性を重要視していることが伺える．

3.4.1 テクスチャーを感じる仕組み

テクスチャーを感じる触感受容器は口腔粘膜，舌，歯肉，歯根膜などに広く分布している（図3.5）．食物は口に入ると（摂食），ある程度の予測に基づき，硬い食べ物は歯根膜の受容器で感知され，歯で咀嚼される．軟らかいものは切歯乳頭部で感知され，舌と硬口蓋で押し潰される．この間，咀嚼によって分泌された唾液と混ざり，舌を使って食塊（食べ物が咀嚼され飲み込まれる状態になったもの）となる．飲み込みやすいテクスチャーになったとき（嚥下時の硬さは5〜$7\times10^4\,\mathrm{N/m^2}$以下），嚥下が起こり飲み込まれる．ゾル状（液状）食物は舌と口腔蓋で認知される．軟らかいものほど咀嚼しやすく，唾液と混ざりやすいので甘く感じる（ゼリー，クッキーなど）．

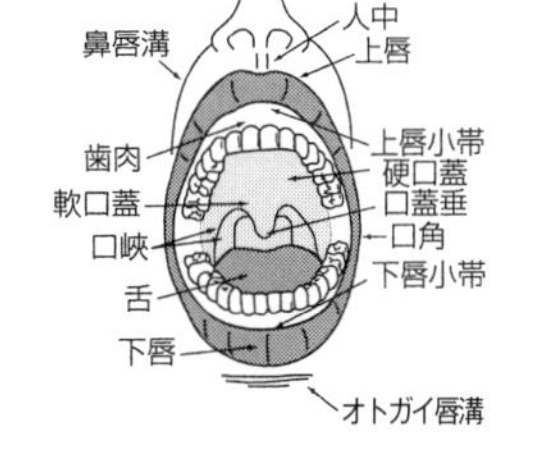

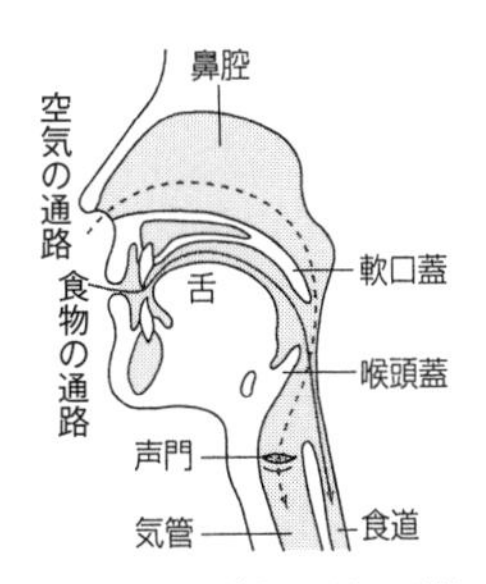

図 3.5 口腔と咽頭の形態（独立行政法人食品総合研究所編：老化抑制と食品，アイピーシー，2002：和田淑子・大越ひろ編著：健康・調理の科学，建帛社，2004）

3.4.2 嚥下のメカニズムと誤嚥

呼吸しているときは鼻から気管へ空気が送り込まれるが，食事のときは軟口蓋が鼻への通り口を塞ぎ，食塊がのど（咽頭）のほうへ移動する．続いて，咽頭蓋が気管の入り口を塞ぐと，食塊が食道の入り口に来て，通常閉まっている輪状咽頭筋が緩み食道へ入っていく．食道を通過すると収縮して閉まる．食塊を飲み込んでいる間は呼吸はしていない．

咽頭蓋が気管の入り口を塞ぐ前に食物（水を含む）が気管へ入ってしまうことを誤嚥という．若年者は咳反射により異物を出すことができるが，高齢者は咳反射や気管の入り口を塞ぐ機能が衰えているため，誤嚥を起こしやすく肺炎になることがある.

3.4.3 高齢者の咀嚼・嚥下機能の低下と食べやすさの工夫

唾液は味覚や食塊形成に重要な役割を果たしているが，加齢とともに唾液量が減少し食塊が形成しにくくなる．通常，低水分食品を咀嚼すると唾液量が増えるが，義歯を入れると唾液量が増えない．高齢者は義歯などのため，硬い食物や繊維の多い食物は噛み切りにくく，咀嚼速度も遅い．このように咀嚼，嚥下機能が低下すると食物の幅が限られ，誤嚥の危険性が生ずる．咀嚼・嚥下が困難なものを表3.13に示した．軟らかく煮たり，刻んだり，ミキサーにかけ食べやすくする工夫が必要である．誤嚥防止のため，水，お茶にはとろみ調整剤（化工デンプン，デキストリン，グアーガム，キサンタンガムなど）で粘度をつける（9.4.5項参照）．消費者庁はえん下困難者用食品（とろみ調整用食品を含む）たる表示の許可基準（表3.14）を，日本介

表 3.13　咀嚼，嚥下が困難なもの

食品形態	食べ物の例
水状のもの	水，お茶，ジュース，汁物
液状と固体が両方存在するもの	味噌汁
繊維状のもの	タケノコ，ゴボウ，アスパラガス，硬い肉
スポンジ状のもの	パン，カステラ，マシュマロ，凍り豆腐
口腔内に付着しやすいもの	ノリ，ワカメ
弾力のあるもの	かまぼこ，竹輪，こんにゃく
硬くて粒状のもの	大豆，ゴマ，ピーナッツ
咀嚼した後，口の中でまとまらないもの	寒天
砕けて破片が散らばるもの	クッキー，せんべい，ウェハース

（田名部尚子・今井悦子編：食材をいかす調理学，アイケイコーポレーション，2004）

表 3.14　えん下困難者用食品（とろみ調整用食品を含む）たる表示の許可基準

（1）　えん下困難者用食品

規格※1	許可基準Ⅰ※2	許可基準Ⅱ※3	許可基準Ⅲ※4
硬さ（一定速度で圧縮したときの抵抗）(N/m^2)	2.5×10^3～1×10^4	1×10^3～1.5×10^4	3×10^2～2×10^4
付着性 (J/m^3)	4×10^2 以下	1×10^3 以下	1.5×10^3 以下
凝集性	0.2～0.6	0.2～0.9	—

※1　常温及び喫食の目安となる温度のいずれの条件であっても規格基準の範囲内であること.
※2　均質なもの（例えば，ゼリー状の食品）
※3　均質なもの（例えば，ゼリー状又はムース状等の食品）．ただし，許可基準Ⅰを満たすものを除く.
※4　不均質なものも含む（例えば，まとまりのよいおかゆ，やわらかいペースト状又はゼリー寄せ等の食品）．ただし，許可基準Ⅰ又は許可基準Ⅱを満たすものを除く.

許可基準区分	許可基準区分を表す文書
許可基準Ⅰ	そのまま飲み込める性状のもの
許可基準Ⅱ	口の中で少しつぶして飲み込める性状のもの
許可基準Ⅲ	少しそしゃくして飲み込める性状のもの

（2）　とろみ調整用食品の粘度要件

平均粘度（mPa·s）	100	400
添加濃度※（%）	0.1以上1.5未満	1.5以上4.0未満

※精製水に対する添加濃度

護食品協議会は食品のかたさや粘度に応じて「容易にかめる」「歯ぐきでつぶせる」「舌でつぶせる」「かまなくてよい」の4段階に区分したユニバーサルデザインフード（規格に適合した食品はUDマークを表示できる）を設定している．

3.4.4　食品のコロイド性

コロイドの代表的な性質
①半透性（セロファン，透析膜などの半透膜を透過しない），②チンダル現象（光を散乱するので濁ってみえる．牛乳が白くみえるのはカゼインや脂肪球などのコロイド粒子が光を散乱するためである），③ブラウン運動（コロイド粒子は液体分子の熱運動による不規則な衝突を受けて不規則な運動をして沈まない），④吸着現象（コロイド粒子は比表面積が大きく低分子物質を吸着するので脱臭や脱色に利用できる），⑤凝析（電解質を加えるとコロイド粒子が沈殿），⑥電気泳動（コロイド粒子は電荷をもっているため電気泳動する），⑦ぬれ，⑧凝集，⑨粘度増加，⑩酸化されやすい．

味噌汁を静置すると比較的大きい粒は沈み，小さい粒は浮くため濁っている．粒の大きさが直径数 μm 以下になると粒が沈みにくく，空気中や水中に浮遊する．浮遊している粒のことをコロイド粒子（分散相），コロイド粒子を取り巻いている気体，液体や固体のことを分散媒（連続相）といい，コロイド粒子と分散媒を含めてコロイドという．粒子が分散している系を分散系という．直径1～100 nm のコロイド分散系（コロイド溶液）は分散媒中のイオンを吸着することで，または粒子表面の電荷による静電的作用によって安定化している．

食品コロイドを分散媒とコロイド粒子の状態によって分類すると表3.15のようになる．ほとんどの食品はコロイドであり，コロイドの分散状態により食品の物性が異なる．

a．エマルション（乳濁液）

水と油のように溶け合わない2種類の液体を混合・撹拌し，一方を細かいコロイド粒子（液滴）として他方の液体中に分散する現象のことを乳化といい，分散したコロイドをエマルション（乳濁液）という．静置すると元の状態に戻ろうとするが，乳化剤（界面活性剤）を加えると分離しにくくなる．乳化剤は水に親和性をもつ親水基と，油に親和性をもつ疎水基（親油基）の両方をもっているため，油と水の界面に吸着して界面張力を低下させ，安定なエマルションを形成する．乳化剤は種類によって親水性と疎水性の強さのバランス（hydrophile-lipophile-balance，HLB）が異なり，この値が大きい

表3.15　コロイドの種類

分散媒（連続相）	コロイド粒子（分散相）	例	一般名（分散系）
気体	液体	香りづけのスモーク，噴霧中の液体（霧，雲，煙，スプレー製品）	エアロゾル
	固体	小麦粉，粉ミルク，粉砂糖，ココア	粉末
液体	気体	ビール，炭酸飲料，ホイップクリーム，ソフトクリーム	泡
	液体	生クリーム，マヨネーズ，バター，牛乳中の脂肪球	エマルション
	固体	味噌汁，スープ，ジュース，牛乳中のカゼインミセル ソース，デンプンペースト，ポタージュ ゼリー，水ようかん，ババロア，チョコレート	サスペンション ゾル ゲル
固体	気体	パン，クッキー，スポンジケーキ，マシュマロ，各種乾燥食品	固体泡
	液体	吸水膨潤した乾燥食品（凍り豆腐，寒天），煮物，生体組織	固体ゲル
	固体	冷凍食品，砂糖菓子（薬の錠剤，色のついたガラスや宝石）	固体コロイド

エマルションの種類
①O/W型（牛乳，生クリーム，卵黄，マヨネーズなど），②W/O型（バター，マーガリンなど），③W/O/W型（W/O型エマルションをさらに水に乳化させた多相エマルションでホイップ用・コーヒー用クリームなど），④O/W/O型（多相エマルション）．バタークリーム，クリーム類の場合，O/W型>O/W/O型>W/O型の順に風味を早く，強く感じる（図8.15参照）．

(8～18）と水中油滴型エマルション（O/W型）に，小さい（3.5～6.0）と油中水滴型エマルション（W/O型）となる．

b．サスペンション（懸濁液）

味噌汁のように固体のコロイド粒子が液体の分散媒に分散したコロイドをサスペンション（懸濁コロイド）という．コロイドにはサスペンションが多い．

c．ゾルとゲル

分散系で流動性があるものをゾルという．ゾルは立体的保護作用あるいは静電気的反発により安定した分散状態を保っている場合が多く，これらの安定化要因を除くと粒子は沈降・凝集しクリーム状，ゲル状になる．ゾルが流動性を失った状態，あるいは多量の溶媒を含んだままで固まった状態をゲルという．ゾルがゲルになることをゲル化という．糸状高分子が絡み合ったり，分子間架橋などにより網目構造を作りゲル化する．熱可逆性ゲル（寒天，ゼラチン等）と不可逆性ゲル（豆腐，卵豆腐等）がある．ゲルを放置すると網目が収縮し，水が押し出される現象を離漿という．棒寒天，凍り豆腐，板ゼラチンなどのようにゲル中に存在する水を凍結乾燥などで除いたものをキセロゲル（乾燥ゲル）という．「キセロ」は「乾いた」という意味のギリシャ語に由来する．

d．泡

ビール，炭酸飲料，メレンゲ，ケーキ，ホイップクリーム，アイスクリームなどの泡（液体または固体の分散媒中に粗く分散した気泡）は食品にソフトで口どけのよい独特の物性を与える．液膜が丈夫なら，気泡間に凝集，合一が起きにくく泡の寿命が長くなる．泡が安定であるためには液の表面張力を低下させる必要がある．

● 3.4.5　食品のテクスチャー ●

テクスチャーとは織物，織り方，布地が語源で手触り，感触，組織，構造など触感に関する言葉とされている．食品のテクスチャーとは食品を触ったときの感触や，口中での口ざわりに関する食品の物性をいう．

ツェスニアクらは人間の咀嚼を模擬的に測るテクスチュロメーターを開発し，テクスチャー（食品の感覚的性質）を機械的に測定し，機械的特性，幾何学的特性，その他の特性に分類しテクスチャープロフィールとして示した．すなわち，プランジャーの上下運動を2回繰り返して，試料を変形・破壊し，図3.6のような記録曲線を得る．その測定値から食品の硬さ，凝集性，弾力性，付着性，もろさ，ガム性，咀嚼性などを求める．

シャーマンは食べ物に対する感覚的評価は調理を含めた一連の食べる動作の中で行われるべきであるとして，①食べる前の印象，②口に入れたときの第一印象，③咀嚼中，④咀嚼後の口腔に残る印象の4段階に分けたテク

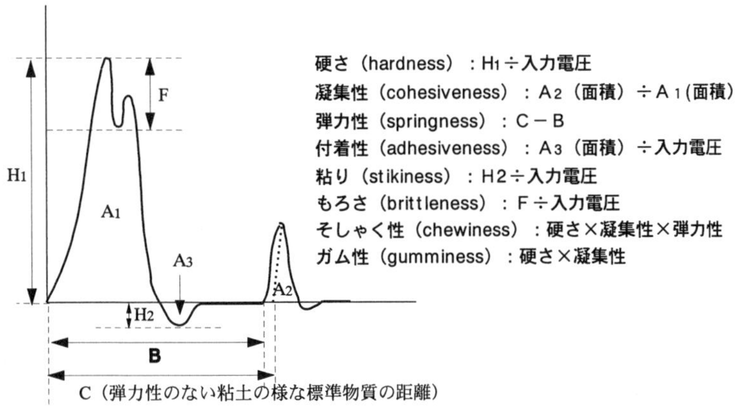

図 3.6　テクスチャーの記録曲線と解析方法

スチャープロフィールを提案している．

3.4.6　食品のレオロジー

レオロジーとはギリシャ語の rheo（流れ）を語源とした「変形と流動に関する科学」である．液体でも固体でも力を加えると変形したり流動したりするが，液体とも固体ともつかない物質（多くの食品はこれに相当する）の変形や流動性について物理的に研究する学問とされている．多成分系である食品はその性質，組織構造が各々異なるため，口触り，歯ごたえも多様である．すなわち，力を加えたときの物理的挙動が大きく異なる．テクスチャーを言葉で表現するだけでは客観性が乏しいため，食品のもつ物理的な性質（食品の物性）を粘性，弾性，塑性，粘弾性などの力学的性質を測定し数値で表現する方法が用いられる．

a．粘性

液体が水のように流れやすいか，水あめやはちみつのように流れにくいかを表す性質が粘性である．流れに抵抗する性質（流体の内部に生ずる摩擦抵抗）を粘性といい，粘性の程度は粘度，粘性率，粘性係数などで表される．

水，アルコール，植物油，ショ糖液，はちみつなどの低分子で比較的単純な組成の液状食品は濃度，温度を一定にすれば，常に一定の粘度を示す．このように，ずり速度の大きさに関係なく一定の粘度を示す流体をニュートン流体という．一方，多糖やタンパク質などの高分子溶液やエマルション，サスペンションのようなコロイド分散系はずり応力とずり速度の比例関係が成り立たないため，非ニュートン流体（非ニュートン流体性食品）と呼ばれる．

粘稠な食品にはチキソトロピー，レオペクシー，ダイラタンシー，曳糸性（えいしせい）などの異常粘性がみられる．

チキソトロピー
トマトケチャップやマヨネーズは容器中に長く静置すると容器を傾けても流れにくいが，激しく振ると流れやすくなる．このような現象をチキソトロピーという．振とうや撹拌により粒子間に形成された構造が破壊され流動性を増す．

レオペクシー
ホイップクリームや卵白の泡立てなどのように，軽くかき混ぜたり，ゆすったりするとゲル化が促進される現象（粘性率の増大がみられる流動）のことをレオペクシーという．

ダイラタンシー
デンプンにひたひたの水を加えて，ゆっくりかき混ぜると流れやすいが，急激にかき混ぜると非常に硬くなる現象，すなわち，弱い力では流れるものが，強い力に対しては固体のように抵抗する現象をダイラタンシーという．

曳糸性
納豆やとろろ汁のように糸を引く性質のこと．適度な速度で引き上げると弾性的に伸びながら，液体のように流れ糸を引く．粘性と弾性が重なり合って起こる現象で，マックスウェル模型で示すことができる．

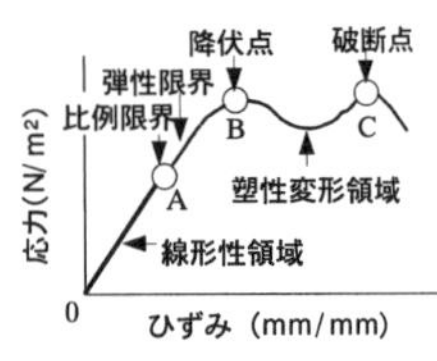

(a) 塑性変形

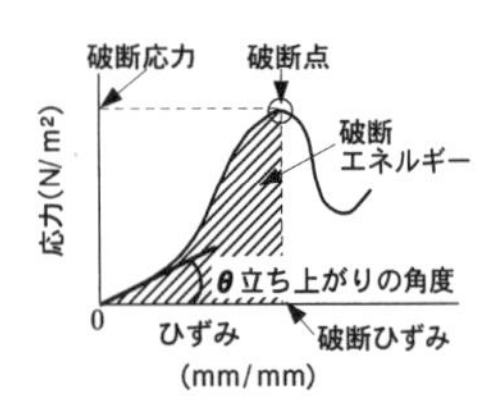

初期弾性率：tan θ
破断エネルギー：斜線部分の面積

(b) 脆性破断

図 3.7 応力-ひずみ曲線
応力-ひずみ曲線（食品を破断するまでの過程，食品を噛み切るまでの過程）．食品に一定速度で圧縮または伸長などの変形を与えると，座標の原点からA点までは応力とひずみが直線関係にある線形性領域（弾性部），続いて応力の増加に伴ってひずみが増加する領域（A—B），降伏点（B点）をすぎると応力が増えないのにひずみが増加する塑性変形領域（B—C）になり，ついに破断する．C点を破断点という．

b. 弾性

ゴムひもやバネは引っぱった後，手をはなすと瞬時にもとの形にもどる．このように，物体に外力を加えるとその力に比例して変形し，外力を除くと再びもとの形にもどる性質を弾性という．この性質をもつ物体を弾性体という．こんにゃくは指で軽く押さえるとへこみ，離すともどる．このように外力による変形に対し，もとにもどろうとする物体内部の力を内部応力という．変形が小さければ完全にもどるが，変形が限界（弾性限界）を越えるともとの状態までもどらない（図 3.7）．また，降伏点を過ぎると外力を除いても変形はもどらない．ある範囲（線形性領域）において，加えた力と変形量は比例する（フックの法則）．

フックの法則：　加えた力(応力)＝弾性率×変形量(ひずみ)

c. 塑性

外力によって物質が変形しても，もとにもどらない性質を塑性という．すなわち，食品に外力を加えたとき，破壊を起こすことなしに連続的に変形し，その変形が永久に保たれる性質のことで，可塑性ともいう．餃子やパン（粘土細工用粘土）などのように様々な形を作ることのできる性質のこと．マーガリンやショートニングは可塑性油脂である．

d. 粘弾性

多くの食品は粘性と弾性の性質をあわせもっている．この性質を粘弾性という．食品の粘弾性の様子を明らかにするためには，粘性と弾性の力学的模型を使い，その組み合わせで表現すると便利である．すなわち，弾性はバネで，粘性はピストン（ダッシュポット）の粘性抵抗で表現し，これを並列に組み合わせたり（フォークト模型またはケルビン模型という），直列に組み合わせたり（マックスウェル模型）して粘弾性を解析する（図 3.8）．実際の食品はもっと複雑なため，これらを組み合わせた 3 要素模型，4 要素模型，多要素模型などで解析する．

静的粘弾性：　弾性のみをもつ固体は外力を加えたとき，時間的な遅れなしに変形し，外力を除くと瞬時にもとの状態にもどる．これに対し，粘弾性をもつ固体は外力を加えたり，除いたりするときの応答が瞬時に起こらず，遅れがみられる．このように，力と変形のタイミングがずれる物質を粘弾性体という．試料に一定の荷重，あるいはひずみ（変形）を与えて，試料の変形あるいは応力の時間的変化を測定する方法が静的粘弾性の測定であり，クリープと応力緩和がある．いずれも微小変形の範囲内で，応力とひずみが正比例関係にある線形性の領域においてのみ解析可能である．

クリープ
試料に一定の応力を与えると，ひずみが時間の経過とともに増加する．この現象をクリープという．

応力緩和
一定のひずみを与えた後，これを保つのに必要な応力は時間の経過とともに減少する．この現象を応力緩和という．

動的粘弾性：　試料に振動を与えたときの粘弾性挙動を動的粘弾性という．弾性要素を G′（動的弾性率，貯蔵弾性率），粘性要素を G″（動的損失，損失弾性率）で表す．

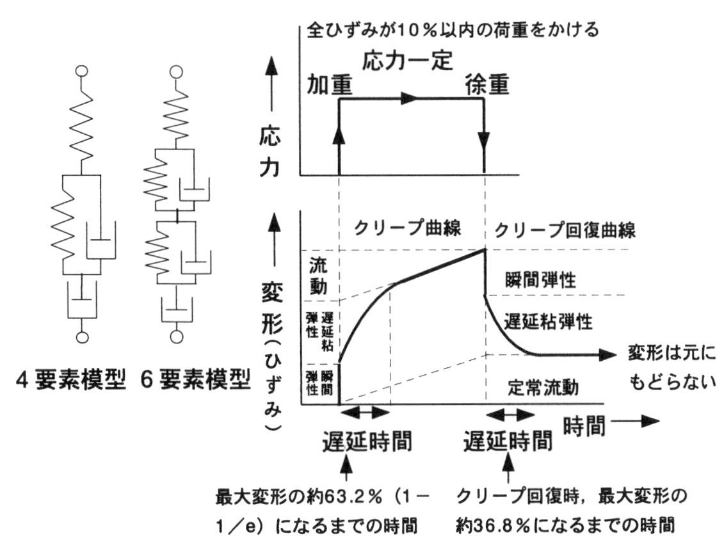

図 3.8　4および6要素模型とクリープ曲線

e．破断特性

食品の粘弾性は微小変形領域で測定されるが，食品にある力を加えて変形させ続けると（食品を圧縮したり，引っぱったり，ねじったり，曲げたり，切ったり，噛んだりすると），食品の変形は微小変形から大変形となり，ついに破断する現象がみられ，この現象を破断（2つ以上に分離すること）という．咀嚼は大変形を伴う．大変形を伴う破断現象は食品の構造，組織などに影響されるため，不均質な食品は測定時ばらつきが大きい．そのため，試料の形，大きさ，厚み，圧縮速度，プランジャーの形，サイズ，測定温度などを一定にして繰り返し測定する必要がある．破断様式は脆性破断と延性破断の2つに大別できる．

脆性破断（ぜいせいはだん）：　降伏点と破断点が一致しているもの．クッキー，せんべい，寒天ゼリーなどは脆性破断する．図3.7bのように破断応力（破断に対する抵抗力），破断ひずみ，破断エネルギー（単位体積あたりの破断に要する仕事量で食品の強靭さを表す），初期弾性率（線形性領域の直線の立ち上がり勾配 $\tan\theta$ より求める）などより破断特性を解析する．

延性破断：　塑性変形した後に破断するもの．チーズなど．

3.5 おいしさの評価

3.5.1 官能評価と嗜好調査

a．官能評価

官能評価とは人間の五感（味覚，嗅覚，視覚，聴覚，触覚）を価値判断の尺度として評価・測定する科学的手法である．官能検査あるいは官能評価分析と呼ばれることもある．一定の手法に従って人間（パネル）に識別，判断または評価してもらい，得たデータを統計的に解析する．官能評価は，機器測定では知ることのできない多くの利点を備えている一方，人間の感覚に頼るという特性から，実施に際して配慮しなければならないことがたくさんある．パネルの選定，官能検査を行う環境，試料の調整方法などの条件を厳密に設定することが重要である．

1）　パネル

官能評価を行う人々の集団をパネルといい，パネルを構成しているメンバーをパネリストまたはパネルメンバーという．パネルは分析型パネルと嗜好型パネルに分類される．分析型パネルは差の有無やその差の程度を検出したり，食品の特性を詳細に分析するため，識別能力のすぐれたパネルを選ぶ．閾値などを測定して選定を行ったのち，訓練を行う必要があるが，比較的少数のパネル（10名程度）で評価実施可能である．一方，嗜好型パネルは消費者の好みなどを知るためのパネルであり，パネルの感度は特に問題にしない．知ろうとする集団の性質を十分に反映した者を多人数（30～80名程度）集める必要がある．

2）　環境

官能検査室はパネル一人ひとりに小部屋が与えられる個室式（パネリストが他人の影響を受けないで判断を下す）と，パネルが互いに話し合い，意見を交換しながら評価をまとめていくための円卓式がある．目的によっては専門の官能検査室を必ずしも設けなくてもよいが，臨時の場所でもパネルが共通の環境で評価できるような官能検査室にすることが必要である．評価場所の照度，室温（18～22℃），湿度（50～60%），騒音，臭気などに配慮し，パネルが疲労を感じたり，集中をそがれたりしないようにする．また，時間帯や曜日については通常と体調が異なると考えられる夕方から夜間，あるいは休み明けや週末などに評価を行うことは避けなければならない．食品の評価は空腹でも満腹でもない午前10時または午後2時頃がよい．

3）　サンプル

パネリストに提供するものは，比較の対象となる特性以外はすべて同一条件で調整されなければならない．1回に用いる試料の量は液体試料の場合15 m*l*，固体試料の場合30 gを最低限の目安とする．加熱した試料は温度変化で，味覚，嗅覚に大きな影響を及ぼすので検査試料は適温の同一温度にしておかなければならない．サンプルを入れる容器は白無地の陶磁器，または透明なガラスコップを使用するのが一般的である．名称などから生じる先入観による影響をなくするため，試料につける記号は乱数で示し，パネルにとっては意味のないものとする．食品の場合，先に評価したものが後の評価に影響を与える効果（順序効果）が生じることが多いため，サンプルの提示順序をパネルごとにランダマイズする．サンプルの味わい方は，分析型の場合，5～10 m*l*を口に含み，溶液がまんべんなく行き渡るように静かに味わう．1

つのサンプルを味わった後蒸留水で口をゆすぎ，次のサンプルに移る．比較判断する検査では，前の味の記憶を消さないために，うがいしないほうがよいともいわれる．嗜好型では自然に味わう．測定の精度を低下させないために，サンプル数は多くても3〜4種類程度，質問項目は5〜6項目程度に制限して実施することが多い．

4)　手法

官能評価の手法にはさまざまなものがあり，どれを使うかは評価の目的，試料の特性にあわせて適切なものを選ぶ．

(a)　差を識別する方法

試料を比較して相違するもの，あるいは好ましいものを選ぶ方法である．標準品と比較する場合と試料間で比較する場合がある．

1：2点比較法：　標準試料としてAまたはBを与えてパネリストにその特徴を記憶させ，その後，試料AまたはBを与えてどちらが標準試料と同じであるかを判定させる．パネリストの選択，訓練などに使われる．

2点比較法：　A，Bの2試料に対して甘味の強いほう，または味が好ましいほうなど答えさせる方法で，2点識別試験法と2点嗜好試験法がある．n人（n回の繰り返し）の評価結果を解析し，A，B2試料間に差があるとしてよいかどうかを判定する．

3点比較法：　A，Bの2試料を識別するために，AAB，ABBのように3個1組に組み合わせてパネルに提示し，他の2つと違う試料を選ばせる方法である．3点識別試験法と3点嗜好試験法がある．2点比較法が比較すべき2試料間の特性を明確に質問しなければならないのに対し，この方法は調べたい差の性質が不明確でも検査ができる．

(b)　順位をつける方法

順位法：　3種類以上の試料について，硬さや味の濃さなどの特性の順位をつけさせる方法である．好ましさの順位をつけさせることもある．客観的に順位がついた試料をパネリストが識別できる能力をもつかどうかを検定する場合，順位づけられた試料の差が有意と認められるかどうかを検定する場合（順位づけでは試料の絶対的な評価は得られないが試料に点数をつけるよりは順位をつける方がやさしいことから，初心者や簡便に試料間の差を判定したいときに使われる），客観的な順位がついていない試料に順位をつけたとき，その順位がパネルの一致した見方といえるかどうかを検定する場合などがある．

(c)　対にして比較する方法

一対比較法：　3個以上の試料をすべての組み合わせで2個ずつ組み合わせて提示し，ある特性の大きさを判断させる方法である．シェッフェの一対比較法がよく用いられるが，この方法は比較判断の結果を順位でなく評点で表す．一方の特性を0として他を−2〜+2のように評点で採点する．その集計結果から総合的に全体の順位や優劣を判断する方法であり，試料間の相対的位置づけができる．

(d) 評点をつける方法

採点法： 特性の大きさについて，10点満点あるいは100点満点などで点数をつけてもらう．

評価尺度法： 試料の品質特性（味の強さ，好ましさなど）を数値尺度を用いて採点する方法である．評価する尺度については評点（−3〜+3，1〜10），言葉（強い-弱い，良い-悪い），評点と言葉の併用（−3非常に悪い〜+3非常に良い）などを使い，段階も5，7，9段階などがある．適切な評価項目を設定することが大切でそのために予備テストを行う．試料を味わいながら項目を書き出して整理し，項目として採用するとよい．識別法や順位法では試料間あるいは標準試料と相対的に比較するが，評点法は比較するのではなく絶対的な評価の方法である．したがって試料は1個ずつ提示する．

(e) 特性を記述する方法

SD法（semantic differential 法）： 試料の特性を描写して記録する方法である．特性は明るい-暗い，重い-軽いというような相反する反対語を尺度の両端に配置して5〜7段階の尺度を10項目あるいはそれ以上用いてその程度を評定する．その点を結んでプロフィールを描き，試料の特性を読みとる．

b．嗜好調査

嗜好調査には，多くの人の嗜好を調査したい場合に用いるアンケート方式と，調査人数は限定されるが個々の人に対して聞き書きをするインタビュー方式がある．

嗜好調査は，個々の食べ物について「好き」「わからない」「嫌い」とか，「大好き」「好き」「わからない」「嫌い」「大嫌い」などのように3または5水準のカテゴリーによって尺度化する調査が一般に広く利用されている．そしてこの調査とあわせて，被調査者の年齢，性別，環境，地域などの要因も加え，客観的分析を行う．

「好き」「嫌い」の理由を自由記述させることもあるが，この場合，機械的集計は容易ではない．しかし，嗜好用語を収集し，これを分類整理して，嗜好用語コード表をつくり，これを用いて分析するとよい．

● 3.5.2 機器測定 ●

おいしさを評価するには，機器測定より人間の感覚のほうが鋭敏であることが多い．しかし，官能検査は心理的影響を受けやすい，個人差がある，再現性に乏しい，疲労しやすい，一度に多数の検査ができないなどの欠点があるため，機器測定が調理科学の研究や，食品産業における品質管理によく用いられる．官能検査と機器測定を併用して，おいしさを評価することが望ましい．

a．味の測定

核酸関連物質，有機酸，糖などの呈味成分は液体クロマトグラフィー（HPLC）で，うま味（エキス成分の遊離アミノ酸）はアミノ酸分析計で，無機質は原子吸光分光分析計で測定できる．簡易法として，甘味は屈折糖度計やデジタル糖度計，塩味は塩分濃度計，酸味はpHメーター，pH試験紙で測定する方法がある．果物の糖度を非破壊的に測定する装置（近赤外分光分析法など）があり，選果機のラインに組み込まれている．味覚センサーは，味細胞の生体膜を模倣した8種類の脂質高分子膜をセンサーに使い，各電極での電位差を測定し，その応答パターンから五基本味の他，抑制効果，相乗効果，風味やこく，喉ごし，後味，雑味なども一部測定できるといわれている．

b．香りの測定

香気成分はガスクロマトグラフィー（GC）で測定する．最近，におい識別装置やにおいかぎGCシステムなども市販されている．

c．テクスチャー（食感）の測定

食感の測定には食品の物性を機器で測定する方法と，人間の咀嚼・嚥下状態を測定する生体計測法がある．口腔内感覚である食感を数量化するには，センサーを歯や口蓋にセットして咀嚼中に歯に生じる咀嚼力を測定（固体食品）したり，口蓋に生ずる口蓋圧を測定（半固体，液体食品）する方法がある．咀嚼音を測定し解析する装置もある．また，咀嚼中の筋肉の運動量の測定（筋電計による咀嚼筋活動電位の計測）や下顎運動記録装置による下顎運動を測定する方法もある．食べ物を咀嚼して嚥下するまでの口腔内での食物の移動はX線ビデオ撮影法（video-fluorography）で観察できる．

d．温度の測定

接触型温度計として，液体温度計（アルコール，水銀），熱電対温度計，バイメタル温度計，サーミスタ温度計などがある．最近では超小型ボタンサイズの温度記録器を食品にセットし，長期間の温度データを保存した後，コンピューターで解析できるものが市販され，食品流通の温度管理システムに使われている．

非接触型温度計として，蛍光式光ファイバー温度計（電子レンジ用），放射温度計（測定対象物に触れることなく表面温度を測定：すべての物体は赤外線を放射しているため，赤外線エネルギーを測定することにより温度を測定できる），サーモグラフィー（表面の温度分布を赤～青色で表現できる）などがある．

e．色の測定

マンセル色票やJISによる標準色票を用いて記号で表す方法と，測色色差計により光学的に測定し，L値（明度），a値（＋赤，－緑），b値（＋黄，

－青），色差 ΔE（2 つの試料の色の差）で表す方法がある．

f. 組織の観察

調理による外観の変化は写真撮影により比較する．ケーキなどのスポンジ状構造はコピー機を用いるとよい．ヒトの裸眼の分解能は約 0.1 mm なので，組織の微細構造の観察は各種顕微鏡（実体，生物，位相差，偏光，蛍光，共焦点レーザー，走査型プローブ），電子顕微鏡（透過型，走査型）を用いて観察する．目的により顕微鏡の種類を使い分ける必要がある．コンピューター上で画像解析ソフトを用いて，写真・画像中の細胞など目的物質の面積，体積，長さ，周長，角度，個数，形状特徴などを画像解析することができる．

参 考 文 献

岩井和夫・中谷延二編：香辛料成分の食品機能，光生館，1989
岡本洋子：甘味感受性に及ぼす硬さの影響，日本味と匂学会誌 **12**，441-444，2005
香川芳子監修：五訂食品成分表 2005，女子栄養大学出版部，2005
川端晶子：食品物性学，建帛社，1989
熊倉功夫・川端晶子編：献立学，建帛社，1997
栗原堅三：味と香りの話，岩波書店，1998
財団法人塩事業センター：http://www.shiojigyo.com/
斉藤　浩：スパイスの話，柴田書店，1987
島田淳子・下村道子：調理とおいしさの科学，朝倉書店，1993
武政三男：スパイスのサイエンス，文園社，2001
田名部尚子・今井悦子編：食材をいかす調理学，アイケイコーポレーション，2004
辻　英明・海老原清編：食品学総論，講談社サイエンティフィク，2001
独立行政法人食品総合研究所編：老化抑制と食品，アイピーシー，2002
中濵信子・大越ひろ・森高初恵：おいしさのレオロジー，弘学出版，1997
日本フードスペシャリスト協会編：フードスペシャリスト論，建帛社，1998
橋本慶子・島田淳子編：食成分素材・調味料，朝倉書店，1993
畑江敬子・香西みどり編：調理学，東京化学同人，2003
福場博保・小林彰夫編：調味料・香辛料の事典，朝倉書店，1991
藤本さつき・島村知歩・池内ますみ・小西冨美子・花﨑憲子・志垣　瞳：関西の大学生家庭の家庭料理における香辛料の使用について，家政学研究 **103**，12-17，2005
元木澤文昭：においの科学，理工学社，1998
山田善正編：食品の物性第 6 集，食品資材研究会，1980
山野善正編：おいしさの事典，朝倉書店，2003
和田淑子・大越ひろ編著：健康・調理の科学―おいしさから健康へ―，建帛社，2004

4. 非加熱調理操作と調理器具

調理操作は非加熱操作と加熱操作に分けられる．一般に，加熱操作は主操作であり，非加熱操作は加熱操作の前処理あるいは加熱後の仕上げに行われる操作の場合が多い．

4.1 計測・計量

4.1.1 計測・計量の仕方

調理する食品は，安全性・栄養性・嗜好性にかなっており，三者のバランスがとれていなければならない．嗜好性のレベルを一定に維持し，再現性を高め，過不足無く仕上げるために，食品材料を計測・計量することが必要になる．計るものは材料の重量や容量，温度，時間などに及び，食材の重量や水分を計ることが料理の味を一定に保つ必要条件となる．

計量する際，台秤，デジタル式電子天秤は正確に量れるが，重さを計量カップや計量スプーンで換算する場合は，盛り上がった余分の材料をすり切って量らなければならない．計量カップやスプーンをゆすったり，押さえたりすると量られた重量は標準の重量より増加してしまうからである．

4.1.2 計測・計量用器具

はかり（秤）： 秤量（計りうる最大量）の大きなものより，感量（計りうる最小量）の小さいものが使いやすい．デジタル式電子天秤は，最大と最小測定量が機器によって異なる．

計量スプーン： 大さじ（15 m*l*），小さじ（5 m*l*）

計量カップ（1 カップ）： 200 m*l*，500 m*l*，1000 m*l*

温度計： 水銀温度計（0～200 ℃），アルコール温度計（0～100 ℃），熱電対温度計（－200～1760 ℃），サーミスタ温度計

その他： タイマー，塩分計，糖度計

台秤（上皿自動秤）

従来の家庭秤： 1 kg～5 g

業務用秤： 2 kg～5 g，7 kg～20 g

デジタル式電子天秤： 1 kg～1 g，3.1 kg～0.1 g，600 g～0.01 g

台秤の感量

0～100 g： 感量 1 g

100～500 g： 感量 2 g

500～1000 g： 感量 5 g

4.2 洗浄（洗う・磨く・すすぐ）

4.2.1 食品の洗浄

酢洗い，醤油洗い
酢洗いは，酢の物などに用いるカキをさっと酢水にくぐらせたり，しめ鯖用のベタ塩されたサバの塩をとるために酢水をくぐらせる操作．醤油洗いはゆでたホウレンソウなどに醤油をかけて絞り，下味をつける操作をいい，本来の洗浄とは異なる．

食材の洗浄は調理の最初に行う基本的な操作である．食品に付着している土・ほこり・農薬など，食べるには有害なもの不用なものを除去し，衛生上安全性の高い状態にすることが目的であり，洗浄法は水洗が最も多い．洗浄は水溶性の栄養成分やうま味の流出を伴うので注意しなければならない．

野菜類は，溜め水で泥を落とした後，流水で洗い流す．ホウレンソウやミツバなどの柔らかい葉菜類は振り洗い，ダイコン，ニンジンなどの根菜類・イモ類・果実類はこすり洗いの後，水洗するという二度洗い法によって洗浄効果が高まる．給食施設など大量に生食用の野菜を洗う場合は，次亜塩素酸ナトリウム 200 mg/l の溶液に 5 分間浸漬して殺菌を行い，流水ですすぎ洗いを行う．仕上げ洗浄は，流水の場合，野菜・果物は 30 秒以上すすぐ．洗い桶などで溜め水を用いる場合は，2 回以上水を換えて洗浄する．米は，糠を取り除くためにとぎ洗いを行ってきたが，最近は糠臭もない無洗米も販売されている．魚介類は，水道の流水で水洗いし，海水魚は腸炎ビブリオによる食中毒の危険性が大きいのでとくに丁寧に洗う．タコ・アワビ・ナマコなどは体表のぬめりや磯臭を除去するため，食塩をつけてこすり洗いをする．コンニャクの表面に食塩をまぶしてよくこすり洗いをすると，表面に付着している石灰分が除去され，弾力のある食感が生じる．

4.2.2 食器・器具の洗浄

水道水による洗浄が一般的であるが，使用後の飯碗のように，デンプンがこびりついているときなど 40～50℃ の温水に約 20 分浸した後，スポンジで洗う．洗剤には，脂肪酸系洗剤（アルカリ石鹸）と，アルキルベンゼンスルフォン酸などの石油系洗剤（中性洗剤）とがある．洗剤は，適性濃度と適性浸漬時間を守って使用しないと，残留洗剤の問題が生じる．中性洗剤の標準使用量は 0.15%（水 1 l 中に洗剤 1.5 ml）である．

食器・調理器具のすすぎ時間は流水の場合は 5 秒以上，洗い桶などの溜め水を用いる場合は 2 回以上水を換える．

4.3 浸漬（漬ける・浸す・戻す）

4.3.1 乾燥食品を戻す（吸水・膨潤）

乾物は調理に際してあらかじめ水浸漬して吸水膨潤させる．吸水による重量増加は 2～10 倍であるが，種類や戻し条件によっても異なる（表 4.1）．干しワカメのように重量の増加だけでなく体積の増加も大きい食品は，使用

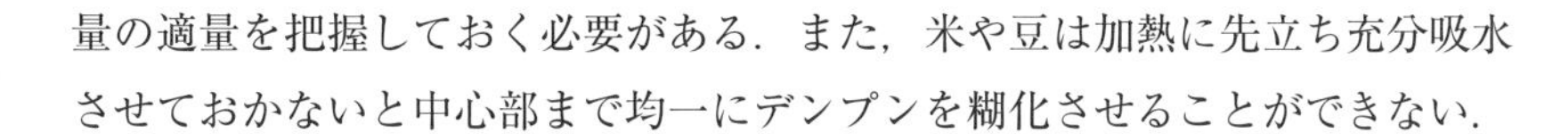

量の適量を把握しておく必要がある．また，米や豆は加熱に先立ち充分吸水させておかないと中心部まで均一にデンプンを糊化させることができない．

表 4.1 乾物の吸水量

倍 率	材料
凍り豆腐（高野豆腐）	6～ 8
干しシイタケ	4～ 6
かんぴょう	5～10
ゆ ば	3～ 4
キクラゲ	4～10
切り干し大根	4～ 6
はるさめ	3～ 7
干しゼンマイ	6～ 7
乾燥豆類	2～2.6
乾 麺	2.8～ 3
ヒジキ	6～ 9
干しワカメ	6～10
寒 天	9～10

（大羽和子他：調理学実習，ナカニシヤ出版，1991）

4.3.2 うま味成分の抽出（水だし）

日本料理の代表的だし材料である昆布は，加熱沸騰させるとうま味だけでなく昆布臭や粘質物も溶出してしまうため，水に浸漬するだけで加熱抽出しないことも多い．また，鰹節の場合も，一般的には短時間加熱を行うが，長時間の水浸漬だけで加熱抽出はしない場合もある．このようなだしを水だしという．水だしは加熱だしに比べうま味成分自体の溶出は少なくても不味成分の溶出も少ないため，上品な味のだしとなる．このほか干し貝柱もだし材料として珍重されるが，この場合も充分水浸漬してうま味成分を溶出させる．このほかのだしにおいても，加熱に先立ち水浸漬を行うとうま味成分の溶出量が多くなり，加熱時間を短縮することができる．

4.3.3 不味成分の抽出（あく抜き）

食品に含まれる不味成分を取り除くことをあく抜きといい，不味成分が水溶性の場合は水浸漬を行う．あくの成分は食品中の無機質や風味成分でもあるので長時間の浸漬は望ましくない．このほか山菜や身欠きニシン，棒タラなどの乾物では組織の軟化とあく抜きを目的として浸漬水に灰汁や重曹，米のとぎ汁などを用いたりする．このときの灰汁や重曹，糠といったアルカリ剤は植物組織やタンパク質性食品の軟化に役立ち，干し魚製造中に生じた脂肪の酸化による渋みを除く効果もある．また，米のとぎ汁に含まれるデンプンは不快臭を吸着させる役目がある．

4.3.4 褐変防止

食品の酵素的褐変反応の基質であるポリフェノールやクロロゲン酸およびその酸化酵素は水溶性なので，この酵素による褐変防止のために水浸漬を行う．また食品を水中に浸すと空気を遮断できるので褐変防止になる．その際酵素反応を抑制する酸や食塩を添加すると防止効果が大きい．ゴボウやレンコンでは酸を加えると褐変を抑えるだけでなくフラボノイド色素が白変してきれいになる．

4.3.5 テクスチャーの向上

生野菜の場合，水浸漬すると細胞の浸透作用によって組織中に水が浸透するため，みずみずしく歯切れがよくなる．せん切りにしたものではこの効果が大きい．花形に切ったラディッシュでは切り込みを入れたあと水浸漬することにより切り口が開く（図 4.1）．また，1% 以上の食塩水に浸漬すると逆に水分が引き出される．

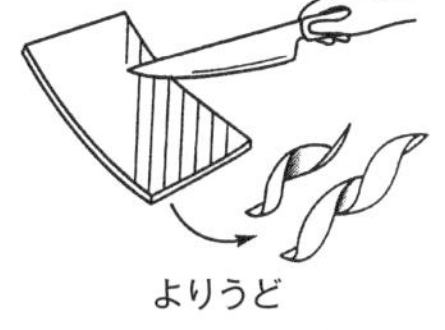

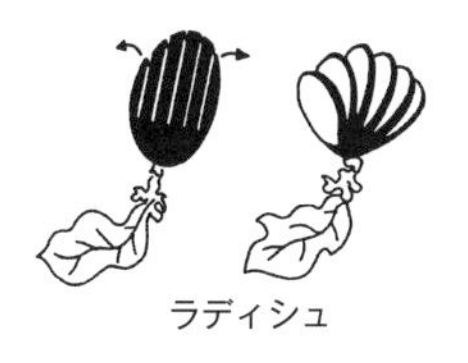

図 4.1 飾り切り
（池田ひろ・木戸詔子：食品栄養科学シリーズ 調理学，化学同人，2000；大羽和子他：調理学実習，ナカニシヤ出版，1991）

4.3.6 塩蔵食品の塩出し（迎え塩）

塩蔵食品では塩分を抜くために水浸漬を行う．このとき浸漬水に少量の食塩を添加すると真水に浸漬するより食品中の塩分との濃度差が小さくなるため，表面だけから急激に塩分が抜け水っぽくなるのを防ぎ，うま味成分の流出を抑えることができる．これを迎え塩または呼び塩という．

4.3.7 臭み抜き・味をつける・色止め

肉や魚の臭み抜きのために牛乳に浸漬することがある．レバーやムニエルにする魚を牛乳に浸すことで牛乳タンパク質のコロイド粒子に臭い成分が吸着される．レバーでは冷水にさらして血抜きをすることも，臭みを抑えるのに有効である．また，焼き物などで下味を付けるために調味液に浸漬したり，色よくゆでた野菜の色を保つために水にさらしたりする．

4.3.8 そ の 他

貝類は使用前に充分砂出しを行う必要があり，貝がやっと浸る程度の塩水（海水程度，塩分約3%）に浸して暗くしておくと砂を吐くようになる．

4.4 切 断・成 形

4.4.1 切 り 方

切断とは，器具を用いて食品の不可食部を除去し，形状・外観を整え，大きさを揃えるために食品を2つ以上に分ける操作をいう．その結果，全体の表面積は大きくなり，食品の1個の大きさは小さくなる．さらに加熱時の熱伝導や調味料の拡散がよくなり，加熱時間が短縮される．

面取りは，食品の角ばった所を削ることで煮崩れを防ぎ，料理の出来上がりが映える．切り方は，調理の目的に応じていろんな形状があるが，1つの食材は同じ大きさに切ることで熱の通りが均一となる．野菜や肉類は，繊維に平行に切ると歯ごたえがあり，繊維に直角に切ると繊維を短く切断することになり柔らかな食感になる．特殊な切り方に，視覚的なおいしさを作るためのいろいろな飾り切りがある．

4.4.2 包丁・まな板

包丁には調理用途別に，和包丁・洋包丁・中華包丁の3種類がある．刃型の違いでは，洋包丁（牛刀とペティナイフ）と中華包丁は両刃であり，和包丁（薄刃，出刃，刺身包丁）は，菜切以外は片刃である．包丁の部位の使い分けを図4.2に示す．

包丁は，くさびの原理によって食品を切る．図4.3に示すようにOP

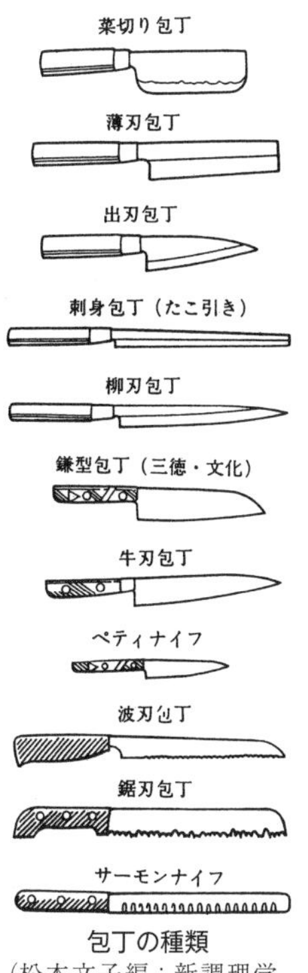

包丁の種類
（松本文子編：新調理学，光生館，2001）

A 卓刀式：比較的刃先を使う

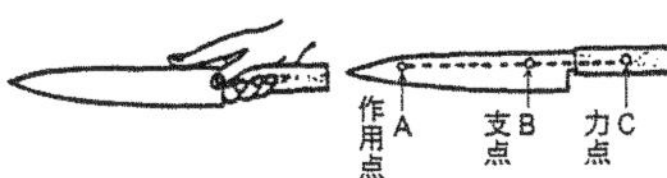

B 支柱式：刃元の方で物を切る場合

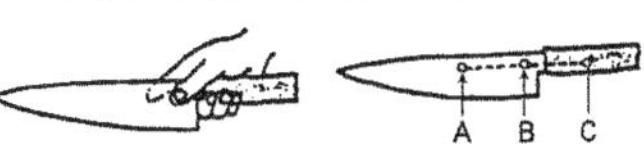

C 全握式：出刃包丁の持ち方

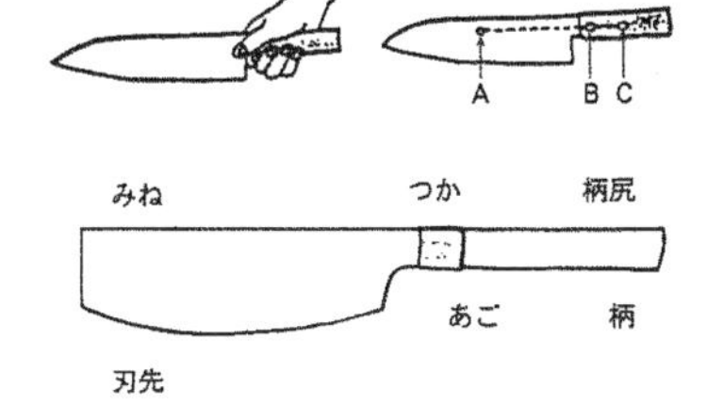

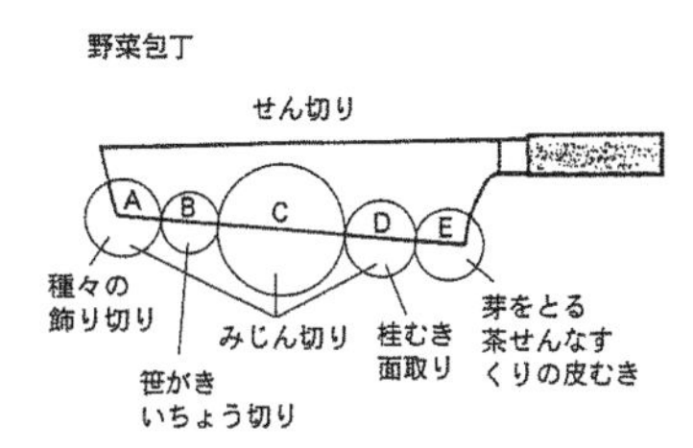

図 4.2 包丁の部位の使いわけ
（武庫川女子大学調理学研究室編：調理学実習書，建帛社，2005）

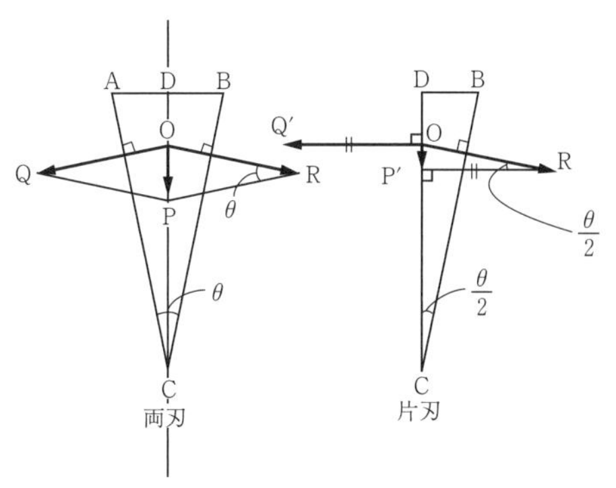

図 4.3 包丁の原理
面での摩擦力を考慮しない場合の図．両刃の角度が θ，片刃の角度が $\theta/2$ とすると　OP＝OP′×2.
（杉田浩一：調理科学 4，1971 に加筆）

基本的な切り方

包丁を使った基本的な切り方に，豆腐などを切るときの包丁を真下に下ろす「垂直押し切り」，刺身などを切るとき，包丁の元から先を使って手前に引きながら切る「引き切り」，広く野菜切りに用いる切り方で向こう側へ押して切る「押し出し切り」がある．いずれも刃面に働く摩擦力を小さくして切りやすくしている．

（OP′）の力を加えると，両刃では OQ と OR の両側に対称に，片刃では非対称に刃面に垂直に OR，OQ′（＝P′R）の分力が働く．切る力 OP（OP′）は θ の大きい出刃包丁は大きい力を必要とし，θ の小さい薄刃包丁は小さくなるので，押し切り・引き切りで材料を切りやすくして変形を防ぐとともに，小さな力で切ることができる．魚の骨など硬い物を切る時は，薄刃では刃がこぼれるので出刃を使わなければならない．包丁の材質は鋼（はがね），ステンレス炭素クロム鋼（ステンレス），硬くて軽いファインセラミックがある．

まな板の材質には，木製とプラスチック製がある．木製では，ヤナギやイチョウのように木質が緻密で弾力性を備え，包丁があたっても刃を傷めず，まな板も傷つきにくいのがよいとされている．市販製品はヒノキやホオが多い．中国では，サクラの木の輪切りがよく使われている．大量調理の施設では，刃あたりは硬いが除菌・殺菌・消毒等の衛生管理に適したプラスチック製の使用が義務付けられている．まな板を使用するときは，食品成分や臭いがまな板に移らないよう水にぬらし拭いて使い，使用後は洗浄して十分乾燥させなければならない．

4.4.3 成形と器具

成形は，広義には破壊変形（切る・刻む・削る・するなどの操作による成形）と，塑性変形（まとめる・のばす・かためる操作による成形）があり，食べやすく，食感を形づくり外観をよくするため食材に力を加えて形を整えることをいう．塑性変形の器具に，麺棒・のし板・流し型・ゼリー型・抜き型・押し型・物相・巻簀などがある．最近の産業界では，器具を使って手作業されていた成形に機械化が進んでいる．

4.4.4 生食調理

生食される食品には，野菜，果物，および魚介類などがある．いずれも，生食することで栄養素の損失は少なく，とれたてのおいしさを味わう贅沢な調理法であるが，衛生的に最大の注意が必要である．

生食調理の野菜は，組織に十分水分を含んだ張りのある状態であること，歯切れの良さなどが求められる．魚介類の生食には「刺身」「あらい」「酢じめ」などがあり，食べ頃の硬さが求められ死後硬直時の硬いものが好まれる．「あらい」は，冷水や温水で人工的に筋収縮をおこさせて生食する操作である．「酢じめ」は魚に塩をして軽くタンパク質を変性させた後，酢に浸し魚の表面が白くなるまでタンパク質を酸変性させる操作であり，その食品である．酢じめで魚の肉質は，適度の弾力性と酸味が加わり魚臭も減少する．魚介類の他に，鶏肉，牛肉，馬肉，鯨肉なども刺身で食べられている．

4.5 磨砕・粉砕

4.5.1 操作

食品に外から力を加えて組織を破壊し，細片化し，粒状や粉状，ペースト状に形状を変える操作を磨砕・粉砕という．

ダイコンやニンジン，リンゴをおろすのは，消化吸収を良くするためであり，食品をおろし器に直角にあて，粗いめたての器具を用い細胞から水分が流出してしまわないようにおろす．ワサビは，小さいめたてのおろし金を用い細胞をつぶして辛味の酵素が活性化しやすいようにおろす．ヤマノイモは，おろし器でおろした後，粘りが出るまでさらにすり鉢ですりつぶして口当たりをよくする．きんとんは，加熱したサツマイモを熱いうちに裏ごしをしてなめらかな食感にする．ゴマは，風味を出すためにすり鉢ですったりミルにかけたりする．コーヒー豆を挽くのは，組織を細分して味を浸出しやすくするためである．コショウやサンショウを挽くのは，芳香を強く出すため

チーズおろし器

である.

4.5.2 磨砕・粉砕器具

おろし金の材質は，アルミニウム・ステンレス・プラスチック・陶器・鋼・さめ皮・竹・セラミックなどがあり，めの粗さは種々であるので用途に応じて用いる．ミル（卓上粉砕器）は，コーヒー豆やゴマ，コショウなどのスパイスを手軽に挽くことができ，家庭での利用度が高まっている．裏ごし器は，ステンレス製と馬の尻尾の毛を曲げ輪に張ったものが一般的である．馬毛が細かくて弾力に富み作業がしやすいが，使用後の管理はステンレス製が簡単である．すり鉢は，堅固で線刻も摩滅しない備前焼が昔から有名であり，れん木といわれるすりこぎは，磨耗に強くて香りのよい山椒が最良とされているが一般的にはホオが用いられている．フードプロセッサーは，付属品の刃を交換することで刻む・混ぜる・つぶす・する・練るなど多目的で短時間に多量に調理することが可能なため，大量調理の現場は当然だが最近家庭での普及も著しい．この他，銀杏割り器・クルミ割り器・ジューサー・ミキサー等も家庭に備わっている器具である．

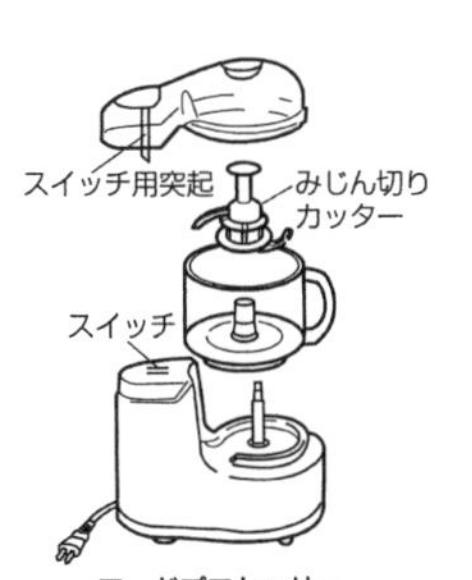

フードプロセッサー
おろしカッター，スライスカッター，せん切りカッターなどが付属されたものがある.
（和田淑子・大越ひろ編：健康・調理の科学，建帛社，2004より改変）

4.6 混 合・攪 拌

4.6.1 操　作

混合とは2種類以上の食品材料を合わせ材料分布の均一化，温度や味の分布の均質化をはかることをいう．混合材料が，固体-液体，液体-液体，液体-気体，固体-固体の場合があり，パンの生地を捏ねる，マヨネーズを作る，卵を泡立てる，ハンバーグの具を混ぜること等がその例である．

小麦粉とバターでルーを作る場合は，加熱している間中木じゃくしでルーをかきまわし，温度の均質化をはかりながら小麦粉を糊化させてホワイトソースからブラウンソースまで自分の好みのソースに仕上げ，だし汁でゆるめて粘度を調節する．乳化を目的としたかき混ぜの操作や，卵白や卵黄に空気を抱きこませる泡立て操作も攪拌という．

4.6.2 混合・攪拌器具

ハンドミキサー，泡立て器，ミキサー，もちつき器，箸，木じゃくし，スパチュラ（へら），ターナーなどがある．

4.6.3 和(あ)え物・酢の物・浸し物

和え物は，ごま和え・おろし和え・白和え・うの花和え・酢味噌和え・木の芽和え・おろし和え・からし和え・梅びしお和え・マヨネーズ和え・ドレッシング和えなど食材と和え衣を混ぜ合わせた料理で，和える操作は調理の仕上げの段階で行われる．和える食材は，魚介類，鳥獣肉類，野菜，果物類，乾物類，加工品など何でもよい．生食できる材料は，塩や酢でしめて，あるいは塩もみして余分な水分を落とし，生食に適していない材料は，もどしたり，加熱したりしてうすい下味をつけて用いる．

和え衣は，和える食材にまとわりつく程度の粘稠性をもった状態に仕上げ，供食する直前に和える．これは，和え衣によって食材の中からの脱水を避け，染み出した水で水っぽくなるのを防ぐためであり，よい香り，歯ざわりを楽しむことができる．

「酢の物」は，和え物の中で調味酢（二杯酢，三杯酢，甘酢，加減酢，吉野酢，ごま酢，黄味酢，白酢（しらす）など）で和えたもので，季節感，味・色取りの調和がとくに望まれる．衣の中で酢の割合が多くなると食材の色の変化が大きいので注意が必要である．

「浸し物」は，ホウレンソウやシュンギクなどの軟らかい葉を茹で，出し汁などに浸して下味をつけ醤油または酢などをかけて食するものをいう．

4.7 圧搾・濾過

4.7.1 操　作

濾過用器具

（松元文子編：新調理学，光生館，2001）

圧搾とは，食品に外部から圧力を加えてその容積を縮小させること，あるいは圧力で食品から水分を絞ることをいう．和菓子のこしあんは，豆を柔らかく加熱した後，晒しの袋に入れ圧搾して水分を絞り出し袋の中に残したデンプンであり，酒かすは清酒の醸造に際し，圧搾によってもろみから酒を搾りとったときの副産物である．

濾過とは，茶こしやこし器などを通すことによって物質を液体と固体，あるいは必要な部分と不必要な部分に分けることをいう．

4.7.2 圧搾・濾過器具

レモン絞り，茶こし，ストレーナー，シノア，パソア，ザーレン（ジャリエン），万能こし器，味噌こしなどがある．

4.8 冷却・冷凍・解凍

4.8.1 冷却・冷凍・解凍方法

図 4.4 に低温域の各温度帯を示す．温度の違いにより異なる名称が用いられている．「氷温」は食品を 0℃ 以下で，しかも凍結しない状態で保存できる温度帯を示す．

a. 冷却

冷却とは，食品を冷水・氷・冷蔵庫などを用いて冷やすことである．冷却

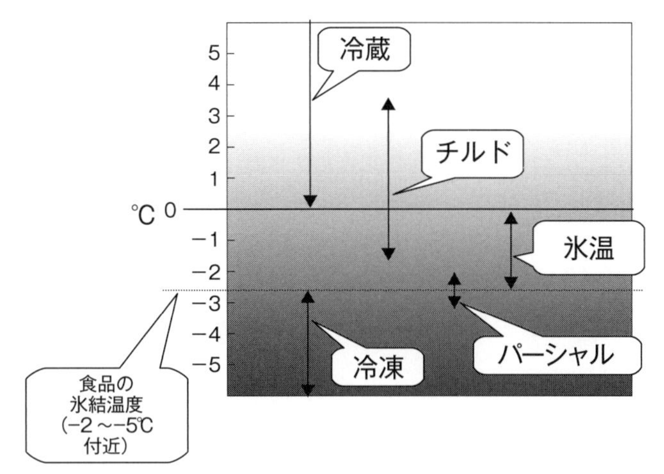

図 4.4　低温域の各温度帯

冷蔵（0℃以上）
氷が生じないため，凍結に弱い生鮮品などの保存に適する．ただし，微生物の増殖は止まらないので長期間の保存はできない．

チルド（0℃前後）
冷蔵と同じく氷が生じず，しかも低温であるので冷蔵よりも長期の保存が可能である．

パーシャル（−2℃～−5℃付近）
食品の凍結点付近で一部凍結させた状態で保存する．鮮魚などに適している．

氷温（0℃～凍結点）
チルドと温度帯が近いが0℃ 以上は含まれない点が異なる．

冷凍（凍結点以下）
長期間の保存が可能であるが，解凍時にドリップが生じ，うまみなどの有効成分が一部流出しやすい．

により食品の色・味・香り・テクスチャーが変化する．例えば，ホウレンソウやコマツナなどは，ゆでた後に冷水で冷却することにより鮮やかな緑色を保つことができる．また和え物・サラダなどは冷やしたほうがおいしい．さらに，寒天・ゼラチン液は冷却によってゲル化し，弾力性のある固体へと変化する．氷水は0℃ なので，冷蔵庫で空冷するより早く凝固する．

また食品の変敗は，食材中の酵素作用の他，微生物の増殖や酸化の進行によるが，その影響は温度が低いほど小さくなるため，冷却により保存性が向上する．

b．冷凍

図 4.5 に食品を冷凍したときの温度変化（冷凍曲線模式図）を示す．−1℃ 付近から凍結が始まるが，水から氷へ相転移する際発熱するため，温度低下が緩慢となる．この温度帯を最大氷結晶生成帯（−1～−5℃）といい，この間に氷結晶が成長する．最大氷結晶生成帯の通過に時間がかかる（緩慢凍結）と氷結晶が大きくなり，組織が破壊され解凍後の品質が低下するので，できるだけ速く通過すること（急速凍結）が望ましい．一般家庭用冷凍庫では緩慢凍結になりやすいので，ホームフリージングの際には，食品の状

ホームフリージングのコツ
- 材料を小分けにする．
- できるだけ薄い平板状にする．
- あらかじめ冷やしておく．
- 熱伝導の高い金属性のトレーなどにのせる．
- 急速冷凍機能は利用する．

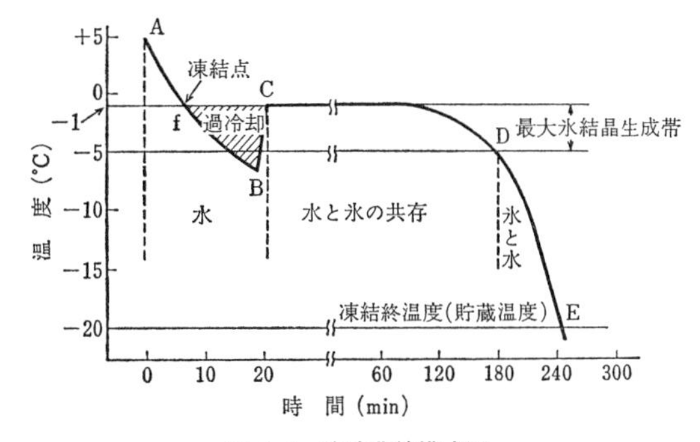

図 4.5　冷凍曲線模式図
（日本冷凍食品協会：最新冷凍食品事典，朝倉書店，1987）

態や形状に工夫が必要である．なお，冷凍すると食品の変敗は生じにくいが，酸化や乾燥が進み，テクスチャーや風味が損なわれることがあるので，包装などに注意し，早めに消費する．一方，高野豆腐のように意図的にタンパク質を凍結変性させ，独特の食感を作り出した利用例もある．

c．解凍

解凍方法には，冷蔵庫内・室温・流水などでの緩慢解凍，電子レンジなどでの急速解凍，油や蒸気などでの加熱解凍（調理済み食品）などがある．肉・魚介類などは，冷蔵庫内で緩慢解凍するとドリップの発生が抑えられる．電子レンジによる解凍は，細菌の繁殖を抑えるためには効果的であるが，解凍ムラが生じやすいため，解凍モードを使ってやや時間をかけながら解凍することが重要である．

● 4.8.2 冷却および冷凍用機器 ●

冷凍冷蔵庫は，圧縮機で液化した冷媒が気化する際に，庫内の熱エネルギーを奪うことを利用して庫内を冷却する．気化した冷媒は循環しながら再び圧縮機により液化される．冷媒にはフロンガスが用いられてきたが，2002年からは代替フロンであるイソブタンを用いた冷蔵庫の販売が始まった．冷凍食品の保存温度はJIS規格により−18℃以下と決められているため，一般家庭用冷蔵庫の冷凍室の温度は−18℃に設定されている．また冷蔵室は3〜5℃の設定であるが，野菜室，氷温室，チルド室など，温度によって分けた製品も数多くある．

冷蔵庫の二つの冷却方式

自然対流式： 冷却装置が上部の冷凍室の周りに露出しており，冷却室を冷却する．また，その冷気が自然対流によって下部の冷蔵スペースへと下降し冷却するが，温度ムラが大きく霜がつきやすい．

強制循環式： 冷却装置が冷凍室の背面，あるいは冷凍室と冷蔵室の間に配置され，いずれも庫内には露出していない．冷却された空気はファンにより強制的に庫内を循環し，冷却する．空気が循環するため温度ムラは小さく霜もつかないが，食品が乾燥しやすく消費電力も大きい．

フロンガスとオゾン層

フロンガスの正式な名称はクロロフルオロカーボンであり，分子内に塩素を含んでいる．燃焼性がなく人体にも無害であるため広く用いられてきたが，成層圏のオゾン層を破壊することがわかり，使用が規制されるようになった．オゾン層が破壊されると有害な紫外線が地上に降り注ぎ，皮膚がんや失明の原因となる．

参 考 文 献

金谷昭子編著：調理学，医歯薬出版，2004
木戸詔子・池田ひろ編：新食品・栄養科学シリーズ　調理学，化学同人，2003
下村道子ら編著：新版調理学，光生館，2003
日本冷凍食品協会監修：最新冷凍食品事典，朝倉書店，1987
山根昭美：氷温貯蔵の科学―食味・品質向上の革新技術―，農山漁村文化協会，1997

5. 加熱調理操作と調理器具

5.1 エネルギー源と加熱用機器

「調理」の意味するところは，加熱調理であるといってもよい．生食などの非加熱調理操作もあるが，加熱による食品の食べ物への変化が「調理」である．この調理での加熱方法に利用される熱源（火元）は，歴史的には古くから薪，炭などの燃焼熱を利用してきた．最近は，これらの熱源はアウトドアなどレジャーでの利用が主流となり，日常の調理操作では効率性から，天然ガス，電気を熱源として用いている．近年，これらの熱源のエネルギーを水蒸気に転換し，さらに加熱した過熱水蒸気による加熱調理機器も一般家庭用に開発販売されている．

5.1.1 ガス

現在，一般的に使用されているガスには，プロパンガス（液化石油ガス：LPG），都市ガス（液化天然ガス：LNG）がある．燃焼にともない生じる火力エネルギーを調理に利用している．ガスの燃焼はガスコンロにより行われるが，使用するガスの種類により，供給する空気量の調整が必要である．安全性，機能性の面から，弱火やふきこぼれによる立ち消え防止機能，鍋底の過加熱防止（てんぷら調理など）など，さらにグリル内蔵形式やシステムキ

表 5.1 ガスの種類と特徴

	発熱量(kJ/m^3)	着火温度（℃）	特　徴
都市ガス （製造ガス 6B）	2.1×10^3	550～600	主として石炭や石油を原料として製造される．酸素消費量は容積の 4～5 倍である．硫化ガスが含まれ酸性雨などの悪影響を及ぼすおそれがあることから液化天然ガスに交替しつつある．
都市ガス 液化天然ガス （LNG）13A	4.6×10^3	615～682	石炭・石油ガスを含まないメタン・エタンなどの低分子炭化水素が主成分で発熱量が高いが，酸素消費量も約 10 倍である．比重が軽いため，ガス漏れの場合，天井に広がる．
プロパンガス 液化石油ガス （LPG）	10×10^3	460～520	ガス配管による供給が及ばない地域にボンベにより配送される．プロパン，ブタンなど都市ガスよりやや高分子の炭化水素を主成分とする．都市ガスより発熱量が高く，酸素消費量も約 25 倍ときわめて高い．比重が空気より重く，ガス漏れの場合，床に広がる．

（川端晶子・畑　明美：健康食事学，建帛社，2004）

ッチン対応型などが取り入れられた形式のものが普及している．ガスの種類について，それぞれの特徴を表 5.1 に示す．

5.1.2 電　　気

原子力，水力，火力，風力等の発電により供給されている．従来 100 V の電圧供給が主流であったが，近年は 200 V 電圧の家電製品（クッキングヒーター，エアコン等）の増加により，200 V 電力供給が増加しつつある．また，電気では燃焼ガスの発生もない点から，オール電化住宅など調理器具を中心にさらに太陽電池の設置など総合的な住環境の整備としての普及，利用がされている．電気による加熱調理器の電気コンロにはニクロム線の電気抵抗による発熱を利用した形式，このニクロム線をさらに金属パイプで被ったシーズヒーターとよばれるものがある．シーズヒーター型の方が熱効率がよく，耐久性もある．最近は，さらに熱効率が向上した電磁調理器（誘導加熱）による加熱調理器が開発され普及しつつある．

5.2 加熱調理器具（鍋類）

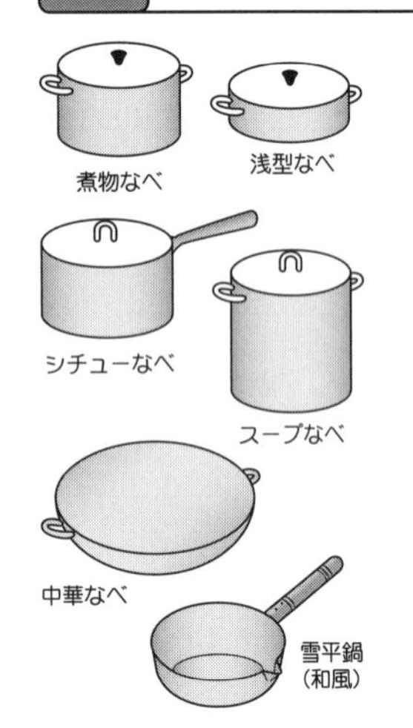

（池田ひろ・木戸詔子編：食品栄養科学シリーズ調理学，化学同人，2000；和田淑子・大越ひろ編：健康調理の科学，建帛社，2004）

加熱調理では鍋類は，用途により鍋の形，材質，持ち手等が異なる種々のものが使用される．通常の煮る加熱操作において浅い鍋は，熱が鍋全体に速く伝わるので，短時間の調理に向いている．深い鍋では，時間をかけて煮込んだり，スープ類の調理やゆで物などの調理に向いている．ガスを熱源とする調理では，鍋の材質を問わないが，電磁調理機器ではオールメタル対応機器を除いて，アルミ，銅などの磁力線を発生しないものは使用できない．誘電加熱（電子レンジ）では加熱容器も含めて金属製の鍋は使用できない．

また，鍋を密閉することで内圧を 1 気圧以上にし，鍋の内部の沸点（約 120℃）を上昇させる圧力鍋もある．圧力鍋では，玄米や豆類の調理や硬い肉の軟化などを短い時間で調理できる利点があるが，加熱途中での調味はできないなどの欠点もある．

中華鍋では，短時間での加熱効率を期待するため，丸底で鉄製のものが広く利用されている．土鍋などの陶器は，熱容量が大きいので，保温性があり，冷めにくいが，衝撃に弱い．鍋類の材質別の種類を表 5.2 に示す．

5.3 加熱操作の分類と伝熱方法

加熱操作には，加熱に水を媒体とする湿式加熱と油あるいは空気を媒体とする乾式加熱の 2 つに大きく分けられる．

加熱による熱源から食品（食べ物）への熱移動には，熱伝導，対流，放射の三種類がある．調理による熱の移動は，これらが単独か複数の組み合わせにより起こる（図 5.1）．

熱伝導：　熱エネルギーが高温部から低温部へ移動する現象．

表 5.2 鍋の材質と扱い方

材　質	熱伝導率 (cal/cm·s·℃)	特徴と扱い方	使用されている鍋
アルミニウム	0.49	熱伝導率が高く，軽くて扱いやすい．酸，アルカリに弱いので，酸化皮膜で表面を加工したアルマイトもある．	雪平鍋，親子鍋，片手鍋，蒸し器，やかん，両手鍋，ソースパン，シチューパン，寸胴
		アルミニウム合金：　軽合金といわれる．Mg を入れると耐蝕性が増す．	文化鍋，無水鍋
鉄	0.16	熱伝導率が高く，熱容量も大きい．さびやすい．熱いうちに湯で洗う．	天ぷら鍋，すき焼き鍋，フライパン，中華鍋，北京鍋
ほうろう		鉄の表面をガラスでコーティングしたもの．熱伝導は悪いが，熱容量は大きいので煮込み料理にむく．酸，塩にも強く汚れも落としやすい．アルカリには弱い．金属たわしはさける．	鍋類一般
銅	0.92	熱伝導がとてもよい．酸で緑青を生じる．内側にスズでめっきしたものが多い．はげやすいので修理が必要．	卵焼き器，鍋類一般
ステンレス (18Cr-8Ni)	0.038～0.056	耐蝕性はあるが，熱伝導が悪く焦げやすい．このため，鉄，銅，アルミなどを挟んだ多重構造の鍋がある．	鍋類一般
フッ素樹脂加工	6×10^{-4}	フッ素樹脂をフライパンや鍋の内側に塗りつけたもの．強火，空焼きはしない．傷をつけないようにする．	D 社のテフロンはフッ素樹脂が 2 層，シルバーストーンは 3 層，プラチナストーンは 4 層塗ってある．炊飯器の内側，フライパン，鍋類
耐熱ガラス鍋 超耐熱ガラス鍋	1.2～2.9 $\times10^{-2}$	パイレックスは耐熱性（490 ℃） パイオセラムは強度と耐熱性（1300 ℃）	電子レンジ，オーブンに使える． 電子レンジ，オーブン，直火に使える．
陶磁器 セラミック	$\sim1\times10^{-3}$	熱伝導は悪いが，保温性は良い．土鍋は耐熱性に欠けるが，セラミックは耐熱性がある．	行平，土鍋，柳川鍋

（畑井朝子・渋川祥子：ネオエスカ調理学，同文書院，2004）

対流：　水や油の液体あるいは空気などの気体の流れ（動き）により熱が移動する現象．

放射（輻射）：　熱源の熱エネルギーが放射線（赤外線，熱線）として放出され，食品などへ吸収されてエネルギーの移動が生じ，加熱される現象．

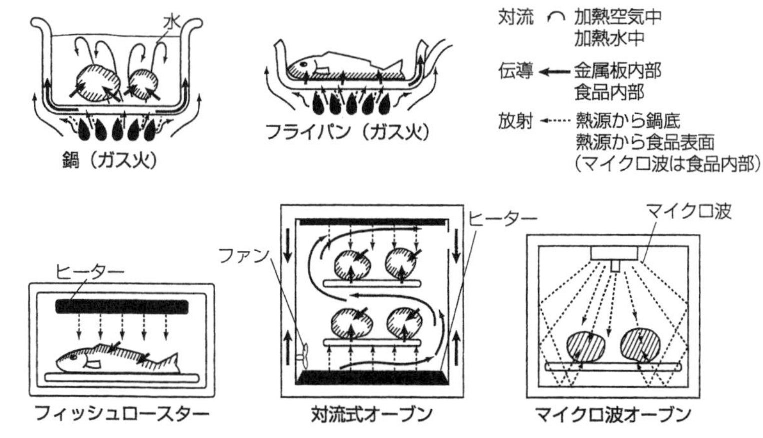

図 5.1 加熱操作における主な熱の移動
（和田淑子・大越ひろ：健康・調理の科学，建帛社，2004）

表 5.3　加熱調理操作の種類

加熱法			熱を伝える媒体	主たる伝熱法	温度（℃）	調理	
						主たる調理名	類似の調理名
外部加熱法	湿式加熱	ゆでる	水	対　流	100	ゆで物	汁　物
		煮　る	水（調味液）	対　流	100	煮　物	煮込み 鍋　物
		蒸　す	水（蒸気）	対　流（凝縮）	最高 100 食品により 85～90	蒸し物	蒸し煮
		炊　く	水	対　流	100	炊　飯	
	乾式加熱	焼　く					
		直火	（空気）	放射（幅）	200～300	焼き物	いり煮
		間接	金属板など	伝　導	200～300	焼き物	蒸し焼き
		オーブン	空気，金属板など	対流，伝導，放射	130～280	焼き物	
		炒める	油，金属板など	伝　導	150～200	炒め物	炒め焼き 炒め煮
		揚げる	油	対　流	150～190 食品により 120 以上	揚げ物	揚げ煮
	電磁誘導加熱	煮　る 蒸　す 焼　く （間接） 揚げる	磁力線に変換させた電気エネルギーをまず鍋底に与え，発熱は鍋底自身で行わせる ［電気（磁力）エネルギー→鍋底→熱エネルギー］			①長時間とろ火の加熱調理 ②蒸し物 ③直火以外の焼き物 ④揚げ物では油の温度を安定化しやすい	
内部加熱法	誘電加熱	煮　る 蒸　す 焼　く	2450 ± 50 MHz のマイクロ波を照射し，分子の回転摩擦が熱運動のエネルギーとなり，食品の内部温度を上げ，その結果，加熱される			①加熱・再加熱調理（煮物，蒸し物，焼き物） ②下ごしらえとしての加熱調理 ③解凍調理	

（川端晶子編：調理学，学建書院，1997）

焼く，煮る，蒸す，炒める，揚げるなど加熱調理操作をこれらにより分類したのが表 5.3 である．

5.4　湿 式 加 熱

湿式加熱は，水を媒体とする加熱で加熱温度は，通常 100℃ 以下である．加圧加熱（圧力鍋）では約 120℃ 前後まで加温が可能である．

● 5.4.1　ゆ で る ●

食品を多量のゆで水（沸騰水）の中で加熱する操作である．ゆでる操作は食材組織の軟化，あく抜き，乾物の戻し，酵素の失活，殺菌などの下処理でされるもので，加熱処理後のゆで水は，一般的には調理には用いず，調味は行われない．

緑黄色の野菜をゆでるときは高温，短時間で加熱し，冷水にとる．このとき材料の投入によりゆで水の温度低下を避けるため大量の沸騰水で行う．加熱するときのゆで水の量やゆで水への添加物については，対象となる食品に

表 5.4 食品別ゆで物の要点

食品別	水の量	ゆで水添加物	ゆで後の処理	その他
緑色野菜	多量（温度低下を防ぐために10倍量が必要）．沸騰後に投入する	食塩（1% 程度）緑色色素クロロフィルの保持，あく成分の溶出高い	あくのある野菜は冷水に放つ	蓋をしないでゆでる．味噌，醤油，ケチャップなど酸性液中では茶褐色になるので注意
カリフラワー	かぶるくらい	小麦粉（うま味の溶出抑える），食酢（フラボノイド色素は酸性液で白）．併用するとよい		
レンコン，ウド，ゴボウ	かぶるくらい	食酢		褐変しやすいので酸化酵素との接触を絶つ工夫
イモ類	かぶるくらいの水を入れ，水からゆでる	みょうばん—サツマイモ，1% 塩水—サトイモ	本調理を行う	
乾麺類	多量（約10倍量）		水洗いし表面のでんぷんを除く．スパゲティは水洗いしない	
タケノコ，ダイコン	かぶるくらいより多め	米のとぎ汁，米ぬか	冷めるまでゆで汁中におく	ゆで汁のコロイドの吸着作用であく抜きできる．味も逃げにくい．白く仕上がる
卵（ゆで卵，ポーチドエッグ）	かぶるくらい	1% の塩，食酢—卵白の散らばりを抑える	冷水に入れる—加熱を避け，殻が剥けやすい	

（下村道子・和田淑子：新版調理学，光生館，2003）

ゆで操作の用語

霜ふり： 魚介類（ハモ，タイなど）や肉類の表層のタンパク質を熱変性させ，殺菌もできる．
油抜き： 油揚げ，ベーコンなど余分な油を除く．
湯むき： トマトの皮がむきやすくなる．
渋切り： アズキを短時間ゆでて，ゆで汁をすてること．タンニンやサポニンを除く．
いずれも材料にさっと熱湯を通したり，熱湯をかけて，急冷したもの．

より異なる（表5.4）．

ゆで操作の用語として湯引き（霜ふり），油抜き，湯むき，渋切りなどがある．

5.4.2 煮 る

調味料が加えられた煮汁中で，加熱による食品成分の変化と調味を行う操作である．煮る操作に関連して煮つける，煮つめる，煮浸す，煮含める，煮寄せるなどの煮方に対する語句がある．また，煮物に対する料理語としては表5.5に示すとおりである．また煮汁の量により，煮しめや煮つけでは材料重量の1/3～1/4程度の煮汁で調理し，煮汁がほとんど残らないように調理する．煮汁が少量の場合，材料への調味料の浸透が不均一になりやすく，軟らかい食材では上下の入れ替えで煮崩れを起こす．これを防ぐため，落し蓋が使用される．木製以外に和紙やアルミホイルなど，最近はあく取りの機能が備わった紙様の蓋も使用されている．材料の約2倍容量の鍋を使う．魚用は浅鍋，長時間煮込み用は厚手の深鍋，一般煮物用は中深鍋が適する．また，ゆで煮，炒め煮，焼き煮，揚げ煮など他の調理操作を行ってから煮る煮物もあるが，これらは他の調理操作後に煮るので，食感に変化があり，短時間の加熱である．

表 5.5　煮物の種類

	種　類	方法と例
煮方による分類	含め煮（含ませ煮）	食品が十分浸る程度の煮汁（材料と同重量かそれ以上）で加熱した後，煮汁中に置き，味を含ませる．煮くずれしやすいものに適する．イモ類，クリ，凍り豆腐など．
	煮つけ（煮しめ）	煮汁は材料の 1/3〜1/4，煮上げたときには煮汁はほとんど残らない．魚の煮つけ，根菜類の煮しめ．
	いり煮	少量の煮汁（材料の 1/5〜1/6）でいりつけるよう煮上げる．でんぶ，おからなど．
	煮込み	たっぷりの煮汁で長く煮る．おでん，ロールキャベツ，シチューなど．
	煮浸し	煮汁は多め（材料の 2/3〜同重量）で薄味．青菜など．
調味料による分類	醤油煮	主として醤油で味つけ，砂糖，酒，みりんは適宜入れる．
	うま煮	煮しめよりやや甘味を強く．野菜，イモ，魚，貝などをとりあわせた煮物．
	甘煮（砂糖煮）	甘味を主とした煮物．煮豆，きんとん．
	酢煮	酢を多くして煮る．白く煮上げる．生臭みをとる．レンコン，ゴボウ，イワシなど．
	味噌煮	味噌味をきかせ，生臭み，脂っぽさをおさえる．青魚，豚肉など．
	白煮	塩と砂糖で色がつかないよう仕上げる．ウド，レンコン，ユリ根．
	青煮	緑色をいかしたい場合．かために下ゆでし，煮汁中でひと煮立ちさせ，冷ました煮汁中に置き味をつける．フキ，サヤエンドウ，サヤインゲンなど．
	吉野煮	煮汁にデンプンを加えてからませる．トウガン，鶏ささみなど．
煮る以外の操作が加わるもの	炒め煮	炒めてから煮る．短時間で煮上げる．きんぴら，いり鶏．
	揚げ煮	揚げて煮る．煮る時間はさっとくぐらせる程度，魚のおろし煮，燻魚（シュンユイ）．
	焼き煮	焼いてから煮る．煮くずれを抑え，香味を増す．魚など．
	ゆで煮（湯煮）	加熱するだけの目的で熱湯中でゆでてから使う．吸い物椀種，和え物材料．

（下村道子・和田淑子：新版調理学，光生館，2003）

煮物においては，食材の煮崩れや煮る食材が複数ある場合，すべての食材が可食状態になるのに時間的な差があったり，味の浸透に時間がかかるときがある．これらを防ぐためにダイコンやカボチャなどでは「面取り」の操作が行われる．煮えにくい食材や味の浸透が悪い食材では「かくし包丁」をいれたりして表面積が大きくなるように切り込みをいれる．火加減は軽く沸騰が続く程度の火力とする．

5.4.3　炊　　く

炊くという加熱操作は，加熱調理の仕上がり時に，液体が蒸発するか，食品に完全に吸収されて，煮汁が全くない状態にすることをいう．特に米の調理での「飯を炊く（炊飯）」がその例で炊飯自体は煮る・蒸す・焼くの複合的な加熱調理である．語意として煮る操作とほぼ同意語で「おかずを炊く」や「豆を炊く」などともいう．

潜熱
蒸発熱や融解熱のこと．水蒸気が冷えて液体に戻るとき蒸発の潜熱がどっと出てくる．1 g の水蒸気（気体）が 1 g の水（液体）に変わるとき 540 cal の熱を生じることを利用して蒸し物をする．水を氷(固体)にするには大量の潜熱を除く必要があるので，氷を作るのに時間がかかる．大量の潜熱をつぎ込まないと氷は溶けないので，コップの氷は長持ちする．氷が残っている限り，氷水は 0℃ である．

5.4.4　蒸　　す

蒸すとは，水を沸騰させて，水蒸気とし，これを熱媒体として潜熱を食品へ放出することで加熱する現象を利用した調理方法である．食品に直接，水蒸気を当てる「直接蒸し」と食品を調味料やだし汁とともに器に入れるなどして蒸す「間接蒸し」がある．前者の例に，強飯（強火 100℃）や饅頭（中火），後者の例に茶碗蒸し（弱火 85〜90℃）がある．蒸す加熱調理では，あく抜きや加熱途中の調味はできないが，水溶性成分の流出が少なく，形崩れしない．また煮る操作と蒸す操作の利点を利用した蒸し煮がある．食材に煮汁を加えて密閉して，弱火で加熱することで食味のうま味をいかし，やわらかく料理をつくることができる方法である．

5.4.5 加圧加熱

超高圧による食品加工

圧力鍋は加圧して沸点を120℃に上昇させて調理する方法であるが，室温で超高圧処理するとタンパク質が変性するため殺菌できる．500〜600 MPaで加圧すると温泉卵ができる．また，水素結合が促進するのでフレッシュな香りのジャムができる．

圧力鍋を利用した場合，通常の加熱では，大気圧で水の沸点は100℃であり，これ以上の高温による加熱はできない．しかし，密閉容器中（圧力鍋）で水を加熱すると1.6〜2.3気圧，110〜120℃前後までの加温が可能である．圧力鍋で調理した場合，加熱温度が高いため通常の加熱調理と異なる食感となることが多い．魚は骨まで軟化し，米飯では粘りが強く，大豆などの煮豆では粘り感が生じる．玄米などでは通常の加熱操作では十分に軟らかくならないものでも十分に軟化する．加熱時間の短縮により熱源からのエネルギー量が少なく，また消火後もすぐに蓋を開けることはできないが，余熱を利用できるなど省エネルギー効果もある．調味に関しては，加熱途中での添加ができないので，最初にすべてを入れなければならない．

5.5 乾 式 加 熱

水を熱の媒体とせず，油を媒体としたり，熱源からの放射熱や対流を利用して加熱する方法である．

5.5.1 焼 く

焼くとは直火あるいは熱した鉄板，陶板，石，オーブンなどを利用し加熱する操作で，「直火焼き」と「間接焼き」がある（表5.6）．

直火焼きは，熱源からの放射熱を食品に直接伝えて焼くもので，串焼き，網焼き，吊るし焼きなどがある．焼き魚の調理操作では，焼き方の“こつ”として「強火の遠火」といわれるのは，放射熱＝遠赤外線により加熱し，熱源からの距離を離すことで燃焼ガスの影響を少なく，均一に加熱することを

表 5.6 焼き方の種類

	種 類	器 具
直火焼き	串焼き	金串，竹串，鉄弓
	網焼き	網
	吊るし焼き	吊るし用かぎ
	機器焼き	オーブン，ロースター，トースター
間接焼き	鍋焼き	フライパン
	鉄板焼き	鉄板，ホットプレート
	天火焼き	オーブン（ガス・電気）
	包み焼き	包み材（和紙，アルミ箔，硫酸紙） フライパン，オーブン
	煎り焼き	ほうろく・鍋
	石焼き	石，石板
	ほうろく焼き	ほうろく

意味する．

間接焼きは，鍋，フライパン，鉄板，ほうろく，石などが熱源と食品の中間に存在する焼き方である．直火焼きと異なり，全体的に均一な加熱である．オーブン加熱は熱源により，一定の庫内を加熱して，食品自体の水分あるいは水を張った庫内で，蒸し焼き状態で加熱する方法である．

食品表面を100～250℃で焼くので，水分や重量が減少し，味が濃縮され，焦げがつき，香ばしい風味がでる．

5.5.2 炒める

炒める操作は，熱源からの熱で加熱された鍋や鉄板上で，少量の油（材料の5～10%）を使用して加熱する調理方法である．少量の油が食品と鉄板，食品同士の接着を防止し，油の風味を食品に与える．中国料理での「炒（チャオ）」の操作である．野菜などの食感で「しゃっきり」感をだすため，高温短時間で攪拌しながらの加熱操作が必要である．そのため，中華鍋の大きさ，熱源からの火力などに注意が必要である．材料は鍋の大きさの1/3から1/2がよいとされる．材料が多すぎた場合，鍋底に水が溜まるなど，十分な加熱ができなくなる．食材の切り方をそろえる，下味をつける，ゆでる，油通しするなどの前処理をすることがある．

5.5.3 揚げる

揚げる操作とは，油を熱媒体として食品の水分を蒸発させ，表面を多孔質状にし，そこに油を吸収させるか，油の風味を添加する加熱操作で，食品の水と油の交換（置換）を行う加熱調理である．10%程度の油が食品に吸着される．油の比熱は1.967 kJ/kg·Kで，水の約半分であり，同一熱量で2倍の温度上昇ができるので短時間で高温加熱が可能である．水を用いないため，水溶性成分（ミネラル，ビタミンなど）の溶出による損失は少ない．しかし，揚げ油が高温で処理されるため，油の劣化による風味の低下などに注

比熱

物体1gを1℃上昇させるのに必要な熱量と，水1gを1℃上昇させるのに必要な熱量の比を比熱という．水は非常に比熱の大きい液体であり，一定温度に保ちやすいので，湯煎に利用する．また，冷却媒として効率がよいため，冷やすためにも利用する．

表5.7 揚げ物の種類

揚げ物の種類		衣・特徴	料理名（揚げる温度）
素揚げ		材料に何もつけずにそのままの状態で揚げる．高温の油にさらされるので水分の蒸発が多く，脱水される．	揚げシュウマイや餃子・団子 パセリ（150～160℃）・クルトン（180～190℃） ポテトチップス（130～140℃）
から揚げ		小麦粉・デンプンをまぶして揚げる．	鶏肉（180℃），鯉（140～150℃＋180℃（二度揚げ））
衣揚げ	天ぷら	薄力粉・卵・水．衣が食材をつつみ，水分の蒸発が抑えられ，風味も保たれやすい．	魚・かき揚げ（180～190℃） イモ・レンコン（160～180℃）
	フライ	薄力粉・卵・パン粉	肉（牛・豚等）・魚（180℃） コロッケなど（190～200℃）
	フリッター	小麦粉・牛乳・卵	肉（牛・豚等）・魚（160～170℃）
	変わり揚げ	はるさめ，道明寺粉，そうめん，ゴマなど	魚・肉・野菜など

意をはらう必要がある.

揚げる温度は120～200℃の範囲で120～160℃では予備加熱，仕上げ加熱では160～200℃の高温が使われる．デンプン性の食品では，糊化するのに十分な時間が不可欠で，比較的低温で揚げ時間もやや長くする．タンパク質性の食品では高温短時間で揚げる．冷凍食品では，解凍水による油はねなど危険なため，冷凍の状態のまま，揚げ油に入れて加熱する.

また，食品への「衣」の有無，「衣」の種類により素揚げ，から揚げ，天ぷら，フライなどの種類がある（表5.7).

5.6 誘電・誘導加熱

ガスの燃焼熱による熱源と電気によるヒーター類の発熱が主な熱源であったが，近年は技術革新により誘電加熱（電子レンジ），誘導加熱（電磁調理器）による調理機器の普及が目覚しい．それぞれ，電気をエネルギー源としているが，その発熱の原理は異なる．今後，さらに複合家電製品の開発によりいっそうの機能性を備えた機器が期待される.

5.6.1 誘電加熱（電子レンジ加熱）

食品にマイクロ波（2450 MHz）を照射した場合，マイクロ波のもつエネルギーにより食品内部の有極性の分子（主に水分子など）の誘電分極が生じ，水分子が1秒間に24億5千万回転するため，摩擦により発熱する．そのため，内部加熱ともいわれる．食品そのものが発熱するので加熱時間は短くてよい．加熱に用いる容器はマイクロ波を透過しやすく，内部変化を起こしにくい耐熱性ガラス，陶磁器，プラスチック類がよく，金属製容器，アルミホイルや金属性の飾りを施した皿などは避けなければならない．油脂類の多いものを加熱するときには，使用する容器からの成分溶出等に注意する必要がある（図5.2).

マイクロ波加熱による成分変化として，一般の加熱と同様，野菜などの組

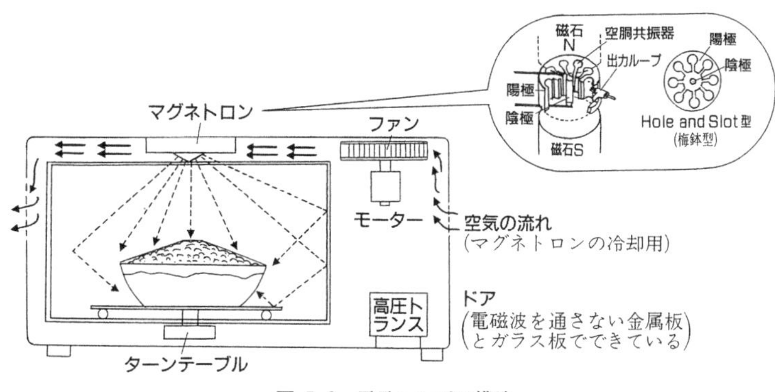

図 5.2 電子レンジの構造
（矢野俊正・川端晶子編著：調理工学，建帛社，1996）

織の軟化があるが，ゆでる操作や煮る操作と異なり，ゆで水，煮汁への水溶性成分の溶出による損失はない．また，食品内部の水分を利用した加熱方法であるので水分が蒸発しやすく，乾燥しやすい特徴がある．また，焦げ目をつける調理には不向きである．

マイクロ波の誘電特性として，比誘電率，誘電正接は水の方が氷より大きく，そのため水の温度が氷より高くなる．したがって冷凍品の一部の氷が水となり，加熱むらが生じやすい．さらに食品の形体により，丸いものでは集光効果が起こるなど温度むらも生じる．

5.6.2 誘導加熱（電磁調理器）

電磁誘導加熱（induction heating, IH）とは金属が磁力線の中にある場合，金属に渦電流が流れ，電流の流れに対して金属が電気抵抗体として発熱する原理を用いる加熱方法である．その発熱原理図を図 5.3 に示す．

ガスコンロや電気コンロに比べて，電磁調理器のエネルギー効率は高く，火が直接発生しない点など安全性が高い調理機器である．当初は，専用鍋の使用やアルミ製鍋，銅鍋の使用ができないなどの制限があったが，最近では技術開発により，利用できる電磁調理器も発売されている．

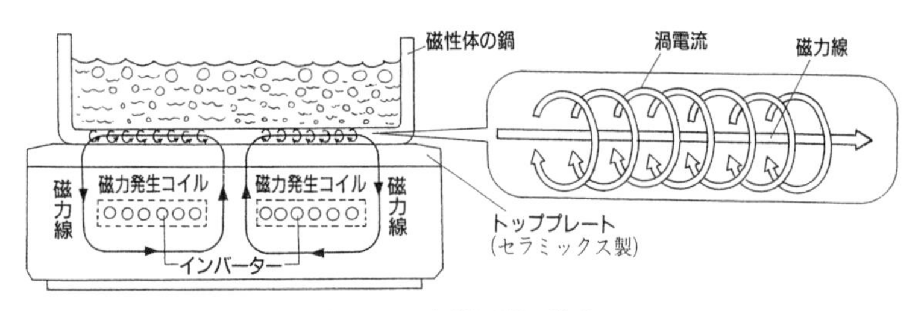

図 5.3 電磁調理器の構造
（矢野俊正・川端晶子編著：調理工学，建帛社，1996）

5.7 新調理システム

過熱水蒸気による調理機器
最近，家庭用に過熱水蒸気を利用した調理機器が普及しつつある．過熱水蒸気とは，飽和水蒸気をさらに加熱した蒸気で，大気圧の条件下では 100 ℃より高温で無色透明な気体である．工業的には殺菌乾燥などの熱処理や木材の熱処理などに利用されている．過熱水蒸気が食品表面に触れると凝縮し，食品に凝縮水が付着するが，大量の凝縮熱が伝わる．その後，食品から水分が蒸発して乾燥が始ま

大量調理など調理の効率性と経済性などの面から調理の工程で改良，開発されたものにクックチルシステム，真空調理などがある．集団給食など，今後広く取り入れられる調理工程法である（第 2 章参照）．

5.7.1 真空調理

真空調理とは食材を生または前処理をし，調味料（液）といっしょにフィルムに入れ，真空密閉して 70 ℃ 以下で加熱調理し，冷却あるいは冷凍保存し，喫食時に再加熱する調理方法である．食材を新鮮なまま，真空パックして調理するため風味やうま味の損失が少なく，加熱時間も調整できる．

る．その結果，食品内部は水分を保ちつつ，表面はぱりっとした食感に仕上げることが可能になる．この過熱水蒸気を利用した調理では，脱油，減塩，ビタミンCの破壊抑制，油脂の酸化抑制効果を有すとして，健康調理器として今後の活用が期待されている．

5.7.2　クックチル

院外調理など大量調理における調理システムで，加熱調理した食品を急速に冷却させて，低温貯蔵し，喫食時に再加熱する調理方法である．急速冷凍の方法に冷風を用いるブラストチラー方式，冷水中で攪拌冷却するタンブルチラー方式がある．最近は調理センターで調理，調製後に給食施設等へ配送，再加熱により供食される．調理と配食に分けて，衛生管理と品質管理の面から厳しい管理基準が求められる．

6. 調理操作中の栄養成分の変化

6.1 炭 水 化 物

炭水化物は糖質とも称され，$C_n(H_2O)_m$ からなる基本構造をもつ．調理に関係するおもな炭水化物の種類と構造を表6.1に示した．単糖類やオリゴ糖は，分子量が小さいため舌の味蕾の受容体に作用しやすく甘味を感じるが，多糖類は分子量が大きく甘味がない．炭水化物は主なエネルギー源として利用されるが，そのうち，ヒトの消化酵素で分解されない成分を食物繊維とよぶ．多糖類の多くは，親水基を構造の外側にもつため水和してゲルを形成する能力があり，ゲル化剤として利用される．

表 6.1 おもな炭水化物の種類と構造

種　類			構　造	含有する食品例
単糖類		ブドウ糖	グルコース（C6）	遊離単糖
		果糖	フルクトース（C6）	果汁に遊離形で存在
		ガラクトース	ガラクトース（C6）	下記のような多糖類等の構成成分
		キシロース	キシロース（C5）	タケノコ
オリゴ糖	二糖類	ショ糖（スクロース）	グルコース＋フルクトース	サトウキビ，ビート
		麦芽糖（マルトース）	グルコース＋グルコース	麦芽，ハチミツ
		乳糖（ラクトース）	グルコース＋ガラクトース	牛乳，人乳
		トレハロース	グルコース＋グルコース[*1]	キノコなど
	三糖類	ラフィノース	ショ糖＋ガラクトース	甜菜糖蜜
	四糖類	スタキオース	省略	大豆などの豆類
多糖類		デンプン	アミロース（直鎖状グルカン）とアミロペクチン（分鎖状グルカン）の混合物	米，麦，トウモロコシなどの種実およびジャガイモ，サツマイモ，クズ，タピオカ，ユリネなどの根茎，根塊
		ペクチン[*2]	ガラクツロナン	柑橘類，リンゴなどの果実類・野菜類
		寒天	直鎖状ガラクタン	テングサなどの海藻
		カラギーナン（カラゲナン）	直鎖状ガラクタン	スギノリ，ツノマタなどの海藻
		マンナン	グルコマンノグリカン	コンニャクイモ
		キチン	直鎖状グルカン	カニ，エビ

[*1] ただし，天然物の結合様式は α-1,1 グリコシド結合．
[*2] ただし，ペクチン質には，不溶性ペクチンであるプロトペクチン，可溶性ペクチンであるペクチニン酸（高メトキシルペクチンおよび低メトキシルペクチン）およびペクチン酸（メトキシル基を含まない）がある．

6.1.1 デンプンの糊化，老化

炭水化物の中でもっとも重要なエネルギー源になっているものがデンプンである．植物の炭酸同化作用により生成したデンプン粒はアミロースとアミロペクチンの混合物よりなる（図 6.1）．アミロースはブドウ糖が α-1,4 結合で直鎖状に（重合度 10^2～2×10^4），アミロペクチンは一部 α-1,6 結合で枝別れして房状の巨大分子（重合度約 3×10^6）となったもので，その割合は植物により異なる．

生デンプンはブドウ糖の鎖が規則正しく配列したミセル構造（結晶構造）をとっているため消化が悪い．水を加えて加熱すると水分子が鎖間に入り膨潤・糊化し，粘度と透明度が急激に上昇する．糊化のことを α 化ともいう．糊化デンプンはミセルの配列が崩れるため消化がよくなる（図 6.2）．

糊化デンプンを放置すると，水分子が一部失われて（離漿という），鎖が部分的に再配列し，生デンプンに近い状態に戻る．この現象を老化という．老化デンプンは白濁し，食感が変わり品質が低下する．老化は水分 30～60

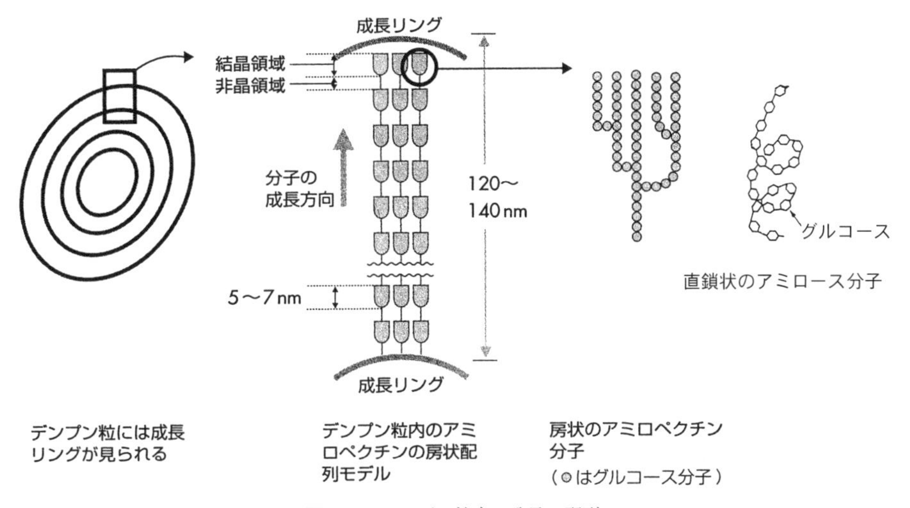

図 6.1 デンプン粒内の分子の配列
（辻　英明・海老原清編：食品学総論，講談社サイエンティフィク，2005 より改変）

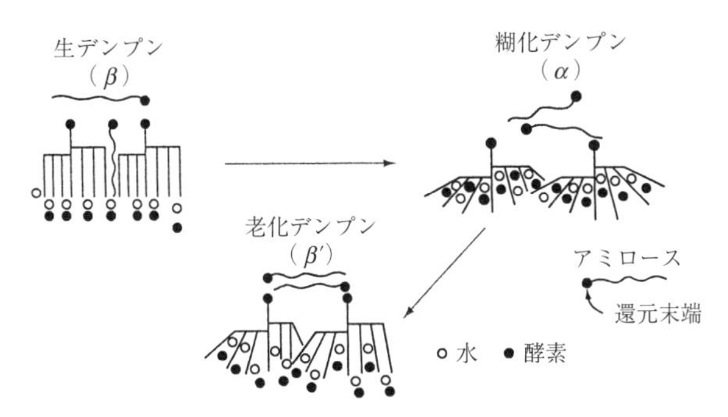

図 6.2 デンプンの糊化，老化の模式図
（松永暁子他：家政誌，**32**，1981）

% でもっとも起こりやすく，水分 10〜15% 以下では起こりにくい（α 化米など）．また，60 ℃ 以上ではほとんど起こらないが，温度が低くなるほど（0〜5 ℃），水素結合が促進されるため老化が進む．そのため，糊化したデンプン性食品を冷蔵庫に入れるとデンプンが老化する．冷凍すると鎖が移動できず老化しにくいため，長期保存は冷凍庫の方がよい．砂糖はデンプンの糊化，老化の両方を抑制する（求肥（ぎゅうひ）など）．酸と加熱すると加水分解により粘度が低下する．pH 3 以下で著しいので，糊化した後に食酢を加えるとよい．油脂はデンプンの膨潤糊化を抑制するが，粘性を安定させる．またアルコールは糊化を早めるが粘度を低下させる．

砂糖によるデンプンの糊化・老化抑制
砂糖は親水性で，ブドウ糖の鎖の間に水が入り込むのを阻止するため糊化しにくく，一方，砂糖は糊化デンプンからの離漿を防ぐため老化防止に役立つ．

デンプンに加水せずに 120〜200 ℃ で加熱すると分解されてデキストリンを生じる．デキストリンは加熱されても糊化デンプンのような粘度を生じないため，小麦粉のルウなど粘性が高すぎると好ましくない場合に利用する．化工デンプンは天然デンプンに化学的，物理的，酵素的加工をして構造や物性を変えたデンプンで加工食品や高齢者用増粘剤として広く利用されている．

● 6.1.2　調理による消化吸収への影響 ●

デンプンは，唾液腺・膵臓から分泌されるアミラーゼおよび小腸から分泌される酵素によって段階的に分解を受けて，最終的にブドウ糖となり，エネルギー源となる．糊化したデンプンは，分子鎖が押し広げられているため消化酵素の作用を受けやすくなる．デンプンの糊化には水が 30% 以上必要なため，米，小麦粉などは加水して加熱するが，イモはそのまま加熱してもよい（焼きいも，蒸しいもなど）．一般に，十分に糊化したデンプンの消化吸収は非常に高く，デンプンの種類の影響はないといわれている．しかし，生デンプンでは，穀類デンプンに比べて根茎デンプンの方が消化されにくいといわれ，中でもジャガイモデンプンが消化されにくいといわれている．

6.2　タンパク質

タンパク質の等電点
タンパク質は両性電解質で，酸性溶液では＋に，アルカリ性溶液では−に荷電している．このため個々のタンパク質はそれぞれ電気的に中性を示す固有の pH をもち，この値を等電点という．等電点付近の pH では溶解性や保水性が低下しタンパク質は凝集しやすくなる．また，変性も起こしやすくなる．食品では pH 4.5〜6.5 に等電点をもつものが多い．

タンパク質は約 20 種類あるアミノ酸がペプチド結合した分子量 1 万以上のポリペプチドで，1 つの食品にも異なる種類のタンパク質が複数存在している．タンパク質の種類を構成成分で分類すると，アミノ酸のみから構成される単純タンパク質，単純タンパク質が糖や脂質，色素，リン酸，核などと結合している複合タンパク質，これらの天然タンパク質が変性した誘導タンパク質といった種類がある．また，単純タンパク質には溶解性の違いによってアルブミン，グロブリン，グルテリン，プロラミン，アルブミノイド（硬タンパク質）などの種類がある．表 6.2 には食品中の天然タンパク質の種類と性質を示した．

タンパク質を構成するアミノ酸の種類，数，アミノ酸配列はタンパク質に

表 6.2 食品中の天然タンパク質の種類

類種		特徴	食品中の代表的なたんぱく質
単純タンパク質	アルブミン	水・薄い塩溶液・希酸・希アルカリに可溶	ミオゲン（筋肉），オボアルブミン（卵白），ラクトアルブミン（乳）
	グロブリン	薄い塩溶液・希酸・希アルカリに可溶	ミオシン（筋肉），オボグロブリン（卵白），ラクトグロブリン（乳）
	グルテリン	希酸・希アルカリに可溶	グルテニン（小麦），オリゼニン（米）
	プロラミン	希酸・希アルカリ・70～80% アルコールに可溶	グリアジン（小麦），ツェイン（トウモロコシ）
	硬タンパク質	ほとんどの溶媒に溶けない繊維状タンパク質	コラーゲン（皮），エラスチン（腱）
複合タンパク質	糖タンパク質	糖鎖と結合したタンパク質	オボムコイド（卵白）
	リポタンパク質	脂質と結合したタンパク質	リポビテリン（卵黄）
	リンタンパク質	リン酸基と結合したタンパク質	カゼイン（乳），ビテリン（卵黄）
	色素タンパク質	色素と結合したタンパク質	ミオグロビン（筋肉），ヘモグロビン（血液）

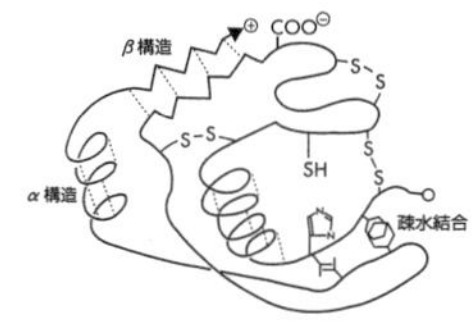

タンパク質の三次構造
（辻　英明・海老原清編：食品学総論，講談社サイエンティフィク，2005）

よって固有でその構造を一次構造という．一次構造で連なったポリペプチド鎖は単にまっすぐつながっているわけではなく，プリーツ状に折れ曲がった β 構造や α-ヘリックスと呼ばれるらせん構造，これらの構造がほどけたランダムコイルなどの二次構造をとり，さらにこの二次構造を形成しているポリペプチド鎖のアミノ酸の側鎖間で新たな結合が生じて折りたたまれた立体構造が三次構造である．三次構造をとっているサブユニットがいくつか集まったものが四次構造で，このような二～四次の立体構造をタンパク質の高次構造という．タンパク質をその形状から分類すると球状タンパク質，繊維状タンパク質がある．

6.2.1 調理によるタンパク質の変性

タンパク質の一次構造であるペプチド結合は調理操作によって切断されることのない強い結合であるが，それに対し高次構造を形成している結合は比較的弱く，調理操作中の各種の要因により破壊され元の立体構造が容易に変化してしまう．これをタンパク質の変性といい，元のタンパク質の性質とは異なった性質を示すようになる．変性要因としては攪拌，凍結，乾燥，加熱などの物理的要因と，酸，アルカリ，塩類，酵素などの化学的要因がある．

表 6.3 調理・加工におけるタンパク質の変性

変性の要因		具体例
物理的要因	攪拌	卵白液を攪拌すると白色の泡になる
	こねる	小麦粉に水を加えてこねると粘弾性のあるドウになる（グルテンが形成される）
	乾燥	イカを乾燥させるとスルメになる（吸水させても元のイカに戻らない）
	凍結	豆腐をゆっくり凍結させてから乾燥させたものが凍り豆腐（高野豆腐）
	加熱	卵液を加熱すると凝固する．希釈しても一定濃度までは凝固する
	水中加熱	スネ肉を水中で長時間加熱すると肉がほぐれやすくなる（コラーゲンが分解する）
化学的要因	酸	牛乳に乳酸菌を働かせるとヨーグルトができる
	アルカリ	アヒルの卵を殻のままアルカリ性の粘土で長期保存したものがピータン
	塩類	豆乳に塩類（$MgCl_2$ など）を加えると豆腐ができる
	酵素	牛乳に凝乳酵素を加えるとチーズができる

それぞれの例を表6.3に示す．加熱変性は最も一般的な変性でその代表的なものが熱凝固であるが，凝固温度はタンパク質の種類によっても異なる．また，牛乳のカゼインは熱凝固はしないが酸や酵素によって凝固する．それぞれの変性要因は互いに影響し合うこともあり，熱凝固は塩により促進されるので，希釈率の高い卵液も食塩の添加により凝固しやすくなる．

6.2.2 調理による消化吸収への影響

調理中の種々の要因で変性したタンパク質は，その立体構造が変化することにより各種の反応性にも変化が生じる．一般的には変性により反応性は高まり，消化酵素が作用しやすくなると消化吸収ははやくなるが，最終的な吸収率には大きな違いはないと考えられる．

6.3 脂 質

脂質は単純脂質，複合脂質，誘導脂質に分類される．調理することによって最も影響を受けやすい脂質は単純脂質の中性脂肪である．

6.3.1 調理による油脂の付着

表 6.4 揚げ物の吸油率

揚げ物の種類	吸油率（材料重量に対しての％）
素揚げ	3～8
から揚げ	6～8
てんぷら	15～25
フリッター・フライ	10～20
はるさめ揚げ	35

（女子栄養大学五訂食品成分表，2005）

揚げ操作による油の吸着は衣の小麦粉量の多少と水分による．揚げ物の吸油率を表6.4に示した．薄い衣のてんぷらの吸油率は約15％で，かき揚げのような厚い衣の場合は約25％と考えられる．炒め物においても，炒める食品の表面積が大きいものは油の吸着が多くなる．表6.5に炒め物に使用する油脂の量を示した．実際の吸油量はこれより少なくなると考えられる．

油脂のとりすぎの健康に及ぼす害が大きく取り上げられてきている現在，揚げ物は，油をかけてオーブンで焼くなどの工夫がされてきている．中国料理の油通し（泡油）は炒め方の「コツ」であるが，油の吸着を避けるためには，熱湯に通す場合もあるだろう．

6.3.2 調理による油脂の除去

食品に含まれている油脂の除去率が最も高い調理法は，茹でて煮汁は使用

表 6.5 炒め物の油脂の量

調理の種類	油の量（材料重量に対しての％）
和風炒め煮	3～5
ムニエル	4～5
チャーハン	5～6
野菜ソテー	3～5
中国風炒め物	10～15
かに玉	20
中国風いり卵	25

（女子栄養大学五訂食品成分表，2005）

表 6.6 主な豚肉料理の調理前後の脂質量（1食当たり）

料理名	脂質（g）		除去率（％）
	前	後	
ソーキ汁（豚のあばら骨の汁物）	13.6	4.0	71
中身の吸い物（豚の内臓を細かく切り，豚肉やシイタケと一緒に料理する）	17.2	3.8	78
足ティビチ（豚足の汁物料理）	23.0	10.8	53
イナムドウチ（猪の代わりに豚肉を使った実の多い味噌汁）	12.5	5.2	58
ラフテー（角煮）	60.3	52.3	13
耳皮刺身（豚耳の刺身料理）	9.4	5.4	43

（第30回食品の物性に関するシンポジウム講演要旨集，2003；尚 弘子：健康と長寿の島々・沖縄，クロスロード，2001）

しない場合である．沖縄での豚肉料理操作の脂質除去率を表 6.6 に示した．また，過熱水蒸気を利用して脱油する方法もある（p.78 コラム参照）．網焼きで脂が落ちた場合や，フライパンでソテーした場合も肉から流れ出た脂がフライパンに残る割合はわずかである．から揚げでも食品からの油脂は除去できるが，揚げ油からの新たな吸着がある．

6.4 無　機　質

ミネラルウォーター

近年，飲み水だけでなく調理にミネラルウォーターを使用する家庭が増えている．ミネラルウォーターは軟水と硬水に分けられ，硬水にはカルシウムやマグネシウムが多く含まれるが，カルシウムは野菜や豆類のペクチンと結合し組織を硬くするので，あまり硬度が高いものは調理には不適である．

無機質は生体の機能調節に重要な栄養成分であるが，現在，食物からの摂取基準が策定されているのはナトリウム，カリウム，カルシウム，マグネシウム，リン，鉄，亜鉛，銅，マンガン，ヨウ素，セレン，クロム，モリブデンの 13 種類である．野菜類はカリウム，カルシウム，鉄の重要な給源である．

6.4.1 調理による損失

野菜に含まれる無機質は洗浄や下処理における水浸漬，加熱調理時など，調理のあらゆる段階で水中へ溶出する可能性がある．溶出の程度は無機質の種類や含まれる食品，調理条件で大きく異なるが，水浸漬で 5〜20%（図 6.3），加熱では 50% 程度になる場合もあり，浸漬は短時間で行い，加熱調理では出来るだけ煮汁も利用することが望ましい．また，食品中の他の成分が体内での無機質の吸収を阻害する場合もあり，ホウレンソウに含まれるシュウ酸は鉄やカルシウムと結合し吸収を阻害することが知られており，ホウレンソウは加熱後に水にさらしてシュウ酸を除去する．

6.4.2 塩分を減らす調理の工夫

食塩の成分であるナトリウムの摂取過剰は高血圧などを引き起こすことが知られており，生活習慣病患者やその予防のためには調味料としての食塩や塩分を含む味噌，醤油の使用量を抑える工夫が必要である．これらの調味料

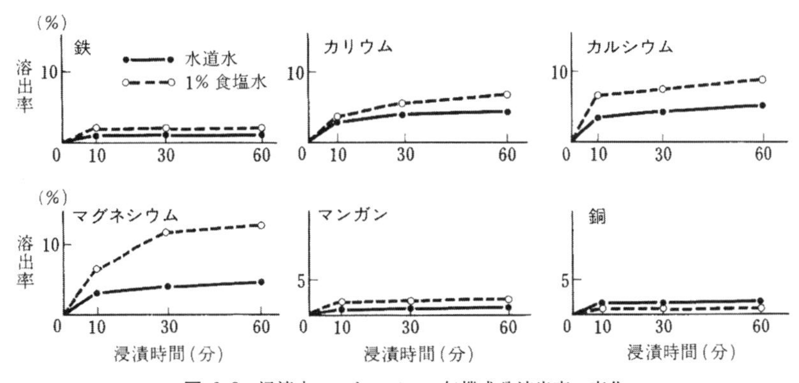

図 6.3 浸漬水へのキャベツの無機成分溶出率の変化
（畑　明美：調理科学，23，1990）

については，ナトリウムの一部をカリウムに置き換えた低ナトリウム食品が特別用途食品（病者用食品）として作られており，ナトリウムの摂取を抑えるためには有効である．また，野菜や海藻にふくまれるカリウムは摂取したナトリウムの排出を促進する働きをもつので，これらの食品を多く摂取することでナトリウムの体内蓄積を防止することができる．

調理における一般的な調味料の使用量は，材料が新鮮な場合は材料そのものの味を生かすために薄味に仕上げるが，材料の鮮度が低下すると濃厚な調味をする場合が多い．したがって良い材料を選び，それぞれの材料の持ち味を味わう習慣をつけることが望ましい．また，酸味や香辛料の辛み，香りなどをうまく使用すると少ない塩分でぼやけた味を補うことができる．

6.5 ビタミン

6.5.1 種　類

ビタミンとは，体内で生合成することができない，あるいは外からの摂取なしに体内の必要量をまかなうことができない成分である．ほとんどのビタミンは，体内に取り込まれると活性型に変換されてそれぞれ特有の重要な機能をはたす．したがって，食物からのビタミンが不足やとりすぎにより欠乏症や過剰症を引き起こすことが知られている．表6.7にビタミンの種類とその特徴について示した．カロテノイド色素のα-カロテン，β-カロテン，クリプトキサンチンはプロビタミンA（ビタミンAの前駆物質）として働く．ビタミンB群は各種酵素の補酵素として作用する．ビタミンC，Eは抗酸化作用がある．

6.5.2 調理による損失

ビタミンは，その種類によって異なるが，光や熱に弱い性質や，水や油に溶け出す性質などを持っており，調理によって損失することが知られている．ビタミンの損失を少なくするように調理操作を工夫することが望まれる．

表 6.7 主なビタミンとその特徴

種　類		特　徴	多く含む食品
脂溶性	ビタミンA	熱にやや不安定，酸化・乾燥・高温で壊れる	レバー，緑黄色野菜
	ビタミンD	光・熱・空気・酸化に弱く，分解する	レバー，イワシ，カツオ
	ビタミンE	アルカリ，紫外線で分解する	胚芽油，綿実油
	ビタミンK	空気・熱に安定，アルカリ・紫外線にも安定	納豆，ブロッコリー，ホウレンソウ
水溶性	ビタミンB_1	アルカリで分解，弱酸性で安定	胚芽，豆類，緑黄色野菜
	ビタミンB_2	光・アルカリに不安定，熱や酸にはやや安定	胚芽，肉類，緑黄色野菜
	ビタミンC	熱・空気・アルカリ・酸素に不安定，酸・低温ではやや安定，水に溶けやすい	ミカン，イチゴ，野菜
	ナイアシン	熱・酸化・光に安定，酸・アルカリに安定	レバー，緑黄色野菜

調理によるニンジンのカロテンの損失
100℃ 10 分煮る： 0%
200℃ 5 分炒め： 17%
200℃ 5 分炒め＋100℃ 10 分煮る： 17%
（著者データ，2002）

ニンジンに含まれるカロテンは脂溶性で水に溶出することがほとんどなく，比較的熱に強いため，100℃ではほぼ損失は見られない．一方，炒め操作のような高温になると 17% 程度の損失がみられる．ホウレンソウやコマツナのカロテンはゆで汁中に損失する（表 6.8）．

ビタミン B_1，B_2 は水溶性であり，熱，アルカリに不安定である．表 6.9 に米の水洗，炊飯によるビタミン B_1 の損失について示したが，白米では特に損失が大きい．豆類およびイモ類などに含まれるビタミン B_1 の調理操作による損失は多く，水煮で 15〜30% 損失する．煮汁に溶出するので煮汁ごと利用するとよい．糠漬けでは漬け物中にビタミン B_1 が移行する．ワラビや貝類にはビタミン B_1 分解酵素（アノイリナーゼ）を含むので加熱調理するとよい．

ビタミン C は水溶性のため，切る，おろす，水に浸す操作によりかなり損失する．ゆで時間，ゆでた後の水浸，切り方の大小も影響する（表 6.10）．ビタミン C は酸化されやすく，加熱によって酸化の速度が増す．アルカリ性でも容易に酸化される．ニンジン，カボチャ，キュウリなどはアスコルビン酸酸化酵素（アスコルビナーゼ）を含むため，もみじおろしのビタミン C は酸化される．酢や食塩により酵素作用が抑制されるため，これらで処理した後食べる直前に混ぜ合わせるとよい．

ナイアシン（ニコチン酸およびニコチンアミド）も水溶性のため，煮汁中に 13〜63% 移行する．また，肉類の唐揚げでは，20〜40% 程度のニコチン

表 6.8 調理によるカロテンの損失

食　品	調理法	処理時間（分）	カロテン減少率（%）
ホウレンソウ	ゆで	3	10
		10	25
	蒸し	5	5
	油炒め	3	3
		5	5
ニンジン	ゆで	5	23
		13	35
コマツナ	ゆで	10	0.3
		30	3.6

（和田淑子・大越ひろ編著：健康・調理の科学，建帛社，2004）

表 6.9 米の水洗および炊飯によるビタミン B_1 の損失
玄米 100 g をもとにして各種操作を加えた場合のビタミン B_1 の残存量

	原　料	水洗後	炊飯後
	（ビタミン B_1 μg/玄米として 100 g）		
玄　米	350	350	250
胚芽米	250	200	160
七分つき米	200	135	100
白　米	70	10	僅少

（有本邦太郎：調理科学，**83**，1971）

表 6.10 各種調理操作によるビタミンCの損失割合（%）

野菜名	ゆでる	煮　る	蒸　す	炒める	揚げる	漬　物
キャベツ	37	42	—	25	—	23
ハクサイ	43	53	—	26	—	60
モヤシ	42	36	—	47	—	—
タマネギ	34	33	—	23	30	—
カボチャ	29	37	—	17	—	—
ジャガイモ	15	45	12	30	10	—
サツマイモ	17	30	26	20	4	—
レンコン	35	29	—	28	—	—
ダイコン	33	32	—	38	—	—
ニンジン	18	10	—	19	—	—

（吉田企世子：野菜と健康の科学，養賢堂，1994）

アミドが油中に移行する．一方，同じ水溶性のビタミンに分類されていても食品中でそのほとんどがタンパク質と結合して存在しているビタミン B_{12} は，水煮によって煮汁に溶出する割合が他の水溶性ビタミンより低い．

参 考 文 献

秋元文子・福場博保著：調理と米，学建書院，1979
大羽和子：調理科学，建帛社，2002
金谷昭子編：食べ物と健康　調理学，医歯薬出版，2004
木戸詔子・池田ひろ編：新食品・栄養科学シリーズ調理学，化学同人，2003
渋川祥子著：調理科学—その理論と実際—，同文書院，1985
新家　龍ほか編：糖質の科学，朝倉書店，1996
調理科学研究会：調理科学，光生館，1984
辻　英明・海老原清編：食品学総論，講談社サイエンティフィク，2005
並木満夫・松下雪郎編：食品成分の相互作用，講談社，1980
日本ビタミン学会編：ビタミンの事典，朝倉書店，1996
藤沢和恵・南　廣子編著：現代調理学，医歯薬出版，2001
文部科学省・学術審議会資源調査分科会報告：五訂補日本食品標準成分表，2005
山崎清子ほか：新版調理と理論，同文書院，2003
和田淑子・大越ひろ：健康・調理の科学，建帛社，2004

7. 植物性食品の調理特性

7.1 米

7.1.1 米の種類と構造

水稲と陸稲
稲を栽培型で分けると，水稲と陸稲（りくとう・おかぼ）がある．陸稲は，栽培面積が非常に少なく生育に水をあまり必要としない品種で，品質は水稲に及ばない．

米は日本をはじめアジアモンスーン地帯で主に生産されているが，アメリカなど他の地域にも広く分布している．米の種類は，日本型（ジャポニカ種）とインド型（インディカ種），ジャワ型に大きく分けられる．日本型は，米粒の幅と長さの比は約1：1.8で短粒米といわれ，炊くと適度な硬さと粘りがある．インド型は幅：長さ＝約1：2.5で長粒米といわれ粘りが少ない．また，両型の中間的な性質をもつジャワ型がある．味はあっさりして粘りがあり，インドネシアやイタリアで栽培されている．米は，デンプンの構造の違いからうるち米（粳米）ともち米（糯米）に分けられる．

米は稲の種実であり，脱穀し，もみ殻を取り除いた玄米として貯蔵される．図7.1に玄米の構造を示す．果皮の下は薄い種皮があり，その内側に胚芽と胚乳があり，胚乳にはデンプンが充満している．胚乳の最外層は糊粉層でタンパク質と脂質を多く含む．果皮，種皮，糊粉層は水を通しにくく繊維

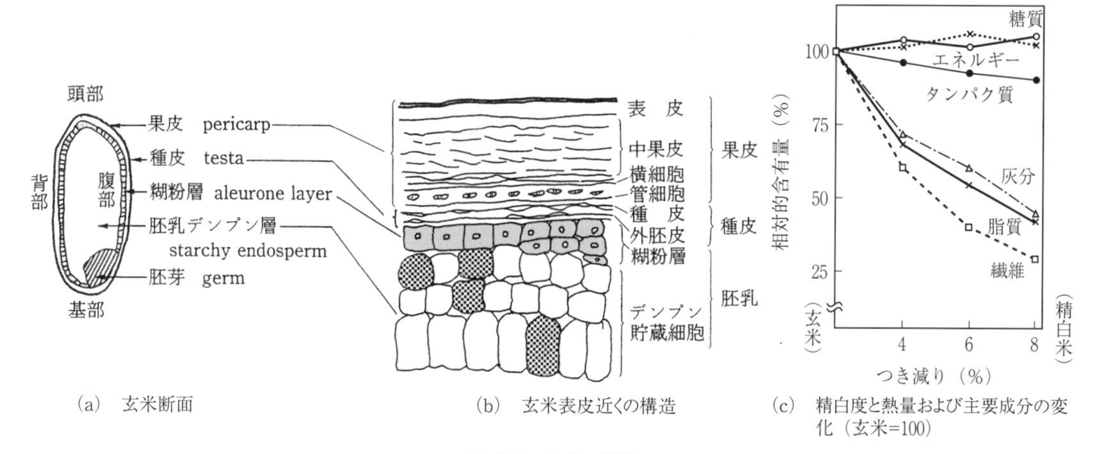

(a)　玄米断面

(b)　玄米表皮近くの構造

(c)　精白度と熱量および主要成分の変化（玄米=100）

図 7.1　玄米の構造
（菅原龍幸他：食品学各論，建帛社，1997）

硬質米・軟質米
水分含量によって硬質米・軟質米・超軟質米に分けられる．硬質米（水分約14.5%）は，主に関東・北陸以西で栽培され，芯が硬く外側ほど軟らかい．軟質米（水分約16%）は，東北や北海道で栽培され，芯と外側が軟らかく中間が硬い．炊くと弾力のある軟らかい飯となる．超軟質米は，芯が非常に軟らかく酒造米にされる．

が多くて消化が悪く，食味もよくないため搗精（精白）して，玄米から糠層（約8〜10%）を除いて炊飯して食べる．精白米は歩留り90〜92%である．糠に含まれる栄養素（タンパク質，脂質，ビタミン等）の損失は大きいが食味はよくなり消化吸収率が上がる．精白の程度によって半つき米，七分つき米，精白米などがある．胚芽精米は胚芽を80%以上残しているため，ビタミンB群，ビタミンEを多く含むが変質しやすい．酒造米の精白度は高く歩留りは約70%である．50%搗精すると大吟醸ができる．この他にも加工玄米，発芽玄米，低アミロース米，高アミロース米，巨大胚芽米，香り米，古代米（赤米，紫黒米などの有色米），低アレルゲン米など新形質米が開発され，用途に応じて利用されている．

7.1.2 米の成分と栄養

アミロースと粘り
日本型米のアミロース含量は17〜22%で，低アミロース米ほど粘りがあり日本人に好まれる．インド型米はアミロース含量が26〜31%と多いため，タイ米は粘りが少なくパサパサしており，ピラフやバラ凍結に適している．

米の成分は炭水化物が約75%，タンパク質約6〜7%，脂質約1%，水分約15%である．米の主成分の炭水化物は，その大部分がデンプンであり，他に少量の食物繊維と微量のブドウ糖や果糖などの遊離糖から構成されている．うるち米のデンプンはアミロース20%とアミロペクチン80%，もち米はアミロペクチンのみで構成され，アミロペクチン含量が多いと粘りが強くなる（表7.1）．米のタンパク質は植物タンパク質の中では良質とされオリゼニンが主であり，必須アミノ酸のリシンが少ない．日本人は米を主食としているため，一日に摂取するタンパク質の約1/6を米から摂取している．脂質含量は少ないが，その脂肪酸組成はリノール酸，オレイン酸などの不飽和脂肪酸が大部分を占め，貯蔵中の酸化の原因となっている．発芽玄米は食物繊維が多く，GABA（ギャバ，γ-アミノ酪酸）を多く含むため血圧降下作用があるといわれている．

7.1.3 うるち米の調理

うるち米は水分約15%のデンプンが主成分の乾燥食品である．これに水を加えて加熱し，デンプンを糊化し，水分含量約60%の米飯とするのが炊飯である（第6章参照）．

a. 白飯

1) 洗米

洗米は，米の表面に付着している糠やごみ等を除去するために行う．1回

表 7.1 うるち米ともち米の特性

種類	外観	粘性	デンプン構造	ヨウ素デンプン反応	用途
うるち米	半透明	少ない	アミロース20% アミロペクチン80%	青色	酒，酢，飯，上新粉，ビーフン
もち米	乳白色 不透明	強い	アミロペクチン100%	赤紫色	みりん，餅，おこわ，白玉粉，道明寺粉

目は，ザルに入れた米を溜め水でさっと洗う．糠臭が米に吸着されると食味が劣るのですばやく洗い流す．2回目以降は，研ぐ方法で白く濁った水が出なくなるよう2～3回丁寧に洗うが，最近は精米技術の発達により石やごみの混ざった米は殆んどない．洗米によって色つや・香・味のよい飯となるが，水溶性栄養成分の流出も伴うので手早く行う．洗米の過程で米重量の約10％の水が吸収される．研がずに炊ける無洗米の利用も増えている．

2)　加水（水加減）

うるち米の炊き水は，米に吸収される量に蒸発量（10～15％）を加算して米重量の1.5倍，または米容量の1.2倍が基準とされている．新米・軟質米は，米の水分量が多いので少なめ，古米は乾燥しミセルが強固になっているので多めに．家庭用の電気炊飯器では蒸発が少ないので米重量の1.3倍など，米の種類や品質，新古，硬さの嗜好，炊飯器具の種類などを考慮に入れて加減する．

3)　浸漬（吸水）

米は水分約15％の乾物であるので，一定量の水に浸漬して十分吸水させ，加熱のときにデンプンが糊化できる状態に整えておかなければならない．浸漬後30分間で急速に吸水し，約2時間でほぼ平衡に達する（図7.2）．水温が高い程吸水速度は速く，吸水量も増加する．吸水速度は，米の種類，品質，浸漬液，水温などによって異なるが，最低30分の浸漬が望ましい．吸水率は，おおよそうるち米は20～30％，もち米は32～40％である．塩や醤油などの調味料は，吸水を妨げるので加熱直前に加える．長すぎる浸漬は，米が砕ける原因となるので注意しなければならない．

4)　加熱

① 温度上昇期　　米のデンプンを完全に糊化させるためには，98℃を20分維持しなければならない（図7.3）．温度上昇期とは，中火から強火の火力で水温を98℃以上に上げる期間で，炊飯量の多少にかかわらず10分

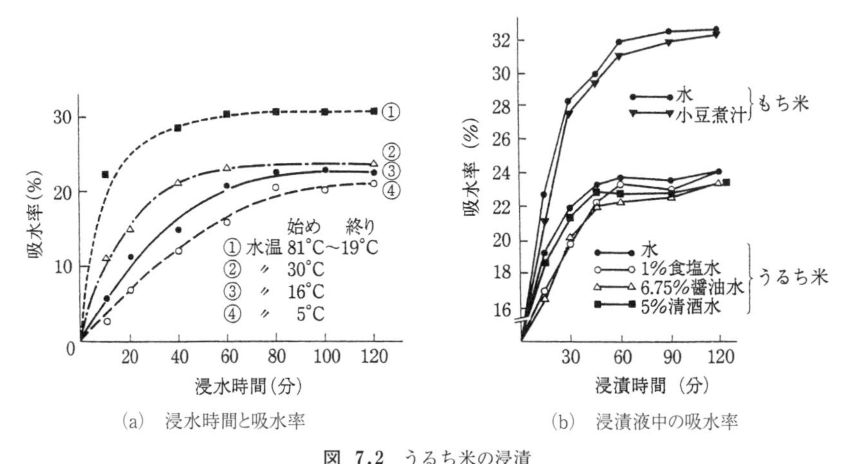

(a)　浸水時間と吸水率　　(b)　浸漬液中の吸水率

図 7.2　うるち米の浸漬
（松元文子編：調理学，光生館，1972；調理科学研究会編：調理科学，光生館，1984）

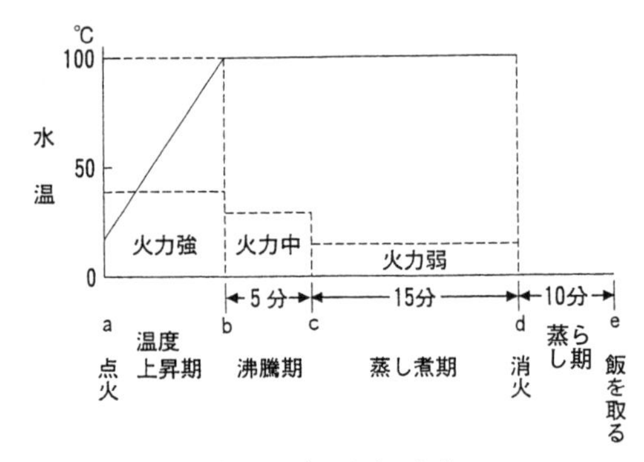

図 7.3　うるち米の加熱
（山崎清子他：新版調理と理論，同文書院，2003）

程が望ましい．水温が上昇すると水の対流が生じ，米は流動しながら内部への吸水と米の表層部からの糊化が同時に進行する．大量炊飯は水温を上昇させる時間が長くかかるので，上下の米の温度差を解消するよう湯の中に米を入れる湯炊き法で行う．

② 沸騰期　　沸騰が持続する程度の中火で5分間加熱する．この間は，対流も続いており米も激しく動く．米は，内部までの吸水・膨潤によってさらに糊化が進む．

③ 蒸し煮期　　焦げないよう火力を弱火にして15分加熱する．米の糊化には98℃以上で20分を必要とするので，温度の保持と水分の蒸発を防ぐために蓋を開けてはならない．水は米への吸水や蒸発で減少し，残っている水分は粘着した米粒の隙間を上下する．米粒は蒸気で蒸し煮にされている状態であり，米粒内に水が激しく吸い込まれる．デンプンは完全に糊化し，タンパク質や脂質により米飯の香りが生成される．消火の前に10秒程火力を強くし，鍋底に残っている水分を蒸散させる（焼き）．

④ 蒸らし期　　消火後，約10分間蓋を開けずに放置する．余熱によって米粒の表面にわずかに残る水分まで吸水させ，この間に米粒内の水分の分布も均一化させる．蒸らしの時間が終わったら直ちに飯をほぐし，余分の蒸気を蒸散させ，ふっくらした米飯に仕上げる．白飯は，米重量の2.2～2.4倍に炊き上がる．保温ジャーに長時間おくとアミノカルボニル反応により黄変する．

b．粥（かゆ）

米容量の5～20倍の水（全粥：5倍，7分粥：7倍，5分粥：10倍，3分粥：20倍）に約1時間浸漬後，ゆきひら（行平：注ぎ口，柄，蓋のついた土鍋）などで軽く沸騰が続く程度の火力で時間をかけて炊いた軟飯．

c．味付け飯

米に水と調味料と具を加えて炊いた飯．具の材料によって名称が決まる．調味料は塩，醤油，日本酒，みりんなどが使われる．塩分濃度は米の重量の

1.5%（炊き水量の 1.0%，飯の重量の 0.6～0.7%）で，醤油を用いるときは塩分の 2/3 を醤油で，1/3 を食塩で味付けする．酒は米の重量の 5% が，ふっくらとつや良く炊き上がる．醤油や酒などの液体を加えるときは，加水量（炊き水量）よりその量を差し引く．米を浸漬するときは，塩や醤油などの調味料を加えると吸水を妨げるので加熱直前に加える（図 7.2）．副材料の量は，米の重量の 30～50% が適当であるとされているが，季節や嗜好に応じて変化させてよい．

d．すし飯

白飯に合わせ酢を混ぜて味付けするので普通より硬め（米の重量の 1.3 倍強，容量で 1.1 倍の加水）に炊き，蒸らし時間は短く 5 分で合わせ酢を合わせる．白飯が熱いうちに混ぜることで，合わせ酢が米粒内部に浸透しやすくするためである．余分な水分を飛ばし，つやを出すためにうちわであおいで急冷させる（表 7.2）．握りずし，巻きずし，蒸しずしなど魚介類の有無によって，塩や砂糖の分量は加減する．

e．ピラフ，炒飯

米を炒めて炊くとピラフ，飯を炒めると炒飯である．ピラフは洗米して水切り後，米重量の 7～10% の油脂で米を炒め，米の重量の 1.3～1.35 倍（容量の 1～1.1 倍）の水やスープストックを加えて炊いたもの．炒めることで米粒表面の一部でデンプンの糊化が始まり，表面が油の皮膜で覆われることで米粒への水の吸収や熱の浸透が悪く，かために炊き上がる．しかし，温度上昇期を白飯の場合より少し長くすることで，かたさは解消できる．

7.1.4　もち米の調理

もち米のデンプンはアミロペクチンのみであり，うるち米に比べて吸水しやすく，加熱すると強い粘性を生じ，老化しにくい特性をもつ．

a．こわ飯（強飯）

もち米は 2 時間の浸漬で米重量の 32～40% 吸水する．米デンプンの糊化に必要とされる水分は約 30% であるので，もち米は蒸すことによってデンプンの糊化が可能である．よって，もち米を浸漬後，水切りし蒸し器で 30～40 分強火で蒸し，加熱中に 2～3 回振り水してかたさを調節する．好まれるかたさのこわ飯の仕上り重量は，もち米重量の 1.6～1.9 倍である．炊き

表 7.2　すし飯の材料配合

	重　量（g）	
米	100	
炊き水	135	150 内外
合わせ酢		
食酢	13～15	（米の重量の 13～15%）
塩	食酢の 10～15%	
砂糖	食酢の 30～50%	

おこわの場合は，うるち米を混ぜ加水量を以下の方法で計算する．

もち米の重量×1.0＋うるち米の重量×1.5

うるち米を混ぜて炊くことで加水量が増え，粘りの少し少ないこわ飯を炊飯器で炊くことができる．

b. 餅

餅は，もち米を水に浸漬してせいろで蒸し，十分糊化したものをついて粘りを出し，形を整えた加工食品である．つくことで組織が破壊され粘性が強まる．おいしい餅の条件とは，もち米の粒組織の部分とデンプンの糊化したペースト状の部分が適度にあり，好ましいテクスチャーを形成していることといわれている．

7.1.5 米粉・米粉製品（ビーフン，他の調理）

うるち米の粉を上新粉，もち米の粉を白玉粉，もち米を蒸した後乾燥させ粗く挽いた粉を道明寺粉，細かく挽いた粉をみじん粉という．これらは和菓子の材料として使用されている．

上新粉は粒子が大きいので吸水量が少なく，水で捏ねても粘りがなくまとめにくいので熱湯で捏ねる．熱湯を用いることで吸水量が多くなり，デンプンの一部が膨潤・糊化するために粘性が出てまとまりやすくなる．さらに熱が通るように小分けし平たくして20分程蒸してデンプンを糊化させた後，捏ねてやわらかくして細工し菓子に仕上げる．米粉の粒子は細かいほど吸水率は高く，捏ね回数が多いほど生地はやわらかくなる．

白玉粉は，粒子は細かいが粗い塊状であるため，水を加えて耳たぶくらいのかたさにまとめ成形し，沸騰水中でゆでたり，蒸した後，菓子に利用したりする．上新粉に白玉粉を混ぜてだんごを作るとき，白玉粉が多くなると軟らかくなり，上新粉に片栗粉などのデンプンを加えると硬く歯切れが良くなる．砂糖の添加は，老化を遅らしやわらかさを保つ．

また，米粉は麺状にしてビーフンやライスヌードルとして，板状にしてライスシートとしてよく利用されている．

7.2 小 麦 粉

国内産小麦について

国内産小麦の生産量は，質や価格などの理由から，輸入小麦に比べはるかに少ない．しかし近年，消費者の食の安全性に対する意識の高まりや，「地産地消」の推進により，北海道をはじめ日本各地で品種改良を重ねた国内産小麦が栽培されている．

7.2.1 小麦粉とは

小麦粉はイネ科の植物である小麦を製粉したものである．小麦の歴史は古く，人類最古の作物の1つとされている．現代では米・トウモロコシと共に世界三大穀物とされている．現在，日本で利用される小麦は，約90％がアメリカやカナダ，オーストラリアなどからの輸入品である．

小麦粒は，表皮（約15％）・胚芽（約2％）・胚乳（約83％）で構成されており，外皮が非常に硬いため，製粉して使う．胚乳は小麦粉として，表皮

小麦粉の保存

臭いの強いものの近くに保存しない（小麦粉は臭いを吸着しやすいため）．風通しの良い，乾燥した冷暗所に保管する（湿気はカビの発生原因となるため）．開封後は密封容器で保管する．薄力粉・中力粉で約1年，タンパク質含量の多い強力粉では約6カ月を目安に使い切る．

グルテニン

グルテニンには，－SH基をもつシステインが存在する．システインの－SH基は，同じ分子内あるいは他の分子に存在する－SH基とS－S結合により，グルテニン分子内および分子間結合し，パン生地に弾力性をもたせる．またS－S結合には，遊離の－SH基が近づくとS－S･－SH交換反応と呼ばれる結合の切り替えを行う性質があるため，グルテニン分子は動くことができる．グルテニン分子のこのような性質のため，製パン工程においてパン生地の形を柔軟に変化させることができる．

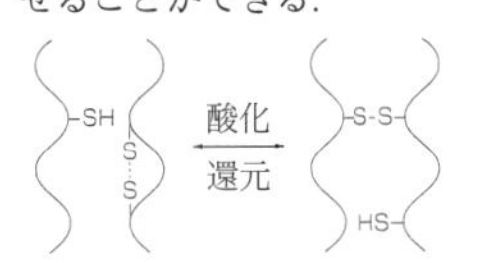

小麦タンパク質中のSH，S-S交換反応
（和田淑子・大越ひろ編：健康・調理の科学，建帛社，2004）

表 7.3 小麦粉の用途別種類

種　類	タンパク質含量（%）	グルテンの質	粒　度	主な用途
強力粉	11.8～12.6	強靭	粗い	パン類
中力粉	9.0～9.7	やや軟	やや細かい	麺類
薄力粉	8.3～9.3	軟弱	細かい	菓子類
デュラムセモリナ	11.5～12.5	軟	きわめて粗い	パスタ類

はふすまとして，胚芽部分は脂質・タンパク質・無機質・ビタミンなどの栄養素を豊富に含むため，分離・精製して栄養補助食品などに利用される．

小麦粉の種類を表7.3に示す．タンパク質含量が最も多い強力粉はパン，中力粉は麺，タンパク質含量の少ない薄力粉は菓子類に利用される．デュラム小麦粉はカロテノイドを含んでおり，パスタに使う．灰分含量の違いによって1等粉（灰分約0.3～0.4%）・2等粉（灰分約0.5% 前後）・3等粉（灰分約1.0% 前後）に分類されるが，家庭用は1等粉が大部分である．

7.2.2 小麦粉の成分

炭水化物が70.6～75.8% を占める．そのうち食物線維が2.1～2.8% である．タンパク質は8.3～12.6% 含まれており，米に比べて多い．小麦粉のアミノ酸はリシンが少ないため，これらを補う食品と共に食べるとよい．小麦タンパク質の85～90% はグルテニンとグリアジンで構成されており，グルテニンとグリアジンを含む穀物は小麦だけである．その他，脂質1.5～1.9%，水分を14～14.5% 含むが，ビタミン・無機質などの微量栄養素は比較的少ない．アミラーゼやプロテアーゼなどの酵素も含まれている．タンパク質含量の違いや酵素の存在は，小麦粉の調理特性に影響を及ぼす．

7.2.3 小麦粉の調理特性

a. グルテン形成

小麦粉に水を加えて捏ねたものを水中で洗い，デンプンを除くと淡黄色のゴム状物質がとれる．これをグルテンという（図7.4）．グルテニンとグリアジンがS-S結合や水素結合，疎水性相互作用によって絡み合った3次元の網目構造をもっている（図7.5）．グルテニンの弾力性とグリアジンの結着性をあわせもったグルテンは，粘弾性，伸展性，保形性（可塑性）をもつた

図 7.4 グルテンとその成分

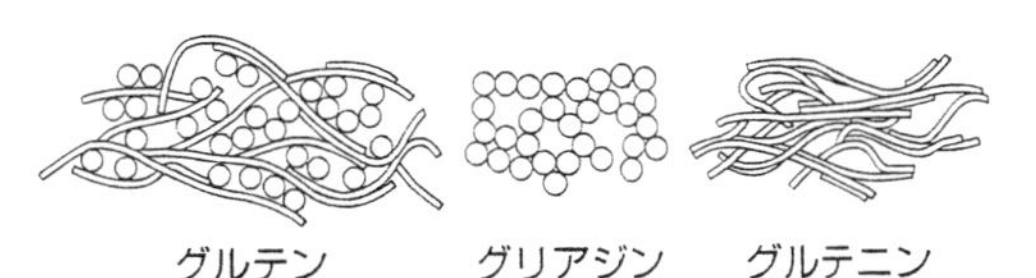

図 7.5 グルテン，グリアジン，グルテニンの模式図
（Huebner, F. R.：*Baker's Dig.* **51**, 1977）

め，幅広い料理に利用できる．

グルテン形成に影響する要因として，小麦粉の種類，加水量と水温，混捏とねかし条件，添加材料の種類と量などがある．

1)　小麦粉の種類

タンパク質含量の多い強力粉ほどグルテン形成量が増加する．したがって，粘弾性や伸展性を利用する調理には，グルテン含量の多い強力粉を使用し，グルテンの影響を少なくしたい調理には薄力粉を使う．

2)　加水量と水温

加水量が多くなるほどグルテンの形成は少ない．また水温は，ある程度高いほうがグルテン形成を促進するが，生地が軟化するため，加水量を減らすなどの調節が必要である．水温が70℃以上になるとタンパク質が熱変性し，デンプンが糊化するため生地が硬くなる．

3)　混捏とねかし

捏ねる作業はグルテン形成に重要である．ある程度までは強く，速く，長時間混捏するとグルテン形成が促進され，粘弾性と伸展性が増す．しかし捏ねすぎるとグルテンが損傷する小麦粉もあるため，各調理に適した条件を把握することが大切である．また，ねかしは主にグルテン形成を均一化するために行う．ねかし操作中に，小麦粉中のプロテアーゼによってグルテンの網目構造が緩和され，伸長抵抗が低下し伸長度が増すため，その後の成形が容易になる．図7.6に，ねかし操作の効果をエキステンソグラムで示す．混捏直後は伸長抵抗が大きいため伸長度が小さいが，30分間ねかした生地では，逆に伸長抵抗が小さく伸長度が大きく，扱いやすくなる．

4)　添加材料の種類と量

食塩はグルテンの網目構造を緻密にするため，ドウの粘弾性，伸展性を増加させる効果がある．

砂糖は親水性のため，最初から添加すると生地中の水分を奪ってグルテン形成を阻害し，ドウの粘弾性が低下する．ある程度グルテンが形成してから添加すれば影響は少ない．

油脂は疎水性のため，小麦粉と水の接触を妨げ，グルテン形成を阻害する．ある程度グルテンが形成されてから添加するなど添加タイミングを考慮すればドウの伸展性や安定性を増す効果がある．

卵・牛乳のように水分の多い添加材料や溶解すると液状になるものは，換水値を考慮し，水量を調整する．表7.4に生地調製時の換水値を示す．卵や牛乳には，脂肪が含まれているため，ドウの伸展性や安定性を増す効果がある．

かん水などのアルカリ水は，中華麺を作るときに使用されるが，収斂効果により弾力性が増す効果がある．また小麦粉中のフラボノイド色素が変化し，生地は黄色を呈する．

ファリノグラフ

小麦粉生地の性質を科学的に究明する手段の1つ．小麦粉の吸水率，強さ，ミキシング耐性を知ることができる．ファリノグラフで記録したグラフをファリノグラムという．

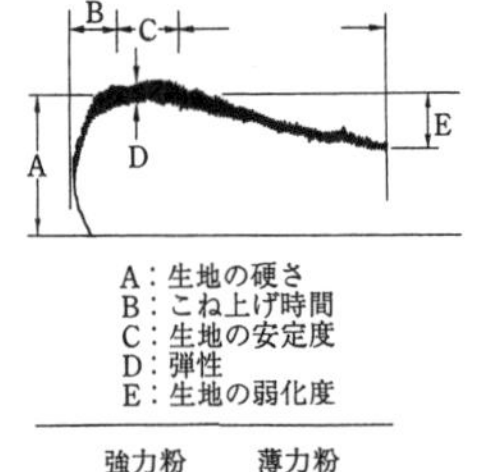

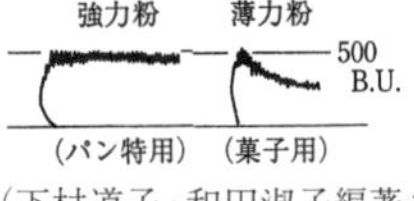

(下村道子・和田淑子編著：新版調理学，光生館，2003)

エキステンソグラフ

生地の伸長度（のびやすさ）と伸長抵抗（伸ばして収縮する力）を測定することによって「あし」や「こし」の強さ，バランスを知ることができる．エキステンソグラフで測定したグラフをエキステンソグラムという．

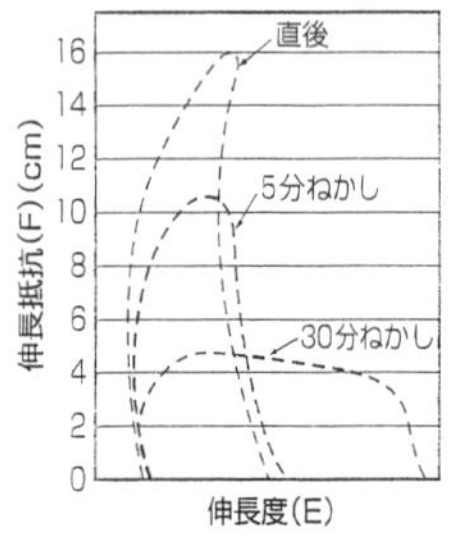

図 7.6　エキステンソグラムによるドウのねかし効果(松元文子他：家政誌，**11**，1960)

表 7.4　各種材料の換水値

材料	水分含有率（%）	換水値 (20°C)	換水値 (30°C)
水	100	100	
牛乳	88.6	90	
卵	74.7	83～85	80
バター	16.3	80	70
砂糖	0.8	33～40	40

(新野ほか：家政誌，**8**，1957；島田：家政誌，**8**，1957)

5)　材料の添加順序

材料の添加順序は，グルテンの形成に影響する．グルテンの形成を抑えたいクッキーやスポンジケーキなどの調理時には，最後に小麦粉を加え，逆にグルテンの形成を促進したいバターロールパンなどの場合は最初に小麦粉と水を混合する（図 7.7）.

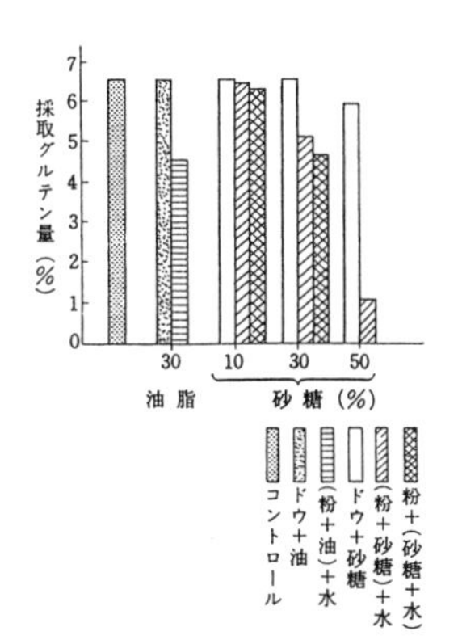

図 7.7　砂糖および油脂の添加とグルテン採取量
（松元文子・比留間トシ：家政誌，12，1961）

b.　ドウ，ペースト，バッター（表 7.5）

小麦粉に 50〜60% の水を加えてこねたものをドウ（dough）といい，グルテンにデンプンが包み込まれた状態である．主にパンや麺の生地に用いる．また，小麦粉重量の 1〜2 倍の水を加えた流動性のある生地をバッター（batter）という．主に天ぷらの衣やスポンジケーキ生地に用いる．ドウとバッターの中間的な状態をペースト（paste）といい主にシューやソフトドーナツ生地に用いられる.

c.　膨化調理

小麦粉を使って様々な膨化調理ができる．膨化調理の分類と各膨化の二酸化炭素発生反応を表 7.6 に示す．膨化原理は以下のとおりである.

1)　化学的膨化

重曹（炭酸水素ナトリウム）やベーキングパウダー（BP）などの膨化剤を用いて炭酸ガス（CO_2）によって生地を膨化させる．重曹単独の場合は，生地がアルカリ性となるため，小麦粉のフラボノイド系色素と反応して生地が黄変し，使いすぎると苦味が生じる．そのため，重曹に酸性剤（ガス発生促進剤および中和剤）と緩和剤（デンプン）を混ぜたものが BP である．重

ベーキングパウダー（BP）

酸性剤の種類によってガスの発生時間が異なる．速効性のものとして酒石酸など，遅効性のものにミョウバンなど，中間性には酒石英などがあるが，市販されている BP は，連続的にガスを発生させるため，これらを組み合わせてある.

表 7.5　小麦粉生地の種類

小麦粉生地	小麦粉：水（重量比）	グルテン形成	調理形態	調理例
ドウ	1：0.5〜0.6	促進	膨化 非膨化	パン類 麺類，餃子の皮
		抑制	膨化	パイ類
ペースト	1：1	抑制	膨化 非膨化	シュー クッキー
バッター	1：1〜2	抑制	膨化 非膨化	スポンジケーキ ルー，天ぷらの衣

表 7.6　膨化調理の分類

分類	膨化の原理	調理例	反応
化学的膨化	膨化剤によるガスの発生	クッキー，ドーナツ	重曹　$\underset{\text{炭酸水素ナトリウム}}{2NaHCO_3} \xrightarrow{\text{水＋加熱}} \underset{\text{炭酸ナトリウム（アルカリ性）}}{Na_2CO_3} + H_2O + CO_2\uparrow$
			BP　$\underset{\text{炭酸水素ナトリウム}}{NaHCO_3} + \underset{\text{酸性剤}}{HX} \xrightarrow{\text{水＋加熱}} \underset{\text{中性塩}}{NaX} + H_2O + CO_2\uparrow$
生物的膨化	酵母（イースト）によるガスの発生	パン類	$C_6H_{12}O_6 \rightarrow 2C_2H_5OH + 2CO_2\uparrow$
物理的膨化	気泡の熱膨張 蒸気圧	スポンジケーキ シュー，パイ	

曹のガス発生量は少ないため，グルテン形成の少ない薄力粉を用いる．

2）生物的膨化

酵母（イースト）の種類
生イースト：　純粋培養したパン用酵母を圧縮したもので，約70％の水分を含む．冷蔵庫で約3週間保存できる．
ドライイースト：　乾燥に強い酵母を培養し乾燥したもので，生イーストの約1/10の水分量である．未開封で6ヶ月以上保存可能である．製造過程中に多少イーストが死滅するので，使用量は生イーストの半分程度がよい．
インスタントドライイースト：　予備発酵が不要の細粒状ドライイーストで，粉に直接混ぜ込んで使用できる．
天然酵母：　果実や穀物に付いている酵母等を培養して酵母種としたものである．イーストのように単一種の酵母だけでなく，乳酸菌，酢酸菌などが混在するため，パンに独特の味と香りを醸し出す．

酵母（イースト菌）のアルコール発酵によって発生する炭酸ガス（CO_2）によって生地を膨化させる．酵母の最適発酵条件は28～30℃，湿度約75％である．発生するガスを逃さずに利用するためには，丈夫なグルテン膜が多くある方が望ましいので，強力粉を用いる．

3）物理的膨化

① 気泡による膨化　　卵白，全卵，ヤマノイモなどを泡立てて生じる気泡の熱膨張を利用して生地を膨化させる．これらの気泡は不安定で膨圧力が小さいため，グルテンの形成の少ない薄力粉を用い，手早く操作する．

② 蒸気圧による膨化　　生地中に含まれる空気の熱膨張と加熱時に発生する蒸気圧を利用して生地を膨化させる．材料の配合や生地の調製方法によって，シューのような空洞状やパイ生地のような層状に膨化する．

シューとはフランス語でキャベツのことで，小麦粉，水，卵，油脂を主原料としたペースト生地を空洞状に焼き上げたものである．シューにクリームを注入するとシュークリームとなる．生地の加熱は2段階に分かれている．まず，水とバターを加熱後，小麦粉を加えてペースト状にする（第一加熱）．デンプンが適度に糊化し，グルテンの活性の一部が残るよう，78℃付近で調理すると，製品の形と空洞状態が良い．次にペースト生地を65℃程度まで冷ました後，卵を加えることで卵タンパク質の熱変性を防ぎ，均一に混ぜ込むことができる．最後に絞り出し袋等を用いて形を作り，約200℃の高温で焼き上げる（第二加熱）．高温加熱により表面は一気に固まりかけ，内部には水蒸気が生じる．この水蒸気によって流動性を持った内部生地が膨張して空洞化する．皮の表面が不均一で抵抗の強弱があるため凹凸ができる．

パイ生地の折り回数
層数は多すぎても少なすぎてもよい製品とはならない．3つ折りの場合で折り回数4～6回が適度とされている．

パイ生地には，ドウにバターを包み込み，折りたたみと伸展を繰り返して，ドウとバターの繰り返し層を作る折り込み生地（フレンチパイ）と，小麦粉に細かく切ったバターを混ぜてまとめた後，折りたたみと伸展を繰り返して作る練り込み生地（アメリカンパイ）がある．折り込み生地の方が，膨化状態や層構造が良好でサクサクしたテクスチャーが得られる．高温加熱によりデンプンの糊化とタンパク質の熱変性が生じ，バターが溶けてドウ層に吸収される．生じた隙間にドウ層からの空気や水蒸気が充満し，これらの熱膨張によって生地が層状に浮き上がる．ドウ層とバター層の繰り返し層が上手く形成されていることが重要であるので，パイ生地調製時はバターを溶かさないよう生地温度を低温に保つようにする．

ルーのだま（凝塊）
調理過程においてルーに液体（牛乳やスープストックなど）を混ぜる場合，だま（凝塊）ができやすい．このだまは，高濃度のデンプンが部分的に糊化したものである．加える液体の温度を小麦粉の糊化温度以下でかつバターの固化温度以上となる60℃程度に温めておくとだまができにくい．

d．非膨化調理

1）ルー

ルー（roux）は小麦粉をバターなどの油脂で炒めたもので，グルテンの形成を抑え，主にデンプンの糊化による粘性を利用している．ソースやスー

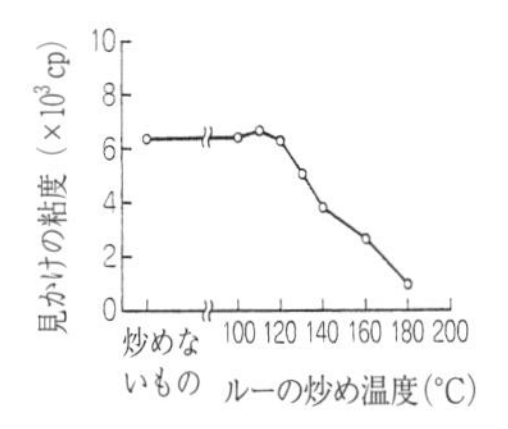

図 7.8 ホワイトソースの粘度と加熱温度
(大澤他：家政誌, **24**, 1973)

表 7.7 ルーの種類

種　類	色	加熱温度	加熱時間	用　途
ホワイトルー	白色 淡黄色	120〜130℃ 140〜150℃	7〜10分 約10分	ベシャメルソース ブルテーソース
ブラウンルー	茶褐色	170〜180℃	約15分	ブラウンソース

プに濃度やなめらかさ，特有の風味を与えるために利用される．表7.7にルーの種類と加熱温度を示す．ホワイトルーは120〜150℃，ブラウンルーは170〜180℃で炒める．加熱温度が高いほど粘度は減少するが（図7.8），これはタンパク質が変性するとともにデンプン粒が崩壊し一部がデキストリン化して可溶性となるためである．

2)　天ぷらの衣

天ぷらは主として小麦デンプンの糊化性を利用した調理である．食材に衣をつけて高温の油で揚げると，衣の水分が急速に蒸発し油と交換され，多孔質でサクサクとしたテクスチャーが生じる．出来上がった衣の水分は10〜15%程度がよい．グルテンは衣の骨格を形成するためにある程度は必要であるが，多すぎるとグルテンの吸水性が強くなり，水と油の交換が不十分となってカラリと軽く揚がらない．したがって，天ぷらの衣の調製時には次の点に留意する．

・グルテン形成が少ない薄力粉を用いる．
・小麦粉の1.5〜2倍の卵水を用いる（卵：水＝2〜3：1）．
・卵水は約15℃程度のものを用いる．
・グルテンが形成されやすいので，撹拌しすぎない．
・ねかすとグルテンが形成されるので揚げる直前に調製する．

麺のゆで方

大量の湯を沸騰させ，適度なゆで時間の後に冷水にとり，流水でよく揉み洗いし，表面の粘りを除く．

パスタ類の場合は，製造時に食塩を加えていないのと，独特の歯ごたえを保持するために1%程度の塩水でゆでるが，吸水性が強いのでゆで上がり後の水洗いは避ける．麺同士の付着を避けるため，バターやオリーブオイルなどの油脂をゆで上げ直後に絡めておくと良い．

3)　麺類

餃子の皮や麺類（うどん，中華麺，パスタ類など）はドウの粘弾性と伸展性を利用したものである．うどんには中力粉，パスタ類にはデュラム小麦のセモリナが使用されるなど，それぞれに適する粉と特有の加工法（伸ばす・切る・押し出すなど）があり，バラエティーに富んだ形状をしている．うどん・そうめんなどは食塩を添加することにより「こし」とよばれる独特のテクスチャーが得られる．パスタには食塩が入っていないため，ゆで汁に約1%の食塩を加える．製麺された麺を購入してゆでることが多いが，最近では手打ち麺を楽しむ家庭も多い．麺類はゆでた後，時間の経過と共に食味が低下するので供食タイミングに気をつける．

7.3 雑　　　　穀

アマランサス

米，小麦に不足している必須アミノ酸のリジンとトリプトファンに富み，大豆

雑穀にはイネ科の大麦，ライ麦，エン麦，アワ，ヒエ，キビ，ハト麦，トウモロコシ，タデ科のソバ，ヒユ科のアマランサス，アカザ科のキヌアなどがある．雑穀類は近年，健康食品として見直されている．

に少ないメチオニンを多く含む．カルシウム，鉄，亜鉛含量も高く，ほぼ大豆に匹敵する．コレステロール低下作用，糖質代謝改善作用などがある．アマランサスのみまたは他の雑穀と一緒に米と混炊したり，製粉して小麦粉と混ぜ，麺，餃子の皮，クッキーなどにする．

● 7.3.1 大麦，ライ麦 ●

大麦は押麦(精麦後，蒸気で加圧圧扁したもので軽くて水に浮く)，白麦(はくばく：2つに割って黒条線を除き，高熱蒸気を吹きつけたもので形，比重が米に似ている）などに加工されている．これらは米に10〜20% 配合して炊くが，吸水率が高いので加水量を約5%多くし，炊く直前に加える．粘りがないためパサパサした食感となり，とろろ汁をかけて「麦とろ」にすると両者の食感を相互に引き立てあうことができる．グルテンを形成しないので小麦粉と同じ方法では製パンできない．大麦の加工品として麦茶，麦粉菓子（香煎，はったい粉），麦落雁，麦みそ，麦焼酎などがある．麦芽はアミラーゼ活性が強く，ビール，麦芽あめ（麦芽水あめ）などの製造に用いられる．

ライ麦はグルテン含量が少ないが黒パンに加工される．独特の酸味と風味がある．

● 7.3.2 アワ，キビ ●

アワ，キビには，もち種とうるち種がある．うるち種は米と混ぜてご飯や粥に，もち種はもちにする他，きびだんごなどの菓子にする．

● 7.3.3 トウモロコシ ●

トウモロコシは米，小麦とともに世界三大穀物である．メキシコではトルティーヤとして食されている．コーンミール，挽き割りトウモロコシ，コーンフラワーなどのトウモロコシ粉はコーンフレーク，スナック菓子，シリアル，ケーキミックスなどに利用される．デンプンはコーンスターチやバーボンウイスキーの原料となる．

● 7.3.4 ソ　バ ●

ソバはタンパク質を10% 前後含み，必須アミノ酸の含有量がいずれも高く，米や小麦に少ないリシンの含量が高い．ビタミンでは B_1 や B_2 が多く含まれている．ソバに特徴的な生理機能成分はルチン（ケルセチンとルチノースからなる配糖体でポリフェノールの一種）である．ルチンは熱に安定であり，毛細血管を丈夫にし，動脈硬化を予防する効果があり，抗酸化性も期待されて注目を集めている．ソバはソバ米として利用することもあるが，一般には製粉してソバ粉とする．ソバ粉だけではまとまりが悪いので湯ごねにするか，つなぎとして小麦粉，卵，ヤマイモなどを用いてそば切り（そば）にする．二八そばはソバ粉：小麦粉を8：2の割合でつくる．そばをゆでるとゆで湯にルチンが多く溶出するため，そば湯を飲むのは理にかなっている．ソバ粉はそば切りの他にそばがき，そばボーロ，そばまんじゅう，クレープなどに利用されている．

7.4 イ　モ　類

イモ類は植物の地下茎あるいは根がデンプンや多糖類などを貯蔵し，肥大してできたものの総称である．水分量が多く貯蔵性は穀類に比較して劣る．一般に蒸す，ゆでる，煮る，揚げる，焼くなどの調理法が用いられ，副菜の素材として広く利用される．イモの主成分はデンプンである．水分を多く含んでいるため，焼きいもなどイモ自身の水分で十分糊化することができる．1〜2% の食物繊維を含み，カリウムやリン，その他の無機質に富む．ジャガイモ，サツマイモにはビタミンCが多く含まれ，熱に対して比較的安定で調理による損失は10〜20% と野菜に比べて少ない．

7.4.1 ジャガイモ

ジャガイモはサツマイモに比べて糖分や繊維が少なく，白色で淡白な味のため他の食品との調和がよく，調理に広く用いられている．品種，収穫時期，貯蔵条件などにより，デンプンや糖，水分，ビタミン含量などが異なる（図7.9）．

粉質イモ
比重1.064以上が粉質イモで，1.080以上では煮くずれしやすい．

ジャガイモには男爵，ワセシロ，キタアカリのような粉質イモとメークインや紅丸のような粘質イモがあり，一般的に粉質性のイモは煮くずれしやすく，粉ふきいも，マッシュポテトに適し，粘質性のイモは煮くずれしにくいのでシチュー，おでんに適する．

ジャガイモを加熱すると細胞壁を構成しているペクチン質が β-脱離（トランスエリミネーション）により低分子となり，煮汁に溶出し，細胞間の結合が失われるため軟化する．同時に細胞内のデンプン粒子は膨潤・糊化し，細胞膜に圧力をかけ，細胞が分離しやすくなる．粉ふきいもは表層部の細胞を細胞単位に分離させたものであり，マッシュポテトはイモ全体を細胞単位に分離させたものである．冷めるとペクチンは流動性を失って，細胞間が再び結着するため，細胞が分離しにくくなり，強い力で裏ごしすると細胞膜が破れ，糊化デンプンが流出して糊状となる．じゃがいももちはこの粘りを利用している．デンプンが成熟していない新ジャガイモは細胞単位に分離しに

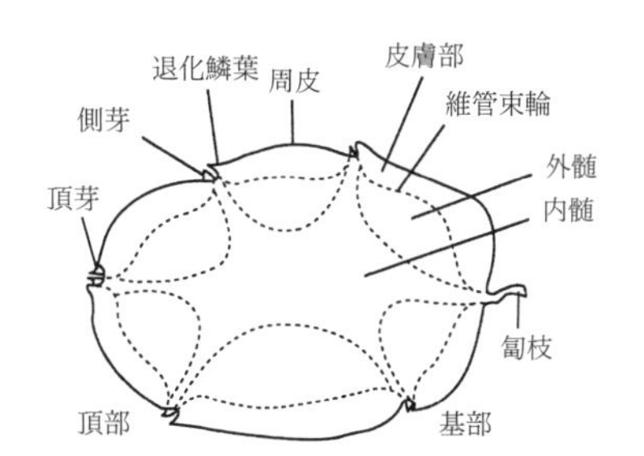

図 7.9　ジャガイモ塊茎の縦断面の構造
（下村道子他：植物性食品Ⅱ，朝倉書店，1993）

くく，粉ふきいも，マッシュポテトには適さないが，煮くずれしにくいので煮込み料理には適している．

イモの加熱途中に消火して60～70℃の水中に長時間おくと，イモが軟らかくなりにくいことがある．これは細胞壁に存在するペクチンメチルエステラーゼの作用により，ペクチン質の脱メチル化が起こり，ペクチンがβ-脱離しにくくなるためと，ペクチン鎖のカルボキシル基の間でカルシウムイオンによる架橋結合が形成され，水に不溶となって軟化しにくくなるためと考えられる（7.7.1項参照）.

ジャガイモの切り口は空気に触れると褐変する．これはジャガイモに含まれる酸化酵素のチロシナーゼによりアミノ酸の一種であるチロシンからメラニン様褐色重合物が形成されるためである．この酵素的褐変の程度はイモの品種によっても異なり，一般に男爵イモは褐変が起こりやすい．チロシナーゼは水溶性のため，切断後水に浸すと褐変を防止できる．

イモを揚げると褐変するのはアミノカルボニル反応によるものである．ポテトチップスやフレンチフライの過度の褐変を抑えるため，切り口の還元糖やアミノ酸を水に浸して減少させる．ジャガイモの発芽防止のために低温貯蔵すると，還元糖が増加し，ポテトチップスの褐変を促進するため，通常，加工前に20℃前後で2～3週間常温処理して還元糖を減少させる．

グリコアルカロイド
ジャガイモのグリコアルカロイドとしてはα-チャコニンがもっとも多く，ついでα-ソラニンであり，それらは皮層部に多い．

ジャガイモの皮の緑の部分や芽にはアルカロイドの配糖体グリコアルカロイドが含まれている．えぐ味があり，多量に摂取すると腹痛や軽度の意識障害などを引き起こすため，調理の際，除去する必要がある．熱には安定（260～270℃で分解）であるが，熱水にはある程度溶出する．皮つきでゆでたものより皮むきしてゆでた方が煮汁への溶出は多い．アンデス高原（ジャガイモの原産地）で作られる乾燥イモであるチューニョは凍結乾燥の過程でグリコアルカロイドは除去されている．

7.4.2 サツマイモ

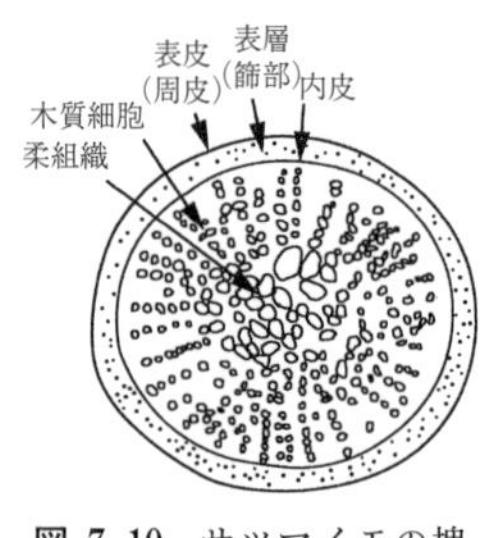

図 7.10 サツマイモの塊根横断図

サツマイモはジャガイモに比べて水分が少なく，糖質や食物繊維が多い．甘味が強いため，副食としてよりも菓子類に利用されることが多い．皮色は赤紫，紅，黄，白，肉色は黄，白，橙，紫と変化に富む（図7.10）.

サツマイモにはβ-アミラーゼが含まれているので，貯蔵中にデンプンが糖化されてマルトース（麦芽糖）を生成し，また加熱するとこの酵素の働きでマルトースが生成され甘味を増す．酵素作用の適温は50～55℃であるが，70℃くらいまで酵素作用は続く．また，酵素作用の最適温度が70～75℃のα-アミラーゼも働いてデキストリンが形成され，粘性もでる．電子レンジによる短時間加熱では酵素の失活が速いためマルトースの生成量が少なく，蒸しいもや焼きいもより甘味は弱い．蒸し加熱では徐々に温度が上昇してβ-アミラーゼが長時間作用するので糖量は多くなる．焼きいもの甘味が強いのは糖化に適する温度の長時間持続と水分の減少のためである．

サツマイモ料理の色
きんとんを色よく仕上げるにはゆで水にクチナシの実を入れる．クロシンによってイモが黄色く着色できる．クロシンはカロテノイドのクロセチンにゲンチオビオースという糖が結合しているため熱水に溶ける．

サツマイモは，切り口から樹脂配糖体のヤラピンという白色乳状の粘液が出る．ヤラピンは空気に触れると黒変し，水に不溶で除きにくい．また，ジャガイモと同様にサツマイモの切り口は空気に触れると褐変する．この変色は酵素的褐変でポリフェノールオキシダーゼがクロロゲン酸その他のポリフェノール物質に作用してキノン体を生成するためである．この酵素は水によく溶けるので切断後，直ちに水に浸し，空気との接触を断つと褐変は防止できる．ヤラピンや酸化酵素はイモの表皮から内皮の部分に多く存在しているので，料理の色や味をよくするためには皮を厚めにむく．クロロゲン酸はアルカリ存在下で緑色になる．サツマイモを重曹入りの衣で揚げたり，重曹を膨化剤として用いた蒸しパンにサツマイモを入れたときに，生地に接したイモの表面が緑色になるのはこのためである．

サツマイモは煮くずれを起こしやすい．これを防ぐために0.5% みょうばん水を用いることがある．カリみょうばん（$KAl(SO_4)_2 \cdot 12\,H_2O$）は水中で K^+，Al^{3+}，SO_4^{2-} に解離するため，酸性（約 pH 3.3）となり，ペクチンのβ-脱離による分解を抑制し，同時に Al^{3+} がペクチンと結合することによりペクチンの溶出を抑えるため，サツマイモの煮くずれを防止できる．

7.4.3 サトイモ

サトイモには親イモを食するもの（エビイモ，八ツ頭，タケノコイモなど），子イモを食するもの（石川早生，土垂など），および両方を食するもの（赤芽，セレベスなど）がある．親イモは粘性が少なく粉質で煮物に適する．子イモは軟らかく粘性が高いので茹でもの，衣かつぎにする．唐イモや八ツ頭などの赤紫色の葉柄はえぐ味が少ないので，ズイキとして，生または乾燥して煮物や酢のものなどに用いられる．

ウーハン（子イモ用品種）

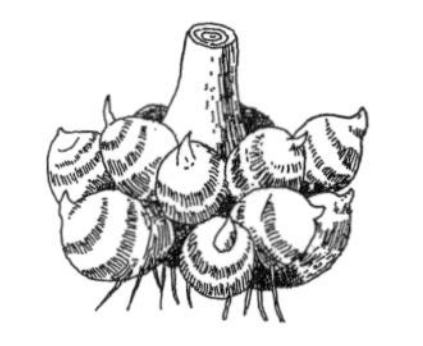
土垂（子イモ用品種）

八ツ頭（親イモ用品種）

サトイモの球茎の着生状態
（斎藤 隆：蔬菜園芸学 マメ類・根類・葉菜編，農山漁村文化協会，1983）

サトイモがジャガイモやサツマイモと異なるのは粘質物を含んでいることである．この粘質物はガラクトースなどの糖とタンパク質が結合した糖タンパク質で，加熱すると初期に組織中から溶出し，ふきこぼれの原因になったり，調味料の拡散を妨げたりする．ふきこぼれを防止するには一度ゆでこぼした後，十分水洗いをして粘質物を除去してから再加熱する．ゆで汁に食塩（1%），食酢（5%），みょうばん（0.3%）を入れると粘質物が組織から溶出するのを妨げる．最初から食塩，醤油，味噌などの調味料中で煮ると煮汁はあまり粘らない．また，下処理として皮ごと電子レンジで加熱してもよい．

サトイモの皮をむくときかゆくなることがあるが，これはシュウ酸カルシウムの針状結晶束が皮膚を刺激するためである．イモがぬれたままの状態で皮をむかない，手に塩や酢をつけてむく，加熱後にむくなどでかゆみは避けられる．

7.4.4 ヤマイモ

ヤマイモの粘り
ヤマイモは種類により粘りの強さが異なる（ジネンジョ>ツクネイモ，イチョウイモ>長イモ）

粘性の消失
加熱したヤマイモは色が白くて，匂いもないので蒸して白あんにして和菓子の「練りきり」などに用いられる．

ヤマイモの名称は混同されやすいが，これはヤマノイモ（薯蕷），ダイジョ（大薯），山野に自生するジネンジョ（自然薯）の3種の総称である．ヤマノイモは一般に多く栽培されるもので長イモ（長形），イチョウイモ（扁平），大和イモ，ツクネイモ，伊勢イモ（球形）等の品種群がこれに含まれる．つるの葉腋にできる「ムカゴ」はゆでたり，むかご飯などにして食べる．ヤマイモはサトイモと同様にシュウ酸カルシウムの針状結晶を含むため，手がかゆくなる．

ヤマイモの粘質物はβ-1,4結合したアセチルマンナンに約2%のタンパク質やフィチン酸が結合した糖タンパク質である．ヤマイモの粘質物は起泡性をもつのでかるかんやじょうよまんじゅうなどの膨化に利用する．また，粘質物はつなぎ性をもつのでソバのつなぎにも用いられる．

ヤマイモはすりおろしてそのまま，あるいはとろろ汁として食べるのが一般的である．80℃以上になると粘性がなくなるので，とろろ汁をつくるときはだし汁を冷ましてから混ぜる．生食可能な理由にアミラーゼの存在を推測されてきたが，存在しないという報告もある．細胞壁が他のイモより薄くセルロースが少ないので，デンプンが消化酵素の作用を受けやすく，これが生食可能な根拠のひとつであろう．

ヤマイモにはチロシンが含まれており，空気にふれるとチロシナーゼにより酸化されて褐変物質を生成することがある．皮をむいたらすぐ水または酢水に漬けると褐変を防止できる．

7.5 豆類

豆類は種実の子葉部を食する．豆類をその成分により分類すると，高タンパク質，高脂質の大豆や落花生（成分表では種実類）と高デンプン，高タンパク質のアズキ，インゲン豆，エンドウ豆，ソラ豆などに分けられる．未熟豆を食べるグリンピースや枝豆，さやごと食べるサヤエンドウ，サヤインゲン，豆類を発芽させたモヤシなどは野菜として用いられている．ふつう，豆というときは完熟豆を乾燥したものを指す．多くの豆類はそのまま，消費されるが，大豆は豆腐，湯葉，納豆など加工食品として利用されるばかりでなく，油脂原料や抽出タンパク質素材の原料として広く利用されている．

大豆やアズキなどの豆類のタンパク質は含硫アミノ酸のメチオニンなどが少ない欠点があるが，穀類に不足するリシンを比較的多く含むので，米を主食とする日本食において豆類を一緒に摂取することは栄養上好ましい．

大豆にはイソフラボン（女性ホルモンと似た作用を持ち，骨粗しょう症の予防や改善に効果的である），サポニン（血中の中性脂肪が血管壁に付着するのを予防し，コレステロール値を下げる），レシチン（脳の働きを活性化し，コレステロールが血管壁に沈着するのを防ぐ）など機能性成分が含まれ，注目されている．

7.5.1 吸　　水

豆類は水分15% 程度の乾物であるため，調理に際しては5〜8時間水に浸漬して約2倍になるまで吸水させた後，加熱する．豆の種類，品種，貯蔵条件，水温などによって吸水速度や吸水量が異なる．高温，高湿下で貯蔵された豆は吸水しにくい．大豆やインゲン豆は表皮全体から吸水し，水浸後5〜7時間の吸水が速やかで，その後はゆっくり吸水する（図7.11）．アズキの種皮は強靭で種瘤（へそ）から少しずつ吸水し，吸水に時間がかかる．また子葉が先に膨潤して胴割れを起こし，デンプンが溶出しやすい，夏期には腐敗しやすいなどの理由から，浸漬せずに直接煮ることが多い．

7.5.2 煮　　豆

豆類は一般に4〜5倍の水に浸漬・吸水させた後加熱する．大豆は1% 前後の食塩水に浸漬し，そのまま加熱すると水に浸漬したものより早く軟らかくなる．これは大豆タンパク質のグリシニンが塩溶液に溶解しやすい性質による．また，重曹を加えてアルカリ性の水で加熱するとペクチンのβ-脱離が促進されて軟らかくなるが，味は落ち，ビタミンB_1が破壊される．使用量が0.3% 程度であれば，ビタミンB_1の損失も少なく，味への影響も少ない．圧力鍋で煮ると120 ℃ となるので，加熱時間は大幅に短縮される．煮豆の砂糖は豆が十分軟らかくなってから2〜3回に分けて加える．一度に加えると煮汁の砂糖濃度が高くなり，豆は収縮して硬くなる．調味液に豆を漬けておき，そのまま煮る方法があるが，浸漬や加熱に多くの時間を要するので，0.3% の重曹を加えることが多い．

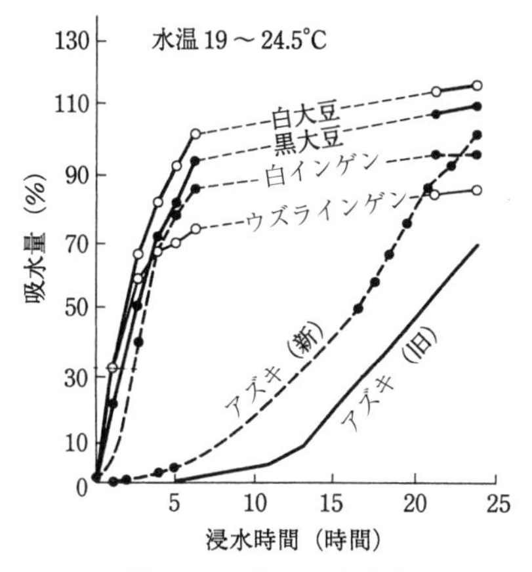

図 7.11　豆類の吸水曲線
（松元文子他：三訂調理実験，柴田書店，1975）

黒豆（黒大豆）を煮るとき，鉄鍋を用いたり，古釘を入れると，黒豆のアントシアン系色素クリサンテミンと鉄イオンが結合して錯塩を作り，美しい黒色になる．

7.5.3　あ　　ん

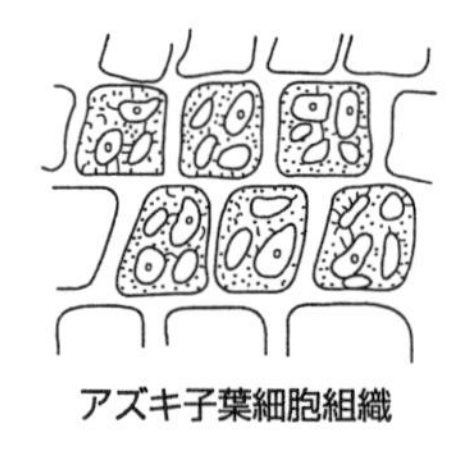

アズキ子葉細胞組織

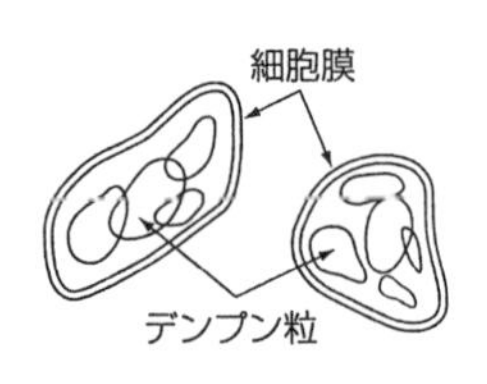

アズキあんの形態とデンプン粒
（河野友美他編：調理科学事典，医歯薬出版，1975）

あんはデンプン含量の多いアズキやインゲン豆などを用いて作る．種皮を含んでいるものをつぶあん，種皮を除いたものをこしあんという．アズキは沸騰したらさし水（びっくり水）をする．再び沸騰したら不味成分（サポニンやタンニン）の除去のために，水を取り替え（渋切り），さらに加熱する．生あんは豆を煮熟してつぶし，種皮を濾し分けて除き，布袋で水気を切ったもので，これに砂糖を加えて練り上げたものが練りあんである．あん粒子は煮熟により細胞壁中層のペクチンが溶出し，細胞単位に分離したものである．細胞内のデンプンは膨潤糊化するが，デンプン粒子を囲むタンパク質が凝固して安定化するため，デンプンは流出しない．また，細胞一次壁中のペクチンは残存していてしっかりしたあん粒子を形成している．

7.5.4　大豆加工品

大豆加工品には豆腐，油揚げ，湯葉，凍り豆腐，生揚げ，がんもどき，豆乳，おから，きなこ，納豆，味噌，醤油などがある．

豆腐は豆乳ににがり（塩化マグネシウム），すまし粉（硫酸カルシウム），グルコノデルタラクトンなどの凝固剤を加えてゲル化させたもので，木綿豆腐，絹ごし豆腐，充填豆腐がある．豆腐は90℃以上で長時間加熱すると，硬くなり，すだちが生じ，滑らかな食感が失われる．これを防ぐには0.5〜1% 食塩水，1% デンプン糊液中で加熱する．

油揚げやがんもどきなど油で揚げたものは熱湯処理して油抜きをする．油を抜くことにより油脂の酸化による渋みが抜け，調味料の拡散もよくなる．

凍り豆腐は硬めに作った豆腐を凍結乾燥させたキセロゲル（乾燥ゲル）で，タンパク質は凍結により変性している．製造中にアルカリ膨軟処理されているので戻しやすく，湯温約50℃で5分間もどして凍り豆腐内の液を押しだし，調味液中で煮含める．水煮すると煮汁がアルカリ性になり，煮溶けることがある．

湯葉は豆乳を80℃以上に加熱したときに表面にできる皮膜（タンパク質と脂肪）をすくい上げたもので，生湯葉とそれを乾燥した干し湯葉がある．精進料理によく用いられる．

7.6　種　実　類

種実類は穀類と豆類，香辛料を除いた植物の種子を可食部とする食品の総称である．種実類はナッツ類（堅果類）とシード類（種子類）に大別される．ナッツ類にはギンナン，クリ，クルミ，椎の実，栃の実，菱の実，松の実，落花生のほか，アーモンド，カシューナッツ，ピスタチオ，ブラジルナッツ，ヘーゼルナッツ，ペカン，マカダミアナッツなど多種類の外国産ナッツがある．シード類にはアサの実（苧の実），エゴマ，カボチャの種，ケシの実，ゴマ，スイカの種，ハスの実，ヒマワリの種などがある．糖質（デンプン）を多く含むものにクリ，ギンナン，椎の実，栃の実，ハスの実，菱の実などがある．これに対して，ゴマ，クルミ，アーモンドなど多くの種実類は脂質含量が30% 以上と高い．脂質には不飽和脂肪酸が80% 以上含まれている．タンパク質を多く含むものに，アサの実，スイカの種，落花生がある．これらの成分の違いが調理・加工の仕方を方向づけている．

7.6.1 ゴ　マ

ごま豆腐
ごま豆腐は本くず，ゴマ，水を1，1〜1.2，10〜11の割合で混合し，攪拌しながら25分間加熱し，型に入れて冷却する．

ゴマは外皮の色により白ゴマ，黒ゴマ，茶ゴマ，金ゴマなどに分けられる．主成分は脂質で白ゴマに50〜55%，黒ゴマに40〜45% 含まれる．タンパク質も約20% と多い．香り（ピラジン類）を生かすために食べる直前に軽く煎る．ごま塩にして用いたり，すりごまにしてごま和えやごま豆腐を作る．ゴマは強い抗酸化作用をもつリグナン類（セサミンやセサモリン）やビタミンEを多く含むため，ごま油は酸化されにくい．抗がん作用，コレステロール低下作用も期待されている．

7.6.2 クルミ，落花生，アーモンド，ギンナン

クルミ，落花生，アーモンドはすりつぶして和え衣にしたり，菓子材料として用いる．ギンナンはゆでたり，煎って茶碗蒸しなどの蒸し物に入れたり，油で揚げて塩を振って食べたりする．料理に彩りをそえる新ギンナンの美しい半透明のひすい色はクロロフィルによるが，退色後の黄色はカロテノイドによる．

7.6.3 ク　リ

クリはゆでぐり，焼きぐりとしてその風味を味わったり，ご飯に炊き込んだりする他，正月のきんとん用には欠かせない素材である．また，渋皮煮やまんじゅう，ようかん，マロングラッセ，モンブランなど菓子にも広く用いられている．クリには果肉にもタンニンを含むので皮をむいたら，水に浸してあく抜きをする．

7.7 野　菜　類

野菜類は種類，品種が多く，可食部位により葉菜類，茎菜類，根菜類，花菜類，果菜類に分類される．多彩な色，味，香り，歯ざわりが食卓に彩りを添えるのみでなく，ビタミン，無機質，食物繊維の給源としても重要であ

る.

7.7.1 調理操作によるテクスチャーの変化

a. 生食調理

生野菜類のテクスチャーに影響を与えるのは水分含量と浸透圧が細胞膜に与える緊張度である. 野菜の細胞膜は半透性であり, 水は通すが食塩や砂糖などの溶質は通しにくく, 一般に野菜の細胞内液の浸透圧は約0.85% 食塩溶液, 10% ショ糖溶液, 2% 酢酸溶液の浸透圧とほぼ等しい. そのため, 野菜の細胞液より低い浸透圧の溶液中では細胞内に水が入り膨圧が高まって, ピンと張った状態になり歯ざわりがよくなる. 千切りキャベツや白髪ダイコンなどは冷水に浸すことで細胞内に水が浸透してパリッとした歯ざわりになる. しかし, 水溶性成分が溶出するため浸漬時間は短くする.

一方, 野菜より高い浸透圧の溶液に入れると細胞内の水が一部脱水されて張りを失い, 歯ざわりが損なわれる. 生野菜に1% 程度のふり塩をすると, 食塩は野菜の表面で溶けて高濃度の食塩溶液となるため脱水現象がおこる. そのため, ドレッシングなどの調味液は食べる直前にかけるとよい.

漬物における野菜細胞の原形質分離
さらに食塩濃度が高い場合や時間が長くなると, 細胞は原形質分離をおこして細胞膜が細胞壁から離れ, 細胞内に食塩などの調味料が入り込む. 酢の物や和え物に用いるダイコンなどは食塩によって原形質分離をおこして, 調味液を細胞内に満たしたものである.

b. 加熱調理

野菜は加熱調理により軟らかくして食べるが, 実際には加熱調理によって軟化と硬化が同時に起こり, その兼ね合いで野菜の硬さが決まる. 野菜のテクスチャーは料理のおいしさに大きく影響するために, 適切な加熱温度, 時間を把握することが必要である.

加熱による野菜のテクスチャーの変化にはペクチン質が関与している. ペクチン質は, 植物の細胞壁に存在し, 細胞同士の接着に関わって, 野菜に適当な硬さを与えている. ペクチン質はガラクツロン酸が α-1,4 グリコシド結合によって直鎖状につながった高分子化合物で, ガラクツロン酸のカルボキシル基がある程度メチルエステル化されているものをペクチンあるいはペクチニン酸という. メトキシル基（$-OCH_3$）が約7% 以上のものを高メトキシル（HM）ペクチン, それ以下のものを低メトキシル（LM）ペクチンという.

野菜を中性（pH 5 以上）あるいはアルカリ性条件下で加熱すると, ペクチンのグリコシド結合が β-脱離（トランスエリミネーション）により開裂し, 酸性条件下（pH 3 以下）で加熱するとグリコシド結合が加水分解により開裂する. これらの開裂によりペクチンが低分子となり, 煮汁中へ溶出することで細胞間の接着力が失われて野菜は軟らかくなる（図 7.12, 7.13）. ペクチンはメチルエステル化した箇所でのみ β-脱離するため, エステル化度の高いペクチンを多く含む野菜ほど加熱により軟化しやすい. アルカリ性では β-脱離が促進されるため, 重曹液で加熱すると水煮よりも柔らかくなる. ワラビ, ヨモギなどの山菜は, 草木灰をまぶして熱湯をかけたり, 灰汁

青煮
クロロフィルの退色をできるかぎり抑えた煮物で, 下ゆでしたサヤエンドウなどを食塩や砂糖を用いて調味した煮汁の中でごく短時間加熱する. 加熱後, 直ちに野菜を煮汁から取り出して冷ましてから, 再度冷めた煮汁に野菜を浸して味を浸透させる.

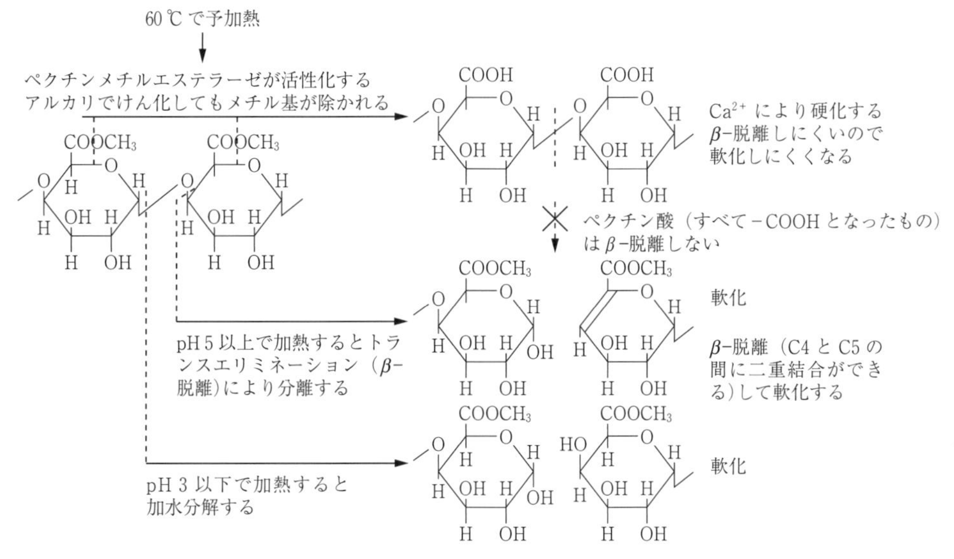

図 7.12　野菜の軟化とペクチン質分解の関係

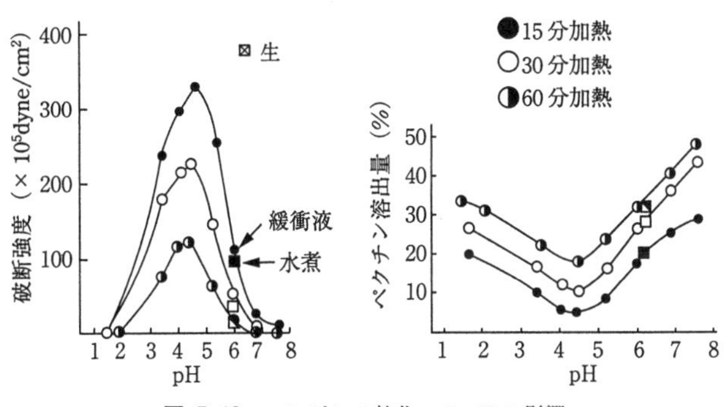

図 7.13　ニンジンの軟化への pH の影響
（渕上倫子：栄食誌，**37**，1984）

や 0.3% 程度の重曹水溶液でゆでることであくを抜くが，青菜類では軟化しすぎて好ましくないテクスチャーとなる．また，pH 4 付近の弱酸性下では，ペクチンの β-脱離や加水分解が起こりにくいため，レンコンやゴボウを食酢を加えてゆでるとシャリシャリした歯ざわりのテクスチャーになる．

一方，硬化は主として 60～70 ℃ の比較的低温域での加熱で起こるが，これは細胞膜の機能低下によって K^+ などの電解質が膜の外に出て，細胞壁のペクチンメチルエステラーゼが活性化されるためである．ペクチンメチルエステラーゼはペクチンのエステル化度を低下させ（脱エステル反応），そこに Ca^{2+} のような二価の金属イオンが結合して，ペクチン鎖間に新たな架橋構造が生成されることで野菜が硬化する．硬化した野菜は，ペクチンのエステル化度が低下しているので，100 ℃ で再加熱しても軟化しにくい．

また，Ca^{2+}，Al^{3+} などはペクチンの溶出を抑制するので，牛乳で煮ると水煮より硬くなり，みょうばんを加えてゆでると煮崩れ防止になる．一方，Na^+ や K^+ などはペクチンの溶出を促進するので，食塩を加えたほうが軟化しやすい．Mg^{2+}は野菜の煮熱による硬化・軟化に大きな影響を及ぼさない．なお，加熱により細胞膜は半透性を失うために，調味料は拡散によって細胞内に入り，調味による脱水も起こりにくい．

7.7.2　調理操作による色の変化

野菜はそれぞれ美しい色を呈しており，この野菜本来の色を損なわないよう調理することが重要である．

a．クロロフィル

ホウレンソウなどの緑色野菜中に存在する緑色の色素はクロロフィルであり，葉緑体に存在する．クロロフィルにはaとbがあり，植物中にはおおよそ3：1の割合で存在している．クロロフィルは，ポリフィリン環の中央にMg^{2+}が結合し，フィトール基の長い側鎖をもつ構造であるため，水に溶けず脂溶性である．生の組織中ではタンパク質と結合しており，細胞液は弱酸性であるが色は安定である．

ホウレンソウなどの緑色野菜を沸騰水でゆでると鮮やかな緑色になるのは，組織中の空気が追い出され透明度が増すことと，クロロフィルのフィトール基がクロロフィラーゼにより除かれクロロフィリドとなるためである．また，フィトールはアルカリ性でも外れてクロロフィリドやクロロフィリンとなるため，山菜のあく抜きで重曹などを用いると鮮やかな緑色になる．

一方，酸性のゆで水や長時間の加熱はクロロフィルのMg^{2+}がH^{+}に置換され，緑褐色のフェオフィチンとなる．さらに酸処理，加熱処理を続けるとフィトール基が除かれて黄褐色のフェオフォルバイドとなる．味噌や醤油を加えた煮汁での加熱で変色が著しいのはこのためである．この反応は未加熱でも起こるが加熱によって促進されるため，緑色野菜のゆで加熱では，①ゆで汁のpHが野菜の有機酸によって低下しないように蓋をせず有機酸を揮発させる，②加熱時間を短くするためにたっぷりの沸騰水を用いて野菜投入による温度低下を最低限にする，③ゆで上がったら冷水で急冷して温度を下げるなどの配慮が必要である．なお，食塩水（1～2%）でゆでると，Na^{+}の影響でこの変化が若干抑制される．60℃以下では変色しにくいので，汁物ではゆでた青菜を椀に盛り熱い汁を注ぐ，キュウリの酢の物では食べる直前に調味料と和えるなどが肝心となる．

b．カロテノイド

カボチャ，ニンジン，トマトなどの黄色褐赤色の色素は，カロテノイド系色素であり，緑黄色野菜中にクロロフィルと共に含まれている．カロテノイドはイソプレン8単位を基本構造とする脂溶性色素である（サフランやクチナシのクロシンは例外的に水溶性）．青菜が鮮度低下により黄色くなるのはクロロフィルが分解して共存しているカロテノイドの色が表れるためである．カロテノイドは酸やアルカリ，熱に対して安定であり，通常の調理における変化は少ない一方で，分子中に多数の共役二重結合を含んでいるため光照射によりトランス型からシス型に異性化をおこして退色する．また，リポキシゲナーゼやペルオキシダーゼなどの酵素によって酸化分解されるため，カロテノイドを含む野菜は暗所で低温保存するか冷凍前にブランチングするとよい．

c．フラボノイド（狭義）

狭義のフラボノイドはカリフラワーやタマネギなどの淡色野菜に含まれる無色から淡黄色の水溶性色素であり，構造上からフラボン，イソフラボン，フラボノール，フラバノンなどに分類される．遊離型または配糖体として植物中に広く分布し，糖と結合した配糖体で存在すると無色である．また，フラボノイドは，酸性では白色であるが，アルカリ性で加熱すると黄色に，鉄やアルミニウムと錯体をつくると黄緑色や褐色を呈する．

d．アントシアニン

アントシアニンは，広義のフラボノイドで，アントシアニジンの配糖体としてナス，黒豆の表皮，紫シソ，イチゴなどに存在する水溶性色素である．構造上からペラルゴニジン，シアニジン，デルフィニジンに分類される．アントシアニンの色調は pH により変化し，酸性では鮮やかな赤色を示す．梅干は梅の実から溶出した酸によって紫シソのシソニンが赤くなることを利用している．ショウガやミョウガは湯通し後に酢につけるとピンク色になり，レモン汁を添加したイチゴジャムや赤カブや紫キャベツの酢漬けは鮮やかな赤色になる．一方，アントシアニンは中性では紫色や藍色，アルカリ性では青色や緑色に変色する．また，Fe^{2+}，Al^{3+}，Ca^{2+}，Mg^{2+}，Na^{+}などの金属イオンと結合して錯体（錯塩）を形成し，色が安定化する．ナスのぬか漬けにみょうばんや古釘を入れたり，黒豆を煮るときに鉄鍋や古釘を加えると色が保たれる．また，ナスの煮物はアントシアニンが水溶性であるために退色しやすいが，揚げ煮など油を使った前処理により短時間加熱にすると色が保たれる．

e．ポリフェノール

ポリフェノールは，ベンゼン環に水酸基を2つ以上結合しているものの総称であり，クロロゲン酸やカテキンなどのタンニン類や前述の狭義のフラボノイドやアントシアニンも含む．ナス，ゴボウ，レンコンなどにはクロロゲン酸などのポリフェノールとポリフェノールオキシダーゼが存在する．切断などで野菜の細胞が破壊されるとポリフェノールは空気中の酸素と接触，ポリフェノールオキシダーゼの作用によりキノン体を経てメラニンとなり，切断面が褐色に変化する．チロシンなどのモノフェノールからキノン体を生成させるチロシナーゼもポリフェノールオキシダーゼのひとつである．褐変を防ぐには，褐変反応にかかわる基質，酵素，酸素のうち少なくとも1つを除けばよく，① 野菜を水に浸して空気との接触を防ぐと同時に基質と酵素を

ポリフェノールの味

ポリフェノールは渋味やえぐ味を呈する成分でもあり，クロロゲン酸は淡い渋味を有している．わずかな渋味は風味として好まれる一方，クロロゲン酸を含むナス，ゴボウ，レンコンでは舌面で渋味が感知されにくくなる油を使った料理が多いことも興味深い．

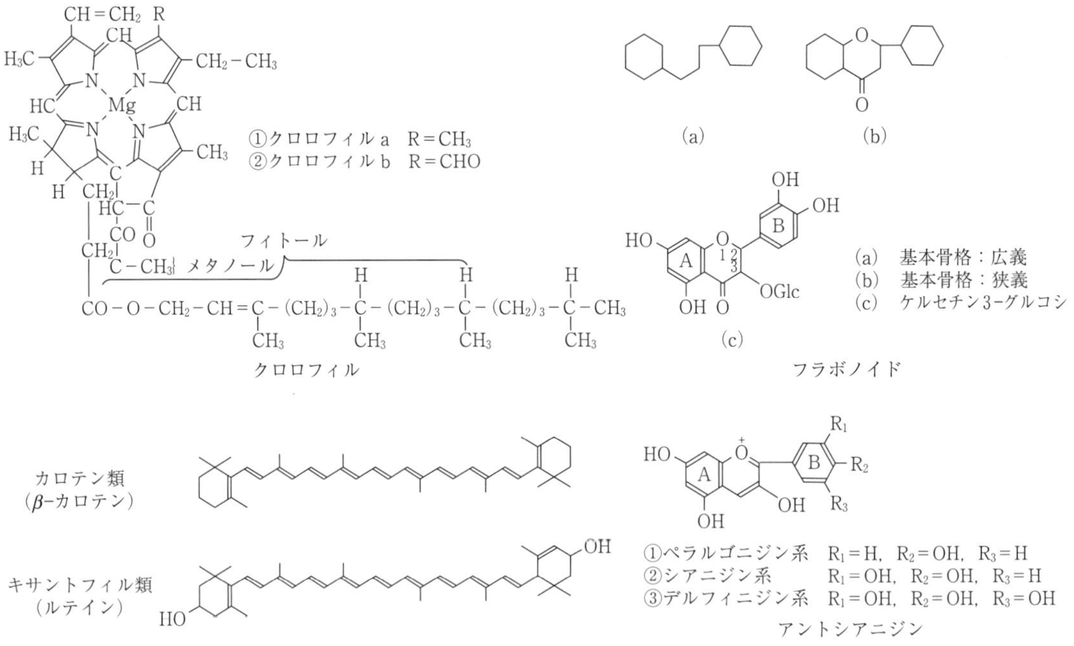

①クロロフィル a　R＝CH_3
②クロロフィル b　R＝CHO
フィトール
メタノール
クロロフィル

(a)　(b)
(c)
(a)　基本骨格：広義
(b)　基本骨格：狭義
(c)　ケルセチン3-グルコシド
フラボノイド

カロテン類
(β-カロテン)

キサントフィル類
(ルテイン)

①ペラルゴニジン系　R_1＝H，R_2＝OH，R_3＝H
②シアニジン系　R_1＝OH，R_2＝OH，R_3＝H
③デルフィニジン系　R_1＝OH，R_2＝OH，R_3＝OH
アントシアニジン

図 7.14　野菜に含まれる色素の構造

水に溶出する，② レモン汁や食酢により酵素の至適 pH から遠ざける，③ 食塩水につけて酵素活性を抑制する，④ アスコルビン酸（還元型ビタミン C）によりキノン体を還元する，⑤ 加熱により酵素を失活させるなどの方法がある．

● 7.7.3　調理操作による香りの変化 ●

野菜類はアルコール類，エステル類，含硫化合物などの香り成分を含み，組織が破壊されることで香気成分が揮発する．α-リノレン酸やリノール酸からリポキシゲナーゼなどの酵素作用で産生される野菜類のみどりの香りは食卓に新鮮さとさわやかさを与え，特に，ミツバやセリ，セロリなどのセリ科植物は芳香を楽しむ野菜である．また，ショウガ，シソ，山椒などは特有の芳香と刺激性の香味を有し，獣鳥肉類や魚介類の好ましくないにおいのマスキングや料理の香りづけ，薬味に用いられる．

ネギ，ニンニク，ニラ，タマネギなどのネギ属の野菜は，刻んだり，すりおろすと組織が破壊され，ニンニクではアリイナーゼ（システインスルホキシドリアーゼ）の作用で強力な香気成分であるアリシン（ジアリルチオスルフィネート）が生成される．なお，タマネギのアリルプロピルジスルフィド類は加熱により還元されてプロピルメルカプタンになる．また，ワサビやダイコン，キャベツ，ブロッコリーなどの十字花植物やナタネ属の野菜では，細胞が破壊されると不揮発性のグルコシノレートにミロシナーゼ（チオグルコシダーゼ）が作用し，香気成分および辛味成分として重要であるイソチオシアナートが遊離される．ダイコンおろしは辛味を抑えるためにイソチオシアナートの生成量が少ない上部を粗くすりおろすとよく，辛子は辛味を強めるために温水を用いて練るとよい．なお，イソチオシアナートは不安定であり，放置すると分解して速やかにジメチルスルフィドを生成する．

7.7.4 調理操作による味の変化

一般に野菜類はうま味成分として，グルタミン酸，アスパラギン酸などのアミノ酸を含み，トマト，枝豆，トウモロコシは5′-アデニル酸も多く含んでいる．また，野菜にはえぐ味，苦味，渋味などを呈する成分が含まれ，少量のあくは野菜の風味として重要であるが，多量に存在する山菜などでは不快な味となるので除去しなければならない．このような不味成分を一般にあくといい，アルカロイド，タンニン，有機酸，無機塩類などである．不味成分の多くは水溶性のためゆでることで除去できる．タケノコでは米ぬかを加えてゆでることでホモゲンチジン酸などのえぐ味成分をデンプンなどのコロイド粒子に吸着させる．なお，キュウリの苦味成分であるククルビタシンは不溶性でありゆでても除去できない．

7.8 果　　実　　類

7.8.1 生食調理

果実は果糖，ブドウ糖，ショ糖などの糖類やクエン酸，リンゴ酸などの有機酸を含み，果実を生食するときのおいしさはそれらの呈する甘味と爽快な酸味の調和である．果実によって果糖，ブドウ糖，ショ糖の構成比は異なり，リンゴやナシは果糖を多く含み，モモやアンズはショ糖やブドウ糖が多い．果糖は低温でα型から甘味の強いβ型になることから，リンゴやナシは10℃前後に冷やして食べるとよい．なお，リンゴ，モモ，バナナなどのポリフェノールを含む果実では，ポリフェノールオキシダーゼによりポリフェノールが酸化されて褐変するため，褐変を防止することが必要となる．

また，果実は独特の芳香を持ち主要成分はエステル類，アルコール類，アルデヒド類である．レモン，ユズ，スダチなどの柑橘類の果皮はテルペン類のリモネンを含み，風味づけや吸い口に用いられる．

渋抜き

未熟な果実に含まれるタンニン（ポリフェノール）は成熟にともなって不溶化し，渋味を感じられなくなる．しかし，渋柿のタンニンは成熟しても可溶性であるため，タンニンを不溶性にする必要がある．アルコール，炭酸ガス（ドライアイス）などを添加して，呼吸抑制し，糖から生成したアルコールがアセトアルデヒドになり，タンニンを不溶化する．

7.8.2 加熱調理

果実の加熱調理にはコンポートやフルーツソース，ジャムなどがあり，加熱によりテクスチャーが変化すると同時に，砂糖の甘味で酸味がやわらいで果実の風味が引き立つ．肉料理やヨーグルトに添えたり，焼き菓子に利用される．

ジャムは，果実に含まれるペクチン質のうち，高メトキシル（HM）ペクチンのゲル形成能を利用したものであり，HM ペクチンを多く含む適熟果を使用することが望ましい．ゲル化は HM ペクチン濃度約 1%，糖濃度 60～65%，pH 2.8～3.2 で起こり，これらの含有量は果物によって異なるため不足する場合補う必要がある．酸が HM ペクチンのカルボキシル基の解離を抑制し，砂糖が HM ペクチン分子から水を奪い取って水和を妨げることで，不安定になった HM ペクチン分子間の水酸基が水素結合して網目構造が形成されゲル化する．なお，果実の熟度によりペクチン質は異なり，未熟果には Ca^{2+} や Mg^{2+} と結合した不溶性のプロトペクチンが，過熟果にはペクチンメチルエステラーゼの作用でペクチニン酸のメチル基が脱離したペクチン酸が含まれ，いずれもゲル化能を有しない．

なお，パインアップル，パパイア，キウイフルーツなどはプロテアーゼを含むため，ゼラチンゼリー調製時にはあらかじめ加熱してプロテアーゼを失活させてから用いなければならない．

7.9 海　藻

7.9.1 海藻の種類と調理

日本近海には 1500 種にもおよぶ海藻が自生しており，そのうち紅藻類 600 種類，褐藻類 230 種類，緑藻類 200 種類といわれる．伝統的食生活のなかでは 50 種類にもおよぶ海藻類が利用され，藻体全体を食材として煮物，汁物，酢の物，和え物，揚げ物などに調理する日本独自の食習慣が形成されてきた．しかし今日では家庭で多用される海藻は，コンブ，ワカメ，ヒジキ，モズク，ノリなど限られたものになってしまった．

7.9.2 海藻の嗜好特性

海藻料理は，海藻のもつうま味，独自の味や香り，色を生かして調理される．

a. 海藻のうま味

海藻のなかでもコンブのうま味が優れており，特にマコンブ，利尻コンブなどが出しコンブとして適している．うま味の主成分はグルタミン酸で，アスパラギン酸，アラニンなどのアミノ酸とコンブ表面の白い粉の成分であるマンニットが複合されて独自のうま味を呈する．アサクサノリも特有の味をもち，5′-イノシン酸，5′-グアニル酸などの核酸系のうま味成分とアラニン，タウリン，グルタミン酸などのアミノ酸系のうま味成分をもつ．

b. 海藻の色と香り

海藻は含まれる色素によって褐藻類，紅藻類，緑藻類に分類される（表 7.8）．加工や調理過程で熱や酸，アルカリなどの影響を受け，色や香りは変化する．

表 7.8 海藻の種類と利用法

分　類	色　　素	種　類	加工・保存法	主な調理法
褐藻類	フィコキサンチン（褐色） クロロフィル（緑色） カロテノイド（橙色）	コンブ	乾燥	とろろ昆布，塩昆布，出し，昆布巻き，煮物
		ワカメ	生わかめ 乾燥わかめ 塩蔵わかめ 灰干しわかめ	酢の物，和え物，汁の実，煮物，サラダ
			板わかめ	巻きずし，のり同様に食す
		メカブ	生	酢の物，汁の実（とろろ）
		ヒジキ	あく抜き乾燥	煮物，和え物，サラダ
		アラメ	あく抜き乾燥，生	煮物，酢の物，汁の実（とろろ）
		モズク	塩蔵，生	酢の物，汁の実，粥
紅藻類	フィコエリスリン（紅紫色） フィコシアニン（青色） クロロフィル（緑色） カロテノイド（橙色）	アマノリ	乾燥板のり	焼きのり，味付けのり，佃煮，巻きずし，炙って食す
		テングサ	さらし乾燥	ところてん，寒天，サラダ
		オゴノリ	乾燥，塩蔵	酢の物，刺身のつま，サラダ
		フノリ	乾燥，塩蔵	汁の実，サラダ
緑藻類	クロロフィル（緑色） カロテノイド（橙色）	アオノリ	乾燥	青のり，もみ青のり，汁の実
		ヒトエグサ	乾燥	青のり，佃煮，汁の実

（今田節子：海藻の食文化，成山堂書店，2003 より作成）

植物の灰をまぶして乾燥させた灰干しわかめは，灰のアルカリによりワカメに含まれるクロロフィルはクロロフィリンに変化し，緑色が鮮やかに保たれる．アオサやアオノリの色素のほとんどはクロロフィルとカロテンで，香りの主成分はジメチルスルフィドといわれるイオウ化合物である．アオノリやアオサを炙って振りかけにしたり，汁物の仕上げに入れる調理操作は，過度の加熱によるクロロフィルの変色を防ぎ，沸点 37 ℃ という低温で芳香性が増すジメチルスルフィドの性質を利用して独自の香りを引き出す工夫である．

焼きのりの香りはイオウ化合物，トリメチルアミン，アルデヒド類，アルコール類などの複合的な香りである．また，干しのりを長期にわたり放置すると赤変する．焼きのりにすると赤系のフィコエリスリンが脱水素されてフィコシアニンに変わり退色するが，クロロフィルやカロチノイド，フィコシアニンは安定でほとんど変色せず，赤変が抑えられる．

c. 海藻のテクスチャー

海藻には独特の粘りと歯ごたえがあり，テクスチャーはおいしさの重要な要因である．

昆布巻きにはうま味とやわらかさが重要であり，酢を添加して煮ると軟化が早い．これは酸の作用で細胞壁成分の溶出が促進されたり，細胞壁に存在するアルギン酸カルシウムの結合状態が変化し，遊離アルギン酸が増加するためと考えられている．

灰干しわかめはアルギン酸が灰に含まれるカルシウムと結合して不溶化し

ており，粘りの少ないコリコリとした歯切れのよい食感を味わうことができる．そしてメカブやツルアラメを湯通しし，小さく刻んで酢物や汁物にすると特有の粘性を生じる．褐藻類は粘質多糖類のアルギン酸やフコイダンを含んでおり，アルギン酸はカルシウムなどと結合して不溶性であるが，フコイダンは水や希酸に抽出され，トロリとした食感を生ずる．

紅藻類には凝固するものと凝固しないものがある．テングサ類に含まれる細胞壁多糖のアガロースは凝固性が高くトコロテンなどに利用されるが，滑らかな口触りと喉ごしが特徴である．一方，フノリやシラモ，トサカノリなどの硫酸基を多く含む紅藻類は凝固性が低く，海藻自身の歯ごたえと色を活かして酢の物や和え物，サラダに利用される（表7.8）．

7.9.3　海藻の栄養特性

海藻類はカルシウムや鉄，ヨウ素，カリウムなどの無機質や食物繊維の優れた給源である．食物繊維が整腸作用をもつ他，褐藻類や紅藻類に含まれる多糖類にはコレステロール低下作用，高血圧低下作用，抗腫瘍作用，血糖値低下作用など，さまざまな生理機能があることが実証されつつある．これらの効用はすでに江戸時代の本草書や近代の民間伝承のなかにもみられ，sea vegetable（海の野菜）として藻体全体を料理し食べる習慣は，古くから日本人の生活習慣病の予防や改善につながってきたといえよう．

7.10　キ ノ コ 類

キノコとは担子菌および子のう菌が形成する子実体の中で，肉眼で見ることができる大型の子実体をいう．秋の味覚を代表するものであったが，現在では人工栽培が主流を占めて，1年中賞味可能である．シイタケ，シメジ，ヒラタケ，エノキタケ，ナメコ，マイタケ，キクラゲ，エリンギ，マッシュルームなどが量産されている．マツタケ，トリュフは人工栽培ができないので，特定の地方の産物となり高価である．キノコ類は食物繊維が多く，油との相性がよい．

7.10.1　香　　り

「香りマツタケ」といわれている，マツタケの香りはメチルシンナメートと多くのキノコに存在する1-オクテン-3-オール（マツタケオール）の混合物である．

干しシイタケの香りはレンチオニンによる．生シイタケにはレンチオニンの前駆物質，レンチニン酸が存在している．干しシイタケに加工する過程でレンチニン酸が増加し，一部レンチオニンもできる．水戻しの水温が高いほど，水戻し後の煮物中のレンチオニンの生成量は多いが，揮発成分であるので，10分以上加熱すると減少し，40分を超えるとほとんどなくなる．低温

シイタケの種類
シイタケの傘の開く程度によって冬姑（どんこ）と香信（こうしん）に分けられている．冬姑は菌傘の裏がわずかに見える60％開き程度のもので，冬から早春にかけて生産適期のもの．香信は春または秋に発生した子実体の80から90％開いたものを乾燥させたもの．

で戻したものは加熱によるレンチオニン量の残存が多い.

● 7.10.2 味 ●

呈味成分はヌクレオチド，遊離アミノ酸やペプチドなどであり，加熱により抽出されるので汁物，鍋物などにするとおいしい．表7.9に7種類のキノコの5′-アデニル酸と5′-グアニル酸含有量を示した．「味シメジ」といわれるように，ホンシメジやヒラタケ（シメジの名で売られている）にはヌクレオチドが多いことがわかる．

シイタケは乾燥する過程や加熱調理する過程で酵素（ヌクレアーゼ）の働きによって核酸が分解し，5′-グアニル酸が生成することがわかっている．熱湯でいきなり加熱するとヌクレアーゼが失活するので，水から火にかけ，50～70℃の温度域を5℃/分で通過する加熱速度が望ましいといわれている．グルタミン酸は高温で長時間戻したほうが多くなるが，色が濃くなり，他の苦味をもつアミノ酸が増加する．シイタケの戻し方法は，うま味，色，香り，テクスチャーを総合すると，冷蔵庫で一夜浸漬するのがよいと思われる．

マッシュルームは遊離アミノ酸（グルタミン酸，グルタミン，アスパラギン酸，アスパラギン，プロリン，アラニンなど）がシイタケより多い．

● 7.10.3 テクスチャー ●

キノコの食品としての価値のひとつに，独特のテクスチャーが関与している．キクラゲは中国語で木耳（ムアール）と書き，独特の歯ざわりと黒色が中国料理だけでなく，日本料理でも好まれている．マツタケ，エリンギ，マイタケ，フクロタケ，アミガサタケなどもテクスチャーが重要である．マイタケはプロテアーゼを含むので生を茶碗蒸しに入れると卵液が凝固しにくくなる．

● 7.10.4 機 能 性 ●

① ビタミンD源： キノコにはプロビタミンDのエルゴステロールが存在する．紫外線照射によりビタミンD_2が生成するので，食べる前に日光にさらすとよい．

表 7.9 キノコの5′-ヌクレオチド含有量（mg/乾物100 g）
凍結乾燥粉末0.5 gに25 mlの水を加え，4分で沸騰させ，5分間沸騰を維持させたものの計測値．

	5′-アデニル酸	5′-グアニル酸
シイタケ	136	178
マッシュルーム	159	83
エノキタケ	151	105
マツタケ	120	134
ホンシメジ	242	244
ヒラタケ	195	182
ナメコ	45	26

β-グルカン

グルコース分子が約50万，β-1,3結合やβ-1,6結合した高分子の多糖類である．デンプンも高分子の多糖類であるが，結合がα結合である点が異なる．ヒトはβ結合の多糖類を分解する酵素をもっていないので，体内で分解されエネルギー源となることはほとんどない．β-1,4結合の多糖類はセルロース（紙）である．

② 抗腫瘍効果や免疫賦活効果：　シイタケに多いβ-グルカン（レンチナン）は抗腫瘍効果や免疫賦活効果があるといわれている．

③ コレステロール低下作用：　シイタケに多いエリタデニンは血漿コレステロール低下作用がある．

④ 血圧降下作用：　エノキタケに多いγ-アミノ酪酸（ギャバ）には血圧降下作用がある．

参考文献

芦澤正和ほか監修：オールカラー版食品図鑑，女子栄養大学出版部，1995
今田節子：海藻の食文化，成山堂書店，2003
大石圭一：海藻の科学，朝倉書店，1993
金谷昭子編：食べ物と健康　調理学，医歯薬出版，2004
川端晶子・畑　明美：調理学，建帛社，2002
木戸詔子・池田ひろ編：食べ物と健康 4　調理学，化学同人，2003
小西洋太郎・根本和洋：アマランサスの機能性と食品特性．食の科学，**326**，16-23，2005
下村道子・橋本慶子：調理科学講座　植物性食品 II，朝倉書店，1993
下村道子・和田淑子編：新版調理学，光生館，2003
食品成分研究調査会編：五訂日本食品成分表，医歯薬出版，2001
田中康夫，松本　博編：製パンの科学〈II〉　製パン材料の科学，光琳，1992
長尾精一編：小麦の科学，朝倉書店，1995
山崎清子・島田キミエ・渋川祥子・下村道子：調理と理論，同文書院，2003
山田信夫：海藻利用の科学，成山堂書店，2000
横川洋子：きのこの味と嗜好，*Ajico News*，**206**，9-14，2002
和田淑子・大越ひろ編：健康・調理の科学—おいしさから健康へ—，建帛社，2004

8. 動物性食品の調理特性

8.1 食　肉　類

食肉は，牛肉，豚肉，鶏肉などの骨格筋（横紋筋）であり，筋肉組織，結合組織，脂肪組織より成っている．品種，年齢，飼育法，部位によって構成タンパク質の種類，脂肪の沈着状態などに差があり，適切な調理法を選定することが必要となる．図 8.1 に食肉の部位と適する料理を示した．

8.1.1 食肉（骨格筋）の構造と成分

食肉は筋肉組織，結合組織，脂肪組織より構成される．筋肉の模式図を図 8.2 に示す．その成分組成は，タンパク質 20%，脂質 5～30%，水分 50～75% であり，肝臓，心臓などの副生物にはビタミンや無機質が多く含まれている．

a. タンパク質

食肉のタンパク質は，約 60% が筋原線維を構成している筋原線維タンパ

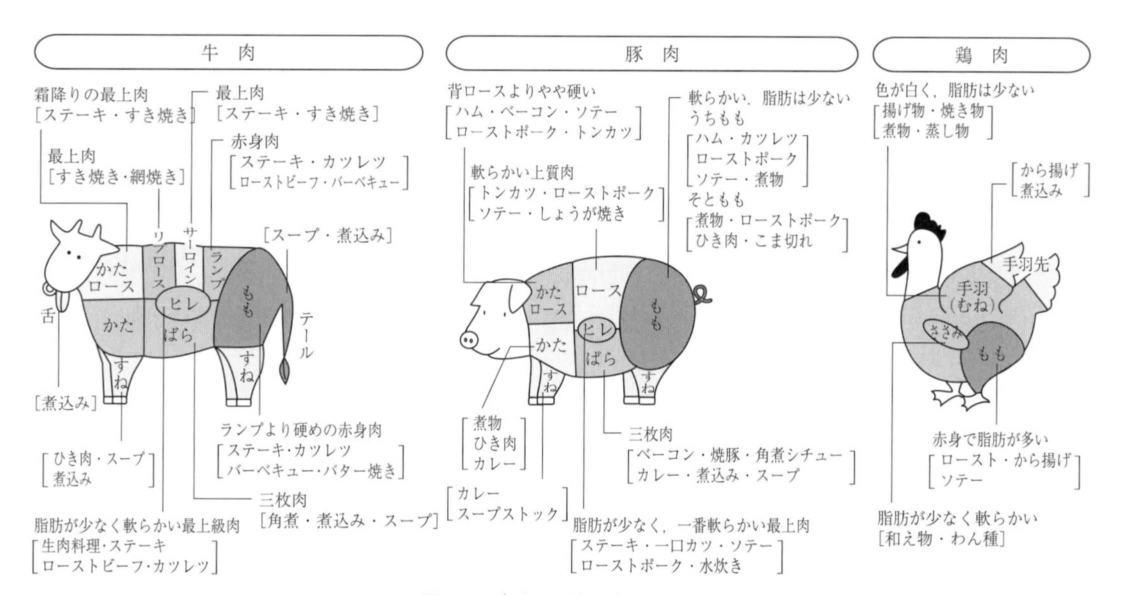

図 8.1 各肉の部位と適する料理
(丸山悦子・山本友江編著：調理科学概論，朝倉書店，2005)

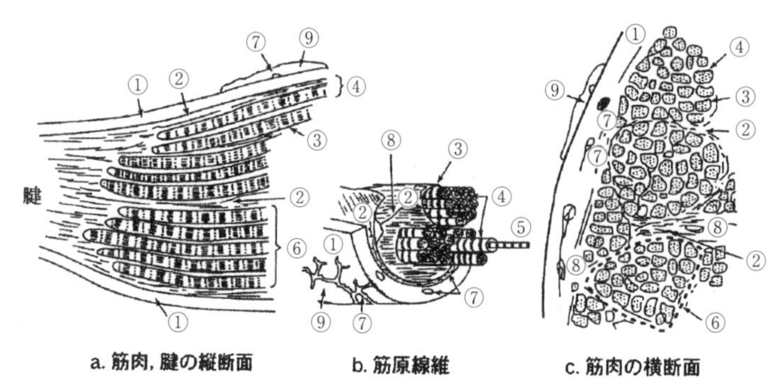

①外筋周膜
②第一次内筋周膜（①が血管神経を伴って筋肉内に入ったもの）
③第二次内筋周膜（筋線維の小束を含む）
③筋内膜（個々の筋線維を含む）
（②③は結合組織）
④筋線維（筋原線維と筋形質が存在し，筋鞘によって取り巻かれている）
⑤筋原線維（径 1～2 μm，横紋がある）
⑥筋小束（…内）　⑦毛細血管　⑧神経
⑨脂肪（結合組織に沈着して血管に沿って筋肉内に入る）

図 8.2　筋肉の模式図
（下村道子・橋本慶子編：動物性食品，朝倉書店，1993）

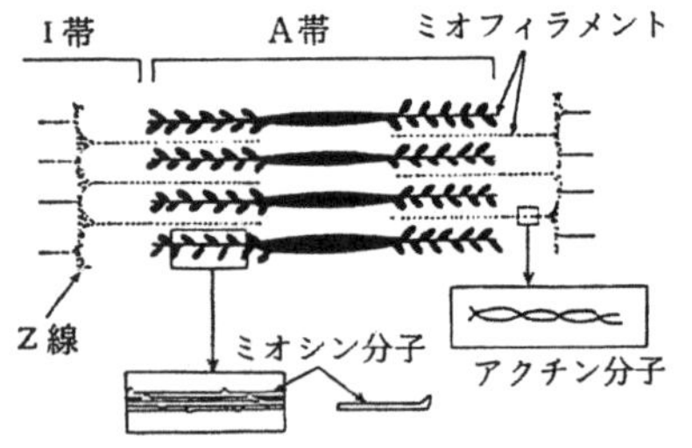

図 8.3　筋原線維構成フィラメントの配置
（遠藤仁子編：調理学，中央法規，1997）

ク質，約 30% が筋形質（筋漿）に含まれているタンパク質の総称である筋形質（筋漿）タンパク質，約 10% が結合組織の膜や腱を構成している肉基質タンパク質である.

骨格筋の基本単位は筋線維であり，多数の筋原線維とその間隙の細胞液である筋形質で構成されている．筋原線維を位相差顕微鏡で観察すると，一定の周期で明暗のくりかえしが確認でき，明るい部分を I 帯，暗い部分を A 帯とよぶ（図 8.3）．A 帯の中央には M 線が，I 帯の中央には Z 線があり，ミオシンを主成分とする太いフィラメントは M 線で支えられて，アクチンを主成分とする細いフィラメントは Z 線で支えられて配列している．Z 線で区切られる部分を筋節（サルコメア）とよび，筋節の収縮によって筋肉が収縮する．また，筋形質タンパク質には多種類の酵素やミオグロビンなどの色素，筋肉活動に必要な微量成分が含まれている.

この筋線維が 50～150 本くらいずつ筋内膜で束ねられて第 1 次筋束が，第 1 次筋束が数十本ずつ内筋周膜で束ねられて第 2 次筋束が形成されている．第 2 次筋束はさらに外筋周膜で束ねられている．筋内膜や筋周膜を形成し，筋肉の構造を保持する役割を果たしているのは結合組織であり，その主要タンパク質はコラーゲンである．コラーゲン分子は分子量が約 30 万で，分子量約 10 万の 3 本のポリペプチド鎖が三重らせん構造を形成している．そして，コラーゲン分子の三重らせん部位の両端にある三重らせんを形成していないテロペプタイド部位で分子内および分子間に架橋結合が形成され，強固なコラーゲン線維を形成している.

b. 脂肪

脂肪が蓄積する脂肪細胞は結合組織に存在している．内筋周膜や筋内膜にまで，脂肪が均一に蓄積した現象を脂肪交雑とよび，脂肪交雑のよい肉は霜降り肉として高く評価されている．肉に含まれている脂肪の特性（脂肪酸組成，グリセロールの各炭素への脂肪酸分布）は動物の種類により，脂肪の量は部位によって異なる．肉類の脂肪は魚介類と比較して飽和脂肪酸の割合が高いために融点が高く，特に飽和脂肪酸を多く含む牛脂や羊脂の融点は44～55℃と高い．また，豚脂では脂肪酸の組成や分布にばらつきがあるため融点が33～46℃と広範囲にわたる．そのため，口中でざらついた食感となる．したがって，牛肉や豚肉は熱いうちに食べる方がおいしく，冷めた状態で食べる弁当などは脂肪の少ない部位の牛肉，豚肉を選択するか，脂肪の融点が低くその範囲が30～32℃と狭い鶏肉を選択するとよい．

● 8.1.2　食肉の熟成（死後硬直と解硬）●

屠殺直後の筋肉は弛緩状態にあり，ミオシンとアクチンは結合していない．屠殺後も細胞はATPを消費し続けており，ATPはクレアチンリン酸やグリコーゲンの分解によって供給されている．しかし，呼吸停止と放血により酸素の供給が絶たれているため，グリコーゲンが分解し乳酸を蓄積する．この乳酸の蓄積とATPの分解に伴って産生したH^+により食肉のpHが低下する．このpHの低下によってアクチンとミオシンが結合し，筋肉が収縮する．この状態を死後硬直といい，この時期の食肉は硬く，うま味が少なく，食用に適さない（図8.8を参照）．

硬直した肉は，解硬過程（熟成）を経て市販されるが，その期間は牛では10～14日前後，豚では4～6日前後である．この間，軟化するとともに，うま味成分であるペプチドや遊離アミノ酸，IMPの生成，pHの上昇がおこり，保水性や風味が向上する．

● 8.1.3　加熱による食肉の変化 ●

鶏のささみなどは生食することもあるが，食肉は加熱調理することが多い．また，特定給食施設では75℃，1分以上の加熱が衛生的観点から必要とされている．加熱によってテクスチャー，色，味，香りがよくなるが，過加熱は嗜好的価値を低下させる．衛生的，嗜好的品質を両立する適切な加熱方法を把握することが大切である．

a.　タンパク質の変化

加熱後の食肉の硬さは筋原線維タンパク質，筋形質タンパク質の変性凝固による硬化とコラーゲンのゼラチン化による軟化という相反する変化の兼ね合いで決定される．

筋原線維タンパク質の変性（筋節の短縮）は40～50℃で起こり，約60℃で凝固する．水溶性の筋形質タンパク質は約60℃で豆腐状に凝固しはじめる．この2つのタンパク質の変性温度の差は，肉組織から滲み出た筋形質タンパク質がフライパンや焼き網に食肉を付着させたり，煮汁を濁らせる原因

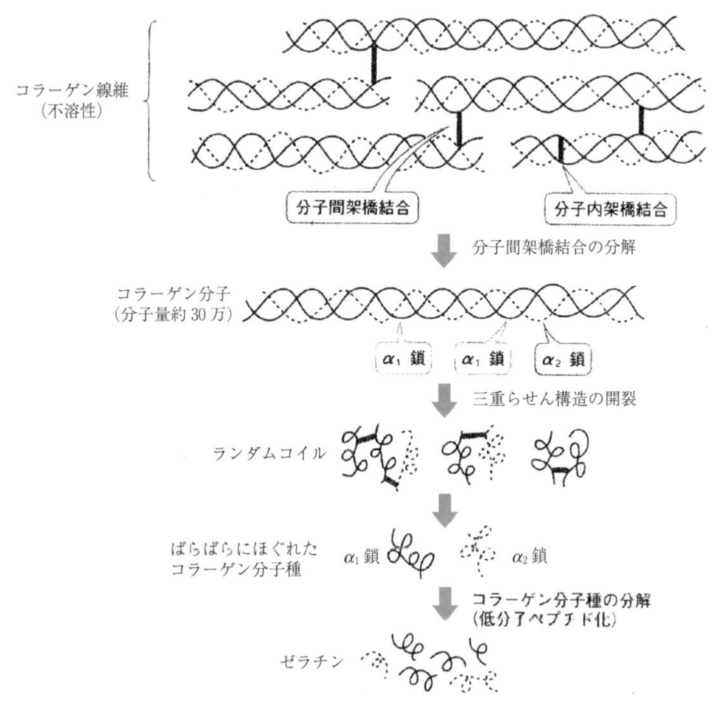

図 8.4　コラーゲンの熱変性によるゼラチン化
(畑江敬子・香西みどり編：調理学，東京化学同人，2003)

となる．一方，コラーゲンの収縮は約60℃で始まり，元の長さの1/3程度になる．このとき，肉は著しく収縮，弾力性が増して硬くなる．さらに加熱するとコラーゲン線維の架橋結合が分解し，分子量30万のコラーゲン分子となる．その後，コラーゲン分子の三重らせん構造がほどけてβ鎖（分子量20万），α_1鎖，α_2鎖（分子量10万）に解離，さらに分解されて低分子のゼラチンとなる（図8.4）．食肉のコラーゲン量や架橋結合量は品種，年齢，飼育法，部位によって異なり，大きい動物ほど，飼育年数が長いほど，また，体重を支えている部位ほど多く，ゼラチン化が困難である．ゼラチン化すると，結合組織を弱化させて結合組織で包まれていた筋線維がほぐれやすく，軟らかくなる．シチューなどは結合組織を多く含む硬い肉を長時間加熱して軟化させる料理である．

逆に，ビーフステーキには結合組織が少ないヒレ，サーロイン，ロースなどが適している．ビーフステーキは最初，高温で表面に焦げ色と香りをつけ，表面のタンパク質を凝固させて，筋形質タンパク質などのうま味を含んだ肉汁が出ないように焼く．ビーフステーキの焼き加減にはレア，ミディアム，ウェルダンなどがある．

ビーフステーキの焼き加減
レアは肉の表面を軽く焼くだけなので，肉の内部温度は55～65℃で，肉の大部分は生の状態で，生肉のもつしなやかな弾力と生肉では味わえない香ばしい焦げ風味を楽しむ．ミディアムは肉の内部温度が65～70℃であり，筋原線維は加熱変性し収縮しているので噛みごたえがあるが，筋形質タンパク質は完全には凝固していないので肉汁が流出してうま味を感じる．ウェルダンは肉の内部温度が70～80℃に達し，コラーゲン線維が収縮しているため硬いテクスチャーになる．

b．脂肪量の変化

肉に含まれる脂肪は，結合組織に蓄積されているのでコラーゲンが加熱によって弱化すると，融解した脂肪は肉組織から溶出する．脂肪含量が高い食肉ほど加熱による溶出量が多い．内筋周膜や筋内膜に脂肪が蓄積した霜降り肉では，脂肪の溶出にともない肉の内部に多数の空洞が生じて疎構造化がおこるため，軟らかく感じる．東坡肉（トンポウロウ）は，脂肪量の多い豚ばら肉を長時間茹でたり蒸したりしてコラーゲンを弱化して脂肪量を減少させ，油で揚げて表面を固めた後に加熱調味したものである．口ざわりが滑らかで脂っぽさを感じさせないように工夫された濃厚な味の料理である．

c．肉汁の流出（保水性の減少）

保水性は，肉タンパク質の間隙（筋線維中あるいは筋線維間）の水の保持能力である．肉を加熱すると筋原線維が変性して保持していた水が分離し，65℃以上になると結合組織の収縮により肉汁が押し出される．肉汁の流出は噛んだときのうま味を感じにくくする．中心温度60℃までの加熱で生肉の約75%，70℃で約70%，80℃で約65%に重量が減少する．骨付き肉では加熱による肉の収縮が抑制されるため，ローストチキン，スペアリブ，Tボーンステーキなどは多汁性が維持されやすい．

また，通常，加熱前の食肉へ1%程度の食塩の添加が行われる．これは，筋原線維の太いフィラメントを形成しているミオシンが0.3M以上の塩濃度で溶解して食肉の保水性を高め，加熱すると肉汁を保持したままゲル化して弾力性の高い食肉となるためである．しかし，食塩添加後の生肉を長時間放置するとミオシンが肉汁として溶出してしまうため，食塩は焼く直前に添加するとよい．

特定給食施設での加熱

衛生的観点から75℃，1分以上の加熱が必要とされる特定給食施設では，肉汁の損失は避けられず，嗜好的品質が確保されにくい．溶出した肉汁のうま味も利用できる煮込みハンバーグなど調理方法を工夫する必要がある．

ハンバーグ，シュウマイ，鶏つくねなどのひき肉料理は，食塩を加えてこねる操作を行う．筋原線維から単分子として溶解，分散したミオシンは，網目構造を形成してひき肉を粘りのある肉塊とし，加熱により結着性のあるゲルとする．また，溶解したミオシンの一部はアクチンと結合しアクトミオシンとなって網目構造を補強し，筋漿タンパク質はその隙間に凝固する．ひき肉料理において，タマネギやパン粉は肉の結着性を低下させて軟らかく仕上げ，卵は結着力を助ける．なお，パン粉は肉汁を吸収してうま味を保持する効果，炒めて甘味を増し芳香を生じたタマネギは肉の臭みを消して風味を増す効果がある．なお，ハンバーグでは赤身肉よりも脂質を20%程度含むひき肉の方が好まれる．

d．色の変化

生肉の色は，筋肉組織で酸素を貯蔵する働きをもつミオグロビン（肉色素）によるものであり，残存するヘモグロビン（血色素）も関与している．いずれも鉄を含むヘム色素とタンパク質グロビンが結合したものであり，ヘム色素がミオグロビンでは1個，ヘモグロビンでは4個ついている（図8.5）．ミオグロビン，ヘモグロビンのヘム色素は，鉄分の給源でもある．ミオグロビンを多く含む牛肉は赤く，少ない鶏肉は薄桃色である．また，鶏肉のもも肉（赤色筋）とむね肉（白色筋）の色の違いもミオグロビン含量の違いである．

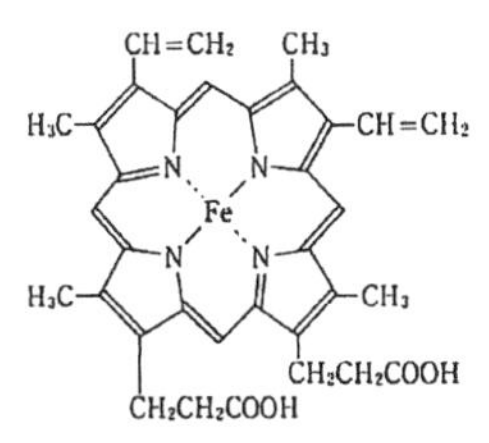

図8.5　ヘムの構造

生肉

加工品

ニトロソミオグロビン（赤色）

亜硝酸塩

オキシミオグロビン（明赤色）新鮮な肉

酸化

ミオグロビン（暗赤色）

酸化　還元

メトミオグロビン（赤褐色）

熱

熱，O_2

加熱調理後

ニトロソミオクロモーゲン（例：ハムのピンク色）

メトミオクロモーゲン（灰赤色）

図 8.6　肉の色の変化

（南出隆久・大谷貴美子編：栄養科学シリーズ NEXT 調理学，講談社サイエンティフィク，2000）

新鮮な肉の塊内部のミオグロビンは，ヘム色素に含まれる鉄が還元型（Fe^{2+}）のデオキシミオグロビンとして存在し暗赤色をしている．空気に触れて酸素と結合すると鮮赤色のオキシミオグロビンに変化し，空気中に長時間放置すると Fe^{2+} が Fe^{3+} に酸化された褐色のメトミオグロビンとなる．いずれも加熱すると，タンパク質部分のグロビンが変性され，ヘム色素も酸化されて灰褐色のメトミオクロモーゲンに変化する（図 8.6）．

牛肉はミオグロビン含量が高いため，このミオグロビンの変性に伴う肉色の変化によってビーフステーキの焼き加減（内部温度）が判断できる．レア（内部温度 55～65℃）では肉の内部の大部分が鮮赤色である．ミディアム（内部温度 65～70℃）では外側は灰褐色であるが，中心部は赤色ピンク色である．ウェルダン（内部温度 70～80℃）では切り口の肉の色が全体に灰褐色である．なお，ハムが加熱しても変色しないのは，亜硝酸塩とミオグロビンの鉄が結合してニトロソミオグロビン（Fe^{2+}）となり，加熱により安定なニトロソミオクロモーゲン（Fe^{2+}）となっているためである．

e.　うま味の増加

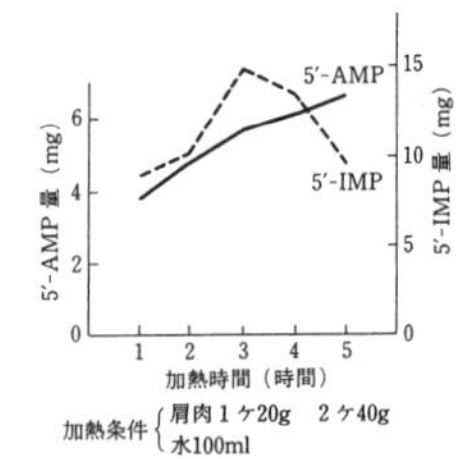

5′-AMP，5′-IMP 溶出量に及ぼす加熱時間の影響
（三田コト他：家政誌，**33**，255，1982）

肉には多くの遊離アミノ酸や核酸関連物質が含まれるが，生肉では筋線維内に水分とともに保持されておりうま味を感じにくい．しかし，加熱すると水分とともにうま味成分を含む肉汁が浸出し，うま味を強く感じる．西洋料理や中華料理のだし汁は，牛すね肉や鶏がら，豚骨などを香味野菜や香辛料とともに長時間加熱したものであり，煮汁に溶出した遊離アミノ酸や核酸関連物質などが煮汁にうま味を与え，コラーゲンが可溶化したゼラチンがこくやまろやかさを与えている．鶏の水炊きは骨付きの鶏のぶつ切りを煮込み，そのうま味とこくのある煮汁で野菜を煮る鍋物料理である．

f.　においの変化

生肉の香りは，硫化水素，メチルメルカプタン，アセトアルデヒド，アセトン，メタノールなど多くの物質で構成されているが，加熱した肉の香りは生肉とは異なる．加熱肉の香りには，遊離アミノ酸やペプチドと糖質との反応であるアミノカルボニル反応が最も大きく寄与していると考えられ，ピラジン類は焦げの香ばしさを感じさせる．また，脂肪とタンパク質の加熱分解生成物やこれらのアミノカルボニル反応の反応生成物がそれぞれの動物独特の焙焼香気を生成している．

● 8.1.4　食肉の軟化方法 ●

a．機械的方法

筋肉の基本単位は筋線維であり，切断方向によって食べやすさが異なる．食べやすくするためには，筋線維に対して直角に切ったり，肉たたきでたたいて筋線維の細胞間の結合をほぐしたりする．また，トンカツなどでは結合組織（すじ）を切断する．ひき肉は，結合組織を多く含む硬い肉を軟らかく食べる方法の１つである．

b．タンパク質分解酵素（プロテアーゼ）の利用

ショウガ，キウイフルーツ，パインアップルなどの植物中にはプロテアーゼが存在し，これらの搾汁は食肉を軟化させ，同時にその香味で肉の臭みを消している．また，酸性を示す果汁の添加は，食肉の pH を低下させて筋肉内プロテアーゼを活性化する．しかしながら，いずれのプロテアーゼも筋原線維タンパク質とコラーゲンのテロペプタイド部位に作用するが，コラーゲンの三重らせん部位には作用しない．従って，長時間の浸漬は軟化を促進しないだけでなく，筋原線維タンパク質が過度に分解されることによって嗜好的価値の低下を招くことになる．生姜焼きなど大量調理では，搾汁への浸漬時間を制御する必要がある．

c．調味料の利用

食肉の pH は pH 5.5～6 であり，肉タンパク質の等電点に近い．等電点付近では正と負の電荷が等しくなり，反対の電荷同士が引き付けあうことでタンパク質分子の距離が近くなって水が排除され，肉の保水性は最低になる．このタンパク質分子の距離が近い状態では，加熱によるタンパク質分子の会合体が緻密となり肉汁の流出も多くなる．したがって，肉の pH を等電点より酸性側あるいはアルカリ性側に調整し，保水性を向上させる．ワインに漬けたり，マリネにしてから加熱すると肉が軟らかく仕上がり，風味もよくなる．また，食酢やワインの利用は筋肉内プロテアーゼの活性化も期待できる．味噌，醤油，清酒などの発酵調味料の pH も 4.2～5.2 くらいであり同様の効果が期待できる．また，食塩は Na^+，Cl^- がタンパク質分子間の結合を緩め隙間を生じさせて，保水性を向上させる．砂糖（ショ糖）は分子内に存在する-OH 基が肉に水和している水を奪って，肉タンパク質と水素結合で結びつき，疎水基の露出を抑制して加熱によるタンパク質分子の変性を妨

げる．これにより，タンパク質分子の会合が抑制されて軟らかさを維持できるので，すきやきでは加熱初期に砂糖を添加する．

d．長時間の水煮

コラーゲンがゼラチン化して軟化する（図 8.4 参照）．

8.2 魚　介　類

8.2.1 魚介類の種類と構造

四方を海で囲まれた日本では古くから魚介類をタンパク質源として利用してきた．その種類は魚類のほか，貝類，甲殻類のエビやカニ，軟体動物のイカやタコ，このほかウニ，ナマコ，クラゲ，ホヤなどさまざまである．魚肉の筋肉組織は食肉と同じく筋線維が集合したものであるが，食肉より短い筋線維が薄い結合組織の筋隔膜で仕切られた筋節を形成している．魚肉の体側筋表面では頭部に向いて開いた W のような形に筋節がみられ，断面には同心円状に筋節構造が観察される（図 8.7）．背部と腹部の接合部付近には赤褐色ないし暗赤紫色の血合筋が存在している．血合筋以外の筋肉を普通筋と言い，普通筋が赤色を帯びているものを赤身魚，白色に近いものを白身魚と言う．一般にカツオやマグロなどの遠洋回遊魚は赤身魚，カレイやヒラメなどの底生魚は白身魚で，サバやアジはその中間である．

イカの筋組織構造は魚肉と異なりイカ胴部（外套膜）のほとんどの筋線維が体軸に直角に走っている輪走筋である．胴部の外皮は 4 層からなり，通常皮をむくときはがれるのは第 1 層と第 2 層のみであるが，この二層間にある色素胞が除かれるためイカ肉は透明または白色になる．皮の残りの第 3 層と第 4 層は肉に密着して除きにくく，第 4 層には筋線維と直角にコラーゲン線維が走っている．この互いに直交する筋線維とコラーゲン線維はともに加熱により収縮する性質があるので，調理に際しては切り目をいれて丸まらない

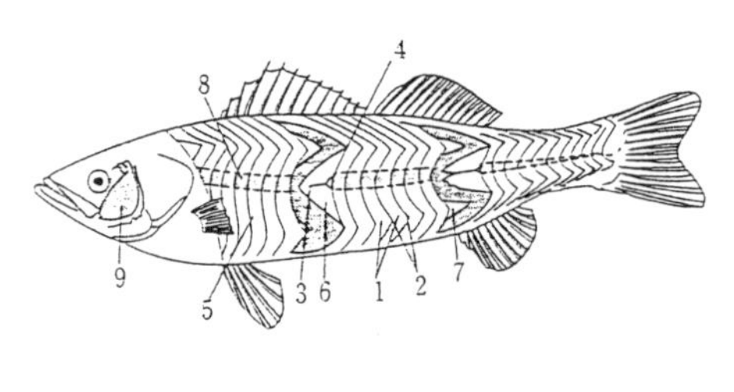

(a) スズキの体側筋の構造
1. 筋節　2. 筋隔　3. 水平隔壁　4. 背側部　5. 腹側部　6. 前向錐　7. 後向錐　8. 表面血合筋　9. 閉顎筋

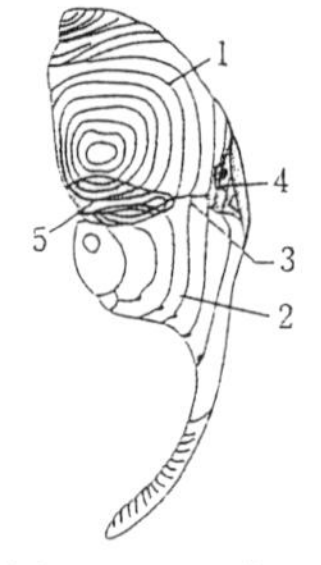

(b) カツオの体側筋の断面図
1. 背側部　2. 腹側部　3. 水平隔壁　4. 表面血合筋　5. 真正血合筋

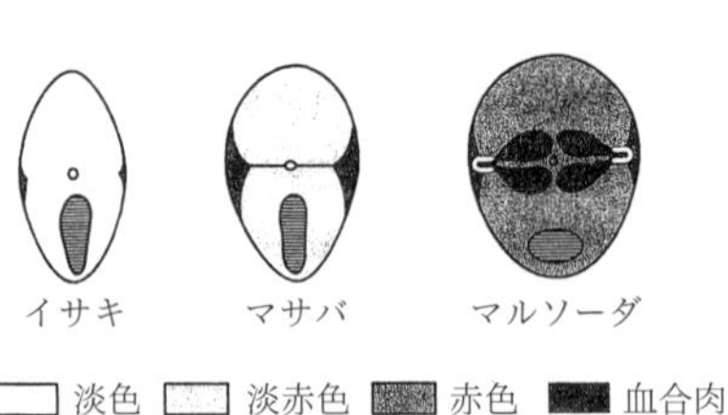

(c) 血合肉の発達状態

図 8.7 魚類筋肉の構造
（下村道子・橋本慶子著：動物性食品，朝倉書店，1993）

ようにしたり，飾り切りに利用したりする．

8.2.2 魚介類の成分

a. タンパク質

魚肉のタンパク質含量は約20% と食肉とほぼ同程度だが，その構成タンパク質組成は筋原線維タンパク質55〜80%，筋形質タンパク質20〜40%，肉基質タンパク質2〜5% と食肉に比べ肉基質タンパク質が顕著に少ない．そのため魚肉は食肉より軟らかく幼児や高齢者にも食べやすい．ヒラメ，カレイは魚類の中では肉基質タンパク質が比較的多く含まれ，そのためこれらの生肉は歯ごたえがある．また，白身魚は筋原線維タンパク質が多く，赤身魚は筋形質タンパク質が多いという特徴がある．

b. 脂質

魚介類の脂質含量は魚種や部位によって大きく異なり，季節によっても変動する．魚類では産卵期またはその直前の旬の時期に脂質含量が高くなり（貝類では旬の時期に脂質含量ではなくグリコーゲン含量が増加する）水分が減少する．特に回遊魚の場合に変動が大きく，ニシンで2〜22%，イワシでは2〜12% などの報告がある．また，天然魚と養殖魚では養殖魚の方が脂質含量は高い傾向にあるが，トラフグのように養殖でも天然魚とほとんど変わらない魚種もある（表8.1）．

魚肉に含まれる脂質は食肉に比べ融点が低い，これは魚類が水中に生息するため陸上で生息する獣鳥類より体温が低いことによる．そのため，魚類の脂質は常温では液体で，その構成脂肪酸は多価不飽和脂肪酸が多い．そのうち二重結合を5つもつイコサペンタエン酸（IPAまたはEPA，$C_{20:5}$）や6つもつドコサヘキサエン酸（DHA，$C_{22:6}$）は生活習慣病の予防に効果があるといわれている．しかし，多価不飽和脂肪酸は酸化しやすいため，このような脂質を多く含む魚の干物は劣化しやすく風味が損なわれやすい．

削り節
カツオは古くから鰹節として利用されてきた．料理に用いるときは薄く削って出し材料にするが，現在ではすでに削ったものが市販されている．花鰹や鰹削り節という品名で販売されているものはカツオ節を削ったものだが，削り節という品名のものにはサバやアジの節が使われていることが多い．これらの削り節にもカツオ同様うま味成分はあるが，その香りは鰹節とは異なったものである．

c. 呈味成分

魚介類の呈味成分で代表的なものは核酸系のうま味成分であるイノシン酸（IMP）であり，これはATPの分解により生じる．このほか遊離アミノ酸のグルタミン酸もうま味を呈し，グリシンやアラニンは甘みを呈する．アルギニンは通常は苦みをもつが，ズワイガニやホタテガイでは味の複雑さやこくを増加させることがわかっている．このほか貝類に含まれるコハク酸もう

表 8.1　養殖および天然魚筋肉の脂質含量

魚　種	天然魚（%）	養殖魚（%）
ブ　リ	0.8〜2.9	7.5〜9.8
マダイ	1.0〜1.4	3.3〜5.7
トラフグ	0.2〜0.4	0.4〜0.3

（鴻巣章二監修：魚の科学，朝倉書店，1994）

ま味を呈する.

d. 色素

赤身魚であるカツオやマグロの筋肉の赤い色は肉色素タンパク質のミオグロビンと血色素であるヘモグロビンによるもので，ミオグロビンは食肉と同様に空気にふれたり加熱によって変色する．白身魚の筋肉にはミオグロビンもヘモグロビンもほとんど含まれない．サケやマスのピンク色はカロチノイド系色素のアスタキサンチンによるもので，ミオグロビンのように調理によって変色することはほとんどない．エビやカニの殻にもアスタキサンチンは含まれていて，加熱してタンパク質との結合が切れると赤く発色するようになる．

魚介類による食中毒

魚介類を原因物質とする食中毒の代表的なものとして夏場に多発する腸炎ビブリオと冬場に多発するノロウイルス（これまで小型球形ウイルスといわれていたもの）がある．ノロウイルスによる食中毒は近年患者数では最も多い．原因食品としてはカキなどの二枚貝が多いが，海水中のウイルスがこれらの体内に蓄積したためで，食品の鮮度に関係なく感染する．菌数が少量でも発症するのが特徴であるが，85～90℃で90秒以上（食品の中心部）加熱するとほぼ失活する．

アニサキス

アニサキスは鯨などの海産ほ乳類を終宿主とする線虫で，その幼虫はアジ・サバ・サケ・サンマ・スルメイカなどの内臓に寄生している．たまに筋肉に寄生している場合があるためそれらの魚肉を刺身で食べると，人間の胃壁にもぐり込み激痛を引き起こしたりする．－20℃で24時間以上凍結すると死滅するので，適切に冷凍処理された冷凍魚の場合は生食しても安全で，70℃以上の加熱では簡単に死滅する．養殖魚の場合は寄生虫の心配はない．

8.2.3 魚介類の死後変化

a. 死後硬直

魚は死後数十分から数時間で死後硬直が始まり，硬直持続時間も食肉より短い．硬直は魚肉中のATPの消失と関連して開始するが，漁獲時の状況によって魚肉中のATP量は異なるため．死後硬直の開始時期や持続時間も状況によって違ってくる（図8.8）．硬直期をすぎた魚肉は筋肉や消化器中に存在しているタンパク質分解酵素による分解や，収縮時に生じたアクチンとミオシンの結合が脆弱化することによってしだいに軟らかくなっていく．これを解硬という．

b. 鮮度の判定

外観で鮮度判定をする場合，新鮮魚には次のような特徴があげられる．① 眼球がはっきりとして澄んでいる，② えらが鮮紅色である，③ 腹部が硬くしまっている，④ 魚体全体が硬く，持ったとき尾が垂れ下がらない，⑤ 生臭くない，など．

化学的な指標による鮮度の判定のひとつにK値がある．これは死後の筋

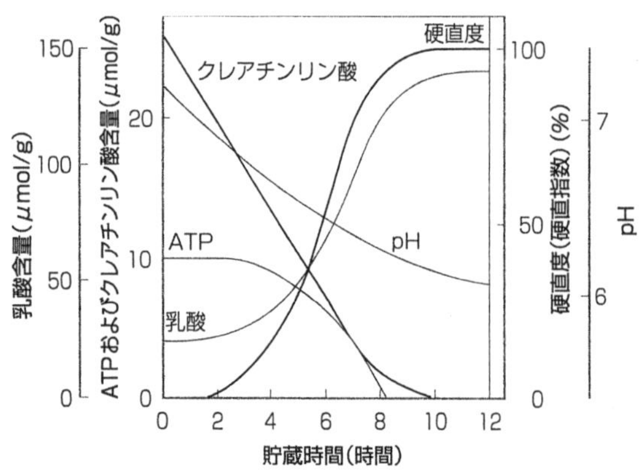

図 8.8 即殺マイワシ氷蔵中の死後硬直の進行と筋肉の生化学的変化
（鴻巣章二監修：魚の科学，朝倉書店，1994）

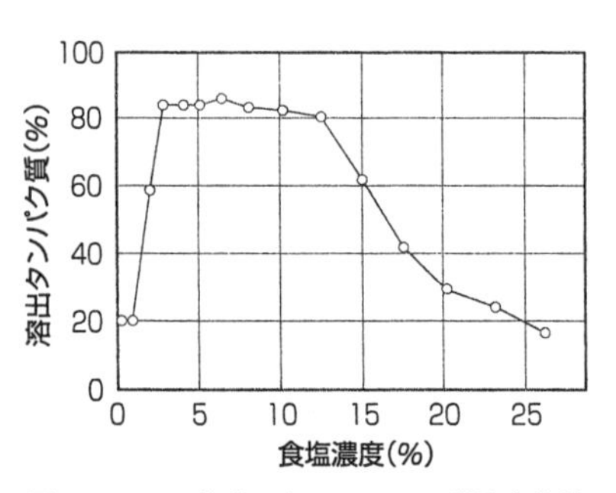

図 8.9 タラ筋肉からのタンパク質溶出曲線
抽出比率　肉：溶媒＝1：20
（山崎清子他：新版調理と理論，朝倉書店，2003）

肉中 ATP の分解程度を判定するもので，魚肉の場合，ATP → ADP → AMP → IMP → H_xR → H_x + R といった変化をすることから，この ATP やその分解産物総量に対する H_xR と H_x の割合を指標としたものである．分解の速度は魚種によっても異なるが，K 値が 20% 以下なら刺身にでき，40% 以上は加熱調理する．イカのようにこの指標が鮮度判定に適さないものもある．また，海産魚ではうま味成分であるトリメチルアミンオキシドが表皮やえらなどに付着した細菌の作用によって還元されトリメチルアミン（TMA）になると魚臭が出る．これは腐敗の度合いの指標となる．

振り塩と立て塩

魚肉に塩をする場合，魚の表面に食塩を振る場合と食塩水に魚を浸す（立て塩）場合がある．振り塩に比べ立て塩は食塩を多く必要とするが，振り塩では脱水による重量減少で魚肉は硬くなるが立て塩ではそのようなことはない．また，振り塩をするとき和紙をあてて密着させてから塩をふる紙塩という方法もあり，和紙を通すことで食塩は穏やかに，均一にしみ込んでいく．

8.2.4 魚介類の調理特性

a. 食塩添加による変化

魚介類の調理では下処理において食塩を用いることが多い．魚肉に振り塩をすると，食塩量が多いほど魚肉から水分が流出し，魚肉はしまってくる．また，この水分を取り除くことで魚の生臭みを抑えることができる．魚肉に 2〜3% の食塩を加えてすりつぶすと粘りが出てまとまりやすいすり身になるが，これは筋原線維タンパク質のアクチンとミオシンが塩溶性である（図 8.9）ため，両者が溶解しアクトミオシンが形成されるためである．このすり身を加熱すると弾力のある魚肉団子やかまぼこになり，副材料として卵白を加えると魚肉団子を軟らかくし，デンプンを加えるとかまぼこに硬さを付与する．

b. 加熱による変化

加熱した魚肉の肉質を左右するのは筋形質タンパク質の含有量である．筋形質タンパク質は加熱により収縮した筋原線維タンパク質を接着するように凝固し，硬くしまる．そのため筋形質タンパク質の含有量が多いカツオやサバは節として利用することができる．筋形質タンパク質が少ないタラなどの白身魚の場合，加熱により肉質は軟らかく崩れやすくなる（図 8.10）．このほか加熱による変化として，肉基質タンパク質のゼラチン化がある．魚類の場合，肉基質タンパク質は筋肉には少ないが皮に多く含まれるため，皮ごと調理する煮魚などではゼラチン化したコラーゲンが煮汁に溶け出て，冷めた煮汁がゼリー状に固まる煮こごりがみられることがある．それぞれのタンパク質は加熱による変性温度が異なるため，徐々に温度を上げると変性温度の高い水溶性の筋形質タンパク質が肉汁とともに流失したりするので，加熱調理では始め高温で加熱し急速に変性させることが多い．

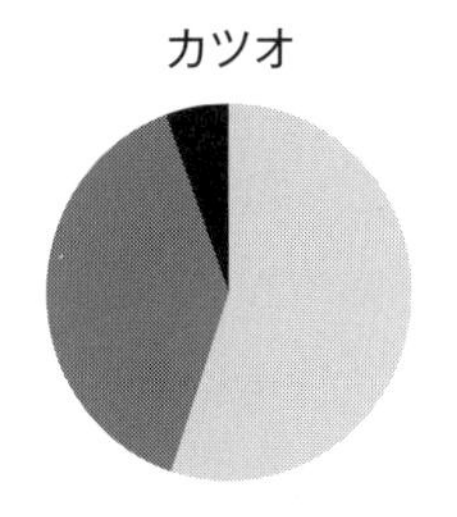

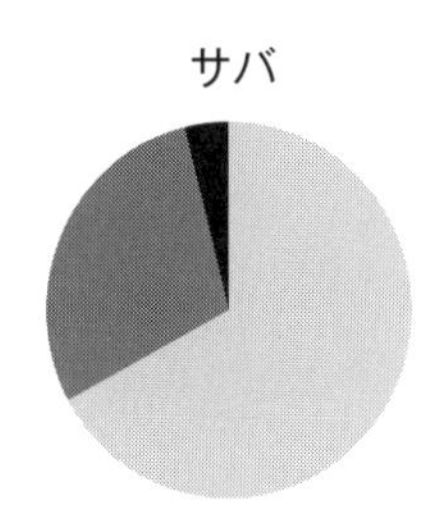

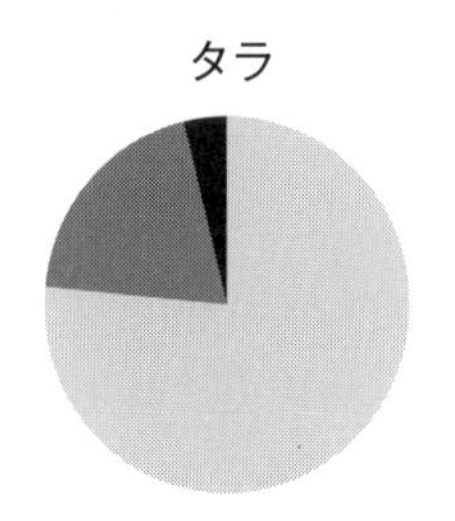

図 8.10 魚肉のタンパク質組成
（鴻巣章二監修：魚の科学，朝倉書店，1994）

8.2.5 魚介類の調理

a. 生食調理

1） 刺身

刺身は生肉のテクスチャーを味わうわが国ならではの調理法である．一般

サケやマスは白身魚

サケやマスの肉色はピンク色をしているが，赤身魚ではなく白身魚である．ピンク色の正体であるアスタキサンチンは餌である甲殻類（オキアミなど）の殻に含まれている色素で，サケやマスが成長するにつれて沈着するためピンク～紅色の肉色になってくる．

刺身の切り方

平造り，引き造り，細造り（サヨリ，キス，イカ，ヒラメ），糸造り，そぎ造り，角造り，背ごし造り（アユ，フナ），薄造り（フグ，コチ，ヒラメ），あらい（ヒラメ，カレイ，タイ），湯あらい（フナ，コイ），皮霜造り（松皮造り），焼霜造り，切りかけ造り，鹿の子造り（アカガイ）．

タタキ

タタキという料理は魚肉を包丁でたたく操作をするところから来ているが，カツオのタタキは包丁の腹でたたくのに対し，アジのタタキは包丁の刃で身を切るようにたたく．いずれの場合もたたくのは薬味となじませるためである．

に赤身魚の生肉は白身魚より軟らかいので，マグロやカツオは厚く切ったり角造りにするが，ヒラメ，カレイ，フグやサザエやアワビなど肉質の硬いものは薄造りにする．細い魚やイカは糸造りにする．また，マグロなど魚体の大きい魚は解硬後熟成されたものの方がうま味が出ておいしいとされるが，白身魚は硬直中の方が歯ごたえがあり好まれる．刺身は皮を剥いで用いるのが一般的であるが，カツオのタタキ（焼霜造り），タイの皮霜（霜降り）造り，フグの皮の湯引きなどは皮のコラーゲンを加熱により収縮・軟化させて楽しむ料理法である（4.4.4 項参照）．

2）　あらい

魚は切り身にしたあとは洗わないのが基本であるが，タイ，スズキ，コイなどの活魚を薄造りにしたものを冷水や湯中で振り洗いして「あらい」にすることがあり，身がちりちりと縮んでコリコリした食感になる．この収縮はあらいの操作によって筋肉中の ATP が急激に流出して硬直と同じような状態になったためである．

3）　酢じめ

魚肉を食塩でしめた後，食酢に浸してさらに肉質を引き締める手法で，しめさばが代表的である．食酢に浸すことで魚肉が白く，肉質は硬くなる．できるだけ新鮮なサバを用い変色が表層のみにとどまるようにすると，表面と中心部の肉質の変化が楽しめる．食酢だけに浸した場合は，白くなるが魚肉の等電点より pH が低いため膨潤度が増し肉質は硬くならない．しかし，あらかじめ食塩でしめておくと等電点以下でも魚肉は膨潤しないで硬くなる（図 8.11）．食塩を魚肉の 10～15% 用いて表面を白く覆うくらいのべた塩をすると，表面は脱水変性して身が締まり，さらに食酢に浸すことで魚臭が減少し，酸により保存性も向上する．酢じめの pH 4 付近で酸性プロテアーゼが働き，遊離アミノ酸が増えてうま味が増す．

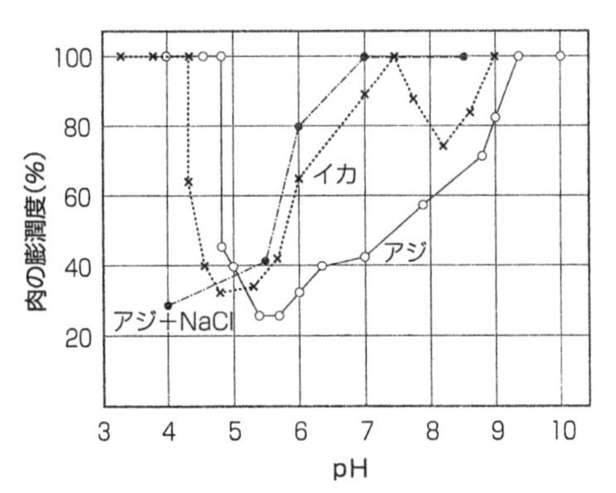

図 8.11　魚肉の膨潤性と pH
（下田吉人他：魚の調理，朝倉書店，1973）

b. 加熱調理

1) 汁物

貝類やタイなどの潮汁，塩鯖の船場汁などのように材料から煮出した汁を利用する場合と，魚肉を椀種として利用する場合がある．貝類は必ず生きているものを水から加熱し，貝の殻が開いたら加熱を止める．加熱を長く続けるほど汁が白く濁るが，これは水溶性タンパク質が水中に溶出した後，加熱によって凝固するためである．タイの潮汁ではあらかじめ熱湯で表面を凝固させてから用いると，汁の濁りを防ぐことができる．このほか椀種として用いる魚肉は，表面にデンプンをまぶして熱湯でゆでたもの（吉野魚，くずたたき）を，味を整えただし汁に加えると汁は濁らない．

2) 焼き魚

焼き物は高温調理であるので，香気が生じ，うま味が凝縮される．焼き魚には網や串を用いた直火焼きとフライパンやオーブンを用いた間接焼きがある．脂の多い魚を直火焼きすると適度に脂が落ちておいしくなる．塩焼きは鮮度のよい魚に向き，赤身魚やにおいが強い魚は照り焼きに向く．ムニエルは小麦粉の糊化した膜がうま味や栄養分を包み，油で焼くことにより香ばしくなる．加熱の最後にバターを加えるとさらに香りがよくなる．このほか包み焼きという調理法があるが，これは実際には蒸し調理に近く，温度上昇が緩慢なためタンパク質の変性温度が高い筋形質タンパク質が魚肉の表面に流失して白く豆腐状に凝固する場合がある．

3) 煮魚

新鮮な魚の場合，薄味で短時間に仕上げるが，鮮度の落ちた魚やにおいの強い魚の場合はみりんや砂糖を用い，比較的長く煮て味をしみこませる．ショウガや味噌を用いると魚臭を抑えることができる．煮汁はあらかじめ沸騰させてから魚肉を入れるが，これは魚肉の表面を短時間で凝固させうま味の流失を防ぐためである．落し蓋や紙蓋をして均一に味がつくようにする．

落し蓋

煮汁が少ない煮物では，材料に直接触れるように落し蓋をかぶせると，蓋の下で煮汁が対流し味を均一につけることができる．特に魚の煮付けでは裏返すと身が崩れるので落し蓋が必要である．落し蓋を用いると材料が動きにくくなるので煮くずれを防ぐこともできる．

4) 揚げ物

魚介類も他の材料と同じく，素揚げ，唐揚げ，衣揚げに用いる．淡泊な白身魚やエビ，イカでは天ぷらやフライ，フリッター，高麗（カオリイ），軟炸（ロワンジャ）などにし，赤身魚は下味を付けて竜田揚げなどにする．小魚の場合，丸のまま素揚げして熱いうちに唐辛子，酢醤油液につけた南蛮漬けやフレンチドレッシングソースにつけたエスカベーシュなどがある．

5) 蒸し物

淡白な味の魚を蒸し物にする．塩蒸し，酒蒸し，姿蒸し，かぶら蒸しなど．

8.3 卵　　類

アヒル，ウズラなどの卵も食用にされているが，鶏卵の消費量が最も多い．鶏卵は，卵殻（10%），卵白（60%），卵黄（30%）で構成されている．

● 8.3.1 鶏卵の構造と成分 ●

市販パック詰鶏卵規格

農林水産省より示された「鶏卵取引規格」に以下のように重量と色分けが制定されている．

LL（赤）：70～76 g
L （橙）：64～70g
M （緑）：58～64g
MS（青）：52～58g
S （紫）：46～52g
SS（茶）：40～46g

賞味期限は生食できる期限を示したものである．

a． 卵殻部

炭酸カルシウムが主成分である卵殻には多数の気孔がある．産卵直後の卵は産卵時に分泌された粘液が乾燥したクチクラで表面が覆われているが，洗卵などではがれると微生物が侵入しやすくなる．また，その内部の繊維状の卵殻膜も特有の網目構造で外部からの微生物の侵入を阻止している．卵の水分は気孔を通して蒸発し，これに伴い空気が侵入するため，外卵殻膜と内卵殻膜の間に気室が形成される．卵が古くなると気室は大きくなる．

b． 卵白部

卵白は外水様卵白，濃厚卵白，内水様卵白，カラザから構成される．新鮮卵の濃厚卵白率は約60% であるが，貯蔵により濃厚卵白の水様化が起こる．ひも状のカラザが卵黄を卵の中心に固定しているが，貯蔵によりカラザが脆弱化すると卵黄を卵の中央に保持できなくなる．卵白の pH は産卵直後は7.5 であるが，CO_2 の発散に伴い 9.5 前後となる．卵白の約 90% は水分で，約 10% がタンパク質である．そのうち最も多いオボアルブミン（54%）は熱凝固性に関与する．細菌成長阻止作用をもつオボトランスフェリン（12～13%），プロテアーゼ阻害作用をもち，熱安定性が高く凝固しないオボムコイド（11%），起泡性に関与するオボグロブリン（8～9%），濃厚卵白の維持と気泡の安定性に関与するオボムシン（3.5%），溶菌作用を有するリゾチーム（3.4%）などが含まれる．

c． 卵黄部

卵黄は卵黄膜，黄色卵黄，白色卵黄，胚盤から構成されるが，卵白のように抗菌性タンパク質は含まれず腐敗しやすい．割卵後はサルモネラ菌が増殖しやすいため早急に使用する．また，貯蔵によって，卵黄膜の透過性増加による卵白の水分の卵黄への移行と膜強度の低下による卵黄の崩壊が生じる．卵黄はおおむね水分 50%，脂質 33%，タンパク質 17% で構成され，脂質の

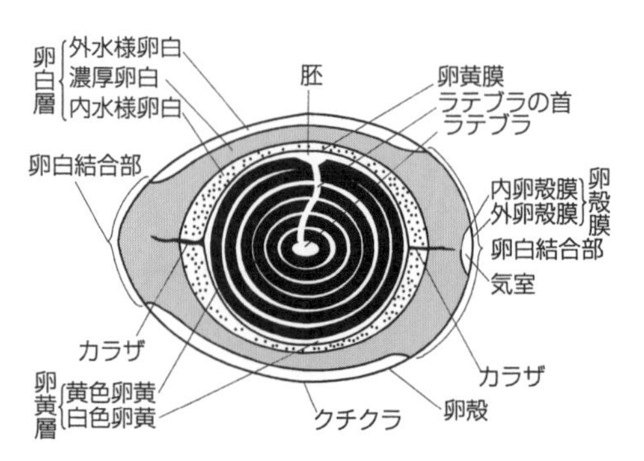

図 8.12 鶏卵の構造
（山崎清子他：新版調理と理論，同文書院，2003）

約30%はレシチン（ホスファチジルコリン）などのリン脂質であり，タンパク質と結合して低密度リポタンパク質，高密度リポタンパク質を形成している．

8.3.2 鶏卵の調理特性

鶏卵は幅広い調理特性をもつため多様な料理に利用される（表8.2）．

a．生卵の粘性，流動性，希釈性

溶きほぐした生卵は粘性，流動性，希釈性をもつコロイドであり，ご飯にかけたり，すき焼きのつけ汁に用いられる．また，ひき肉料理のつなぎや揚げ物の衣などにも用いられる．新鮮卵は濃厚卵白が多いため，強く攪拌するか水を加えて粘性を低くして扱いやすくする．

b．全卵の熱凝固性（ゲル化）

卵白，卵黄ともに加熱により凝固する．卵白タンパク質は疎水性基の多くを内側に折りたたみ，親水性基を表面に向けた球状タンパク質である．加熱によってタンパク質の疎水性領域が表面に出て，疎水性基同士が結合して網目構造をつくり，すき間に自由水を包み込みながらゲル化する．スープのあくを卵白に吸着させるのはこの卵白の熱凝固性を利用している．

卵白は58～60℃でゲル化が始まり，70℃で半流動のゲルとなり，80℃で流動性を失い凝固する．卵白の熱凝固性の中心的役割はオボアルブミンによるものであり，オボアルブミンの等電点（pH 4.7）では熱凝固性が促進され60℃で凝固する．そのため，ポーチドエッグを作る際には，新鮮卵を用い，ゆで水に1%の食塩と2～3%の食酢を添加するとよい．オボトランスフェリン，オボグロブリンの凝固開始温度はそれぞれ58℃，65℃であるが，オボムコイドは熱安定性が高く凝固しない．

一方，卵黄は65℃前後でゲル化が始まり，70℃で粘稠なもち状となり，75～80℃で黄白色の粉状に凝固する．全卵を70℃で約20分間加熱した温

表 8.2 全卵，卵白，卵黄の調理特性と調理例

	流動性 粘性	熱凝固性		希釈可能，熱凝固性		熱以外の凝固性	起泡性	乳化性	凍結変性
		殻付き，殻無し	溶き卵	静置加熱	攪拌加熱				
全卵	生卵 つなぎ ミルクセーキ エッグノッグ	ゆで卵 目玉焼き ポーチドエッグ 揚げ卵	卵とじ かきたま汁 しめ卵 薄焼き卵	茶碗蒸し 卵豆腐 カスタード プディング	オムレツ，炒り卵 芙蓉蟹，だて巻卵 厚焼き卵， 卵酒	皮蛋 鹹蛋 糟蛋（もろみ漬卵）	スポンジケーキ カステラ パウンドケーキ	アイスクリーム マヨネーズ ケーキ生地	起泡性低下 乳化性低下 部分的にゲル化
卵白	つなぎ	—	スープのアクとり ロングエッグ				メレンゲ，泡雪かん エンゼルケーキ シャーベット マシュマロ，ムース 高麗，フリッター衣		ほとんど影響ない
卵黄	カスタードソース	黄身そぼろ	鶏卵そうめん ロングエッグ	黄身しぐれ	カスタードクリーム 黄身酢 アングレーズクリーム	味噌卵 （べっ甲卵）	卵黄ケーキ	マヨネーズ アイスクリーム オランデーズソース	ゲル化 溶解性低下 乳化性低下

（下村道子，和田淑子共編著：改訂調理学，光生館，1998；下村道子，和田淑子共編著：新版調理学，光生館，2003より改変）

泉卵（卵黄は粘稠なもち状，卵白は半流動状）は，卵白と卵黄の凝固温度の違いを利用したものである．固ゆで卵は，ゆで水が80℃になるまで軽く撹拌し，80℃に達してからは約12分加熱するとよい．15分以上ゆでると卵黄表面が暗緑色になるが，これは加熱により卵白タンパク質中のジスルフィド結合（S-S結合）が還元されて生じた硫化水素（H_2S）が内側に拡散し，卵黄表面の鉄と結合して硫化第一鉄（FeS）を生成したためである．この現象は古い卵ほど生じやすい．加熱後に水中で急冷すると，H_2Sが水分に拡散するため変色しにくく，殻がむけやすくなる．

c．希釈卵液の熱凝固性（ゲル化）

卵液はだし汁などで希釈しても加熱によりゲル化する．焼き加熱と蒸し加熱で希釈割合が異なる．

1)　希釈割合が低く，焼き加熱を行うもの

高温短時間加熱により，急激な水分蒸発による膨張したテクスチャーとアミノカルボニル反応による芳香と焼き色が得られる．薄焼き卵，厚焼き卵，だて巻き卵は熱伝導率の高い鍋に油をなじませた後，余分な油を拭き取って調理する．薄焼き卵は160～200℃で，厚焼き卵は200～220℃で加熱するとよく，だて巻き卵はオーブンを用いると調理が容易である．薄焼き卵は卵液に少量の水を加えると粘度が下がり薄く焼くことができ，片栗粉を加えると破れにくくなる．オムレツや炒り卵は火力を強くし，用いる油脂量をやや多めにすると調理しやすい．オムレツは牛乳を加えた卵液を半熟になるまで撹拌加熱後，フライパンの形を利用して紡錘形に仕上げたものであり，炒り卵は加熱中の撹拌速度によってペースト状から粒状にできる．

2)　希釈割合が高く，蒸し加熱を行うもの

だし汁，牛乳などで希釈した卵液を85～90℃で加熱する．卵と希釈液の割合は卵豆腐で1：1～1.5，茶碗蒸しで1：3～4，カスタードプディングで1：2～3である．高温での加熱や加熱速度が速い場合は，凝固温度が高くなってすだちが生じやすく，長時間の加熱はスポンジ構造を密にしてしなやかさを失った硬いゲルにする．すだちはゲルの隙間を充たしていた水分が水蒸気となって，気泡が形成されたものであり，外観や舌ざわりを悪くする．また，卵液濃度を低く（希釈割合を高く）したり，砂糖濃度を高くすると，軟らかいゲルとなり，凝固温度も高くなる（全卵を2倍希釈したときの凝固温度は74℃であり，5倍希釈したときは78℃である）．砂糖の構造中に存在する-OH基は，タンパク質と水素結合し，タンパク質分子間の会合を抑制する．また，食塩で調味したり，だし汁や牛乳で希釈するとゲルは硬くなる（Na<Ca）．これは塩類がタンパク質の疎水性相互作用による分子間の会合を促進するためと考えられている．また，等電点（pH 4.6～4.8）では正負の荷電量が等しくなり，タンパク質分子は電気的に中性になってゲル化が促進されるために，硬いゲルが形成される．

すだちを防ぐ方法

①卵液表面の泡を除く，②蒸し温度を90℃以上にしない，③温度上昇速度を緩慢にし，低温で凝固させる，④卵液を60℃で予備加熱して，脱気する，⑤周辺部が過加熱状態になるのを防ぐため，卵液を熱伝導率の低い容器（陶器など）に入れたり，天板に湯を入れる，などである．

d.　起泡性と泡沫安定性

卵タンパク質は，撹拌によって空気が入ると表面張力の作用を受け，分子内の弱い結合が切れて分子が広がり，タンパク質の疎水領域が表面に露出する（表面変性）．この変性したタンパク質分子は気体と液体の界面で安定な固体状の膜をつくって気泡を包み保形性の高い泡沫を形成する．過度に泡立てると，タンパク質の結合が進み水分が分離して泡がつぶれてしまう．

1）　卵白

起泡性に最も寄与しているのはオボグロブリンである．オボグロブリンやオボトランスフェリンはすべての pH 領域において起泡力が大きい．一方，オボアルブミンの起泡力は，等電点である pH 4.7 付近では大きいが，等電点から離れた領域では小さいため，レモン汁や酒石酸を加えて pH を等電点に近づけると起泡性が高まる．オボムコイドやリゾチームは表面変性を受けにくく起泡力が小さい．また，濃厚卵白はオボムチンが単独あるいはリゾチームと複合体を形成して卵白の粘性を高めているため，濃厚卵白は水様卵白よりも泡立ちにくく，新鮮な卵白は泡立ちにくい．

また，卵液の粘性が高い低温（10～15 ℃）では泡立ちにくいが，表面張力が低下して粘性が小さくなる高温（30～40 ℃）では泡立ちやすい（60 ℃を越えると凝固する）．しかし，粘性の高い卵液で形成された泡の方が安定性は高く，これは高い粘性により泡相互の合併が阻害されることや液体が泡の表面から蒸発しにくいためである．

砂糖の添加は卵白の粘性を増して泡立ちにくくするが，きめの細かくなめらかな泡になり安定性は著しく高くなる．そのため，ある程度泡立てた後で砂糖を加えて泡立てる．加える砂糖量が多いほど安定であるが，卵白重量の 100% 以上加えると形成された泡がべたつき扱いにくい．

また，卵白に少量の食塩を加えると，タンパク質の水和性を高め，網目構造を密にして安定な泡となるが，多量の食塩の添加は泡の安定性を低下させる．卵白に油脂や卵黄が 0.5% 程度でも混入すると泡立ちにくくなり，安定性も低下する．これは油脂が卵液表面に広がって消泡剤として作用するためである．

2）　全卵

全卵に砂糖を加えて泡立てる方法を共立て法という．全卵の起泡性は，卵白の起泡性によるところが大きい．卵黄には 30% の脂肪が含まれるが，リポタンパク質として存在しているために泡立つ．しかし，全卵の起泡性は卵白のみの起泡性に比べて低く，ハンドミキサーを用いたり，湯煎で温めて表面張力を小さくする．サラダ油を 20% 前後添加しても卵黄は乳化性をもつため起泡性への影響は小さい．

起泡性と乳化性

起泡性は気液界面におけるタンパク質の変性に基づく現象であるが，乳化性は油液界面におけるタンパク質の変性に基づく現象である．

e.　乳化性

卵黄中のレシチンは親水性が高く，卵黄はそれ自体が水中油滴型（O/W

型）のエマルションとして存在している．この卵黄の乳化性を利用した代表的な調理がマヨネーズである．一般にエマルションは分散している油滴粒子径が小さいほど粘性が増して安定となるため，油滴粒子がなるべく小さくなるように分散させる．また，サラダ油の割合が75%以上になると，水相の量が減少して油粒子を包み込めなくなり，マヨネーズの安定性は低下する．

8.4 牛乳・乳製品

牛乳および乳製品のうち，液状乳類として生乳（ジャージー種，ホルスタイン種，普通牛乳），加工乳（濃厚，低脂肪），脱脂乳，乳飲料（コーヒー，フルーツ）がある．乳製品は粉乳類（全，脱脂，調整），練乳類（無糖＝エバミルク，加糖＝コンデンスミルク），クリーム類，発酵乳・乳酸菌飲料，チーズ類，アイスクリーム類，バターに分類される．

8.4.1 牛乳の調理

a．牛乳の成分と性質

牛乳の成分は水分87～89%，タンパク質約3%，脂質3～5%，糖質約5%，灰分約0.7%である．タンパク質や吸収しやすいカルシウム源（約110 mg/100 g）として重要な食品である．タンパク質の80%はpH 4.6で沈殿するカゼインで，残りの20%が乳清（whey，ホエー）タンパク質である．

1）カゼイン

カゼインは牛乳中にコロイド粒子（カゼインミセル）として分散している．カゼインミセルは図8.13に示す基本単位のサブミセルが互いにリン酸カルシウムを介して結合し，直径150 nmの巨大な集合体となったものである．サブミセル（会合体）はα_s-，β-カゼインからなる疎水性の核が親水性C-末端（グリコマクロペプチド）をもつκ-カゼイン（両親媒性）で囲まれたものである．牛乳（pH 6.6）中ではミセルが負に荷電しコロイドの安定性を保っているが，酸を添加しpH 4.6にするとカゼインミセルはカルシウムを放して凝集する．キモシン（レンニン：子牛の第4胃にある）などの凝乳酵素（レンネット）によってもκ-カゼインのC-末端が遊離してミセルが安定性を失い凝集する．この凝乳（カード）はチーズ製造に用いられる．

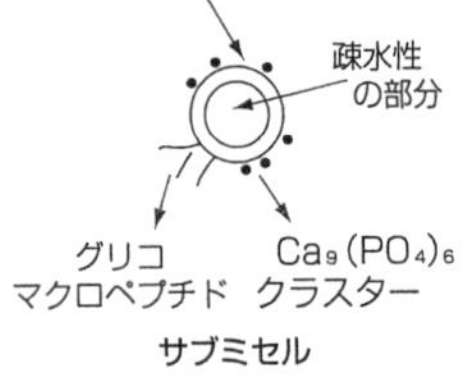

図 8.13　カゼインミセルの模式図
（上野川修一編：乳の科学，朝倉書店，1996）

2）乳清タンパク質

β-ラクトグロブリン，α-ラクトアルブミン，ラクトフェリンなどの乳清タンパク質は生理機能性に富む．酸で沈殿しないが，加熱により沈殿する．リコッタチーズになる．

3）脂質

直径3 μmの脂肪球が水中油滴型エマルションとして牛乳中に分散している．市販の牛乳は均質化（ホモジナイズ：高圧をかけながら細孔を通過させる）により1 μm以下の微細な脂肪球となっている．脂肪球の表面はリポタンパク質で被われている．牛乳の脂質の97〜98％がトリアシルグリセロール（トリグリセリド）で，主な脂肪酸はオレイン酸，パルミチン酸，ステアリン酸，ミリスチン酸である．他の動物性脂肪と異なり，不飽和脂肪酸が少なく，酪酸（C 4）やヘキサン酸（C 6）などの炭素数10以下の短鎖脂肪酸（揮発性のため芳香あり）が10〜20％と比較的多いのが牛乳の特徴である．

4）乳糖（ラクトース）

乳糖を含むため牛乳はかすかに甘い．乳糖を分解する酵素（β-ガラクトシダーゼ）活性は大人になると低下するため，牛乳を飲むと腹痛，下痢などを起こす乳糖不耐症（低ラクターゼ症）の日本人は比較的多い．発酵乳では乳酸菌により乳糖の3〜4割が乳酸に分解されているため，この症状は起こりにくい．

b．牛乳の調理特性

① 料理を白くする：　牛乳はカゼインのコロイド粒子と脂肪球が反射光を散乱するため，乳白色をしている．ブラマンジェ，牛乳かん，ホワイトソースなどの料理を白くすることができる．

② 滑らかな食感とこくを与える：　そのまま飲用したとき，スープ，シチュー，クリーム煮など．

③ 魚，レバーの生臭みの除去：　微細な脂肪球やカゼイン粒子は臭いを吸着する性質があるため，牛乳に浸すと魚やレバーの生臭みが除去できる．これをムニエルにするとより香ばしさが増す．

④ 焦げ色をつける：　牛乳を加熱すると，アミノ酸と還元糖（乳糖）の間でアミノカルボニル反応が起き，褐色物質ができる．また，150〜170℃では乳糖のカラメル化も加わってホットケーキなどは美しい焼き色と香ばしい香りが生ずる．

⑤ タンパク質のゲル強度を高める：　カスタードプディングの卵液凝固の際，牛乳中のCa^{2+}がタンパク質のゲル強度を高める．Na^{+}の4倍の効果がある．牛乳入りゼラチンゼリーもゲル強度を増す．

⑥ 低メトキシルペクチンをゲル化：　牛乳中のCa^{2+}が低メトキシルペクチンをゲル化する（高メトキシルペクチンのゲル化に必要な砂糖，酸は不要である）．

c．加熱による変化

1）皮膜形成

牛乳を加熱すると乳清タンパク質が60℃から変性するため，65℃で薄い膜ができはじめ，70℃でしっかりした膜になり，75℃以上で凝固する．そのため，牛乳を温めるときは60℃以上にしない．加熱により脂肪とともに表面に浮き上がったタンパク質の表面から水分が蒸発して皮膜ができる．加熱中に攪拌したり，仕上げにバターを加えると皮膜が防止できる．カゼインは加熱に安定で130℃以下では凝固しない．

2)　泡だち（ふきこぼれ）

牛乳の表面張力は加熱により更に小さくなり，ふきこぼれやすくなる．牛乳中の空気や水が気化してタンパク質の膜で包まれた泡が多数できてふきこぼれの原因となる．

3)　加熱臭

70℃以上で加熱すると，とくにβ-ラクトグロブリンの熱変性によって生じた-SH基により加熱臭が生じる．更に高温になると徐々にカラメル臭に変化していく．

4)　酸凝固

カゼインはpH 4.6で凝固するため，有機酸，塩類，タンニンが多い野菜（トマト，ニンジン，アスパラガス，エンドウなど）やクラムチャウダーのようにコハク酸やカルシウムの多い貝を牛乳とともに加熱したとき牛乳が凝固することがある．タマネギはよく炒め，トマトなどは予め加熱し有機酸を揮発させたり，ルーで濃度をつけて牛乳を加えると凝固しにくい．

5)　ジャガイモの硬化

ジャガイモを牛乳で煮ると水煮に比べて硬くなる．牛乳中のCa^{2+}がジャガイモのペクチン質と結合して，ペクチン質の煮汁中への溶出を抑制するためである．

d.　酸による変化

潰したイチゴに牛乳をかけたり，牛乳にレモン汁（クエン酸）や食酢を加えカゼインの等電点付近のpHにすると，加熱しなくても酸凝固する（カテッジチーズ）．

8.4.2　ヨーグルトの調理

牛乳に乳酸菌（スターター）を加えると，乳糖をエネルギー源として発酵し，乳酸を生成し，等電点に近づくにつれ，カゼインミセルが凝集，凝固しヨーグルトができる．そのまま，フルーツとともに食したり，タンドールチキンなどに利用される．腸内細菌のバランスを改善したり（プロバイオテクス），カルシウム源となる．

8.4.3　チーズの調理

a.　種類

ナチュラルチーズは牛，山羊，羊，水牛などの乳に乳酸菌を加えて一定温度に保持後，レンネットを加えて凝固させ，乳清を除去し，固形状にしたものである．チーズの微生物や酵素は生きている．熟成させないフレッシュタイプと，細菌，白カビ，青カビなどを用いて熟成させたチーズに分類される．また，硬さにより超硬質，硬質，半硬質，軟質チーズに分類される（表8.3）．熟成期間が短いチーズは水分が多く，保存性が悪い．プロセスチーズ

表 8.3 チーズの種類と特徴

	型	硬さ	水分，塩分量	代表的なもの	熟成方法	調理例他
ナチュラルチーズ	ハードタイプ	超硬質	水分約15% 食塩3～5%	パルミジャーノ，レッジャーノ（伊），コンテ（仏）	細菌長期熟成 2～3年間	スパゲッティなど調味料
ナチュラルチーズ	ハードタイプ	硬　質	水分40% 以下 食塩1.3～2%	エメンタール（スイス） グリュイェール（スイス） エダム（オランダ） ゴーダ（オランダ，仏） チェダー（英）	細菌熟成，ガス孔あり 細菌熟成，ガス孔あり 細菌熟成 細菌熟成 細菌熟成	フォンデュ用 フォンデュ用 スナック，サンドイッチ 調味用，プロセスチーズの原料
ナチュラルチーズ	ソフトタイプ	半硬質	水分約50% 以下 食塩1.3～3.8%	サムソー（デンマーク） ブリック（米） ブルー（仏，米，カナダ） ロックフォール（仏） スチルトン（英） ゴルゴンゾーラ（伊）	細菌熟成 細菌熟成 青カビ熟成 青カビ熟成 青カビ熟成 カビ熟成	ドレッシング用 オードブル用，塩辛い
ナチュラルチーズ	ソフトタイプ	軟　質	水分40～60% 食塩1～2%	ブリー（仏） カマンベール（仏）	白カビ 白カビ	デザート（ワインと共に） デザート（ワインと共に）
ナチュラルチーズ	フレッシュ	軟　質	水分50～80% 食塩 0.8～1.2%	カッテージ（英，米） クリーム（デンマーク，米） クワルク（独） モッツァレラ（伊） マスカルポーネ（伊）	熟成せず 熟成せず 熟成せず 熟成せず 熟成せず	脂肪が少なく低エネルギー レアクリームケーキ用 ピザ用 ティラミス用（超軟質）
プロセスチーズ	ハード	軟　質	水分45% 食塩2.8%	プロセスチーズ スパイスチーズ スモークチーズ		
プロセスチーズ	ソフト	軟　質	水分54% 食塩2.5%	チーズスプレッド ソフトプロセスチーズ		

（下村道子，和田淑子共編著：新版調理学，光生館，2003；川端晶子編：最新調理学，学建書院，1978より改変）

世界のチーズ

ナチュラルチーズは世界に1000種以上あり，産地により味，色，香り，テクスチャーが異なり，それぞれ独特のおいしさがある．EUにはPDO（保護指定原産地表示）制度があり，こだわりの製品を認定している．

は1～2種類のナチュラルチーズを粉砕，混合したものに乳化剤（リン酸塩，クエン酸塩）を加え，加熱，溶解，乳化した後，充填成型したもので，加熱により殺菌，酵素の失活が行われるため保存性がよい．

b．調理特性

チーズはそのままワインとともに食したり，前菜，グラタン，ソース，焼菓子などに用いられる．加熱調理するときは，チーズにより溶解温度や曳糸性が異なるため，加熱で溶け，冷めても硬くならず，糸を引くチーズを選ぶ．ピザにはモッツァレラチーズ，チーズフォンデュにはグリュイェール2：エメンタール1などが適する．球状タンパク質の分子間の架橋が切れてポリペプチド鎖が糸状になったときに食すのがよい．過熱すると，タンパク分子間に新たな架橋ができ硬くなる．冷めると更に硬化する．

8.4.4 クリームの調理

a．種類

牛乳を加温し遠心分離すると脱脂乳とクリームに分離できる．市販のクリームは乳脂肪，植物性脂肪および混合の3タイプに大別される．最近，乳脂肪に乳化剤の入ったものも市販されている．脂肪量が20% 前後のものをラ

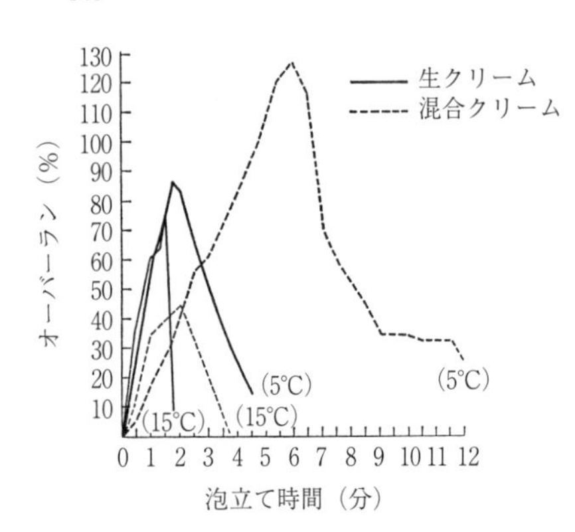

図 8.14　5℃または15℃におけるクリームの起泡性
(松本睦子・河村フジ子：市販クリームの起泡性と気泡クリームの特性，調理科学 11，1978)

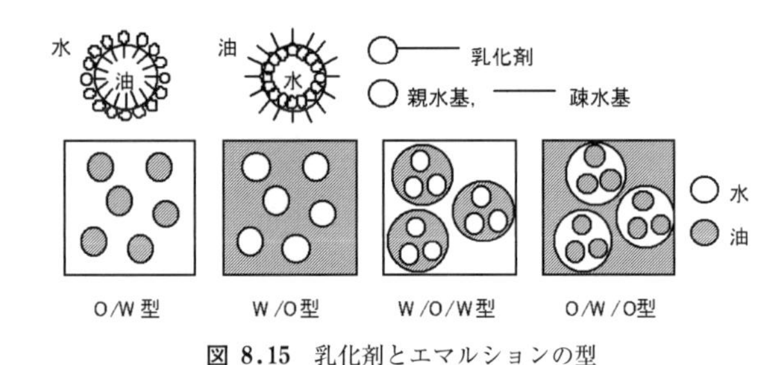

図 8.15　乳化剤とエマルションの型

イトクリーム（コーヒー，スープ，ソース用），35~50%のものをヘビークリーム（ホイップ用クリーム）という．脂肪は水中油滴型エマルションとして存在するため，あっさりした舌触りである．

b．　起泡性

脂肪量30%以上のクリームは攪拌すると，気泡を抱き込み，泡のまわりに脂肪球が凝集し，可塑性をもつようになる．ケーキの飾り，アイスクリーム，ババロアなどに利用する．脂肪含量が多く，粒子が大きいほど凝集は起こりやすく泡が安定になる．起泡性はオーバーランで判定する．オーバーラン100は体積が2倍に増加したことを表す．

オーバーラン

$$=\frac{\text{一定容量のクリームの重量}-\text{同容量の起泡クリームの重量}}{\text{同容量の起泡クリームの重量}}\times 100$$

混合クリームのほうが乳脂肪のみのクリームより，オーバーランが高く分離しにくい．また，5℃の低温で泡立てたほうがオーバーランが高く，保形性がよく，艶がよい（図8.14）．砂糖は粒子の細かいものをある程度泡立ててから加える．乳化剤を含まない乳脂肪のみのクリームは分離しやすいのでゆっくり攪拌する．泡立て過ぎると脂肪とバターミルクに分離する．脂肪を少し温め，バターミルクを少しずつ入れながら攪拌するとバタークリーム（油中水滴型エマルション）になる（図8.15）．

● 8.4.5　バターの調理 ●

a．　種類

バターはクリームを殺菌し，激しく攪拌（チャーニング）して脂肪球を結合させ練り上げたものである．有塩，無塩，発酵，非発酵バターがある．油中水滴型エマルションで80%以上が脂肪である．短鎖脂肪酸が多いため，口溶けがよく，風味がよい．

b. 調理特性

バターは常温で固体であるが，融点の28〜35℃付近で軟化し，それ以上加熱すると液体となる．溶かした上澄みを澄ましバターという．バターはテーブルバター，サンドイッチ，バタークリーム，ルウ，パウンドケーキ，シューの皮，ムニエルバターなどに用いられる．バターには以下のような調理特性がある．

① クリーミング性： 攪拌すると空気を抱き込む．バタークリーム，パウンドケーキなど．

② ショートニング性： クッキー，パイなどのように脆く砕ける性質がある．

③ 可塑性： バタークリームは絞り出すと保形性がある．

④ 熱媒体となる： 炒め物の熱媒体となる．焦げやすいので過熱は避ける．

⑤ 風味付け： 60℃以上で緩やかに加温すると独特の味と香りがでる．

参考文献

上野川修一編：乳の科学，朝倉書店，1998
鴻巣章二監修：魚の科学，朝倉書店，1994
下田吉人他編：新調理科学講座4 魚の調理，朝倉書店，1973
下村道子・橋本慶子編：動物性食品，1993
須山三千三他編：水産食品学，恒星社厚生閣，1987
日本水産学会編：白身の魚と赤身の魚，恒星社厚生閣，1976
山崎清子他著：新版 調理と理論，同文書院，2003

9. 成分抽出素材の調理特性

9.1 デ ン プ ン

9.1.1 デンプンの種類と特性

デンプンは米，小麦，トウモロコシなどの種実デンプンとジャガイモ，サツマイモ，クズ，タピオカ（キャッサバデンプン），ワラビなどの根茎デンプンに分類される（表9.1）．サゴデンプンはサゴヤシの樹の幹に蓄積する．原料により粒径，糊化開始温度，糊化後の粘度，ゲルの透明度などの性質が異なる．ゲルの透明度は種実デンプンが不透明で，根茎デンプンは透明であ

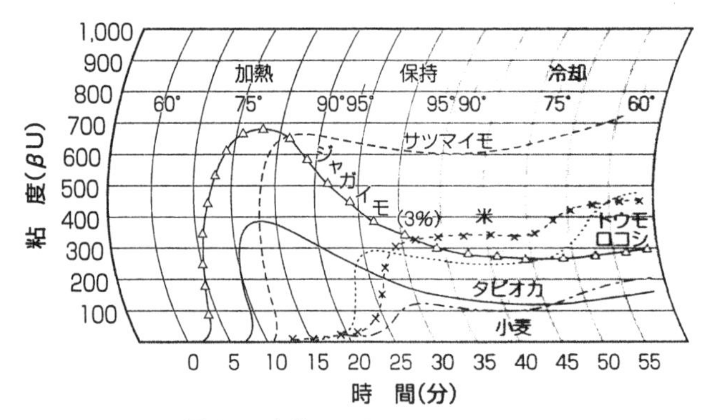

図 9.1 各種デンプンのアミログラム
（二国二郎監修：澱粉科学ハンドブック，朝倉書店，1977）

表 9.1 デンプンの種類と特性

デンプンの種類		平均粒径 (μ)	粒の形態	アミロース含量（%）	デンプン 6%		ゲル	
					糊化開始	最高粘度	状 態	透明度
種実デンプン	米	5	多面形	17	67.0	112	もろく，硬い	やや不透明
	小麦	21	比較的球形	25	76.7	104	もろく，軟らかい	やや不透明
	トウモロコシ	15	多面形	28	73.5	260	もろく，硬い	不透明
根茎デンプン	ジャガイモ	33	卵形	22	63.5	2,200	ややもろく，硬い	透明
	サツマイモ	15	球形，楕円形	19	68.0	510	ややもろく，硬い	透明
	クズ	10	卵形	23	66.2	450	弾力性	透明
	タピオカ	20	球形	18	62.8	750	強い粘着性	透明

（川端晶子他：N ブックス 調理学，建帛社，2002）

糊化

糊化の特徴はアミログラフィによる粘度変化で求めることが多い．回転粘度計の一種で毎分1.5℃ずつ加熱または冷却しながらデンプン液の粘度を記録する装置である．得られた図形から粘度上昇開始温度，最高粘度，ブレークダウン（break down）などを読み取る．

ブラマンジェ（コーンスターチの利用）

コーンスターチ濃度を7～12％とし，糊化が不十分だと固まりにくく，老化しやすいので，撹拌しながら沸騰させ6～8分加熱して十分に糊化させることで，白くて口あたりのよいブラマンジェができる．

カスタードクリーム（コーンスターチまたは小麦粉の利用）

カスタードとは牛乳，

卵，砂糖を混合し加熱したものをいう．これにデンプンを加えて加熱糊化させたものがカスタードクリームである．小麦粉を用いる場合は，グルテンの粘りが出ないように手順を工夫し，小麦粉のデンプンの糊化を利用する．

くず桜（クズデンプンの利用）

クズデンプンは透明度が高く，弾力性と独特の歯ごたえがあるが，付着性が高くあんを包みにくい．ジャガイモデンプンは糊化すると破断伸張度が大きくなり成形しにくいが，付着性が小さいのでクズデンプン3：ジャガイモデンプン1の割合で混合して利用するとよい．半糊化したデンプンであんを包み，再び加熱するとあんが透けて見える美しいくず桜ができる．

はるさめ（リョクトウデンプンの利用）

はるさめは，デンプンの老化を利用した加工食品で

る．

図9.1にデンプンのアミログラムを示した．ジャガイモデンプン（片栗粉）は糊化開始温度が低く，粘度が急激に上昇して高い最高粘度を示すが，ブレークダウンが著しい．一方，米やトウモロコシなどの種実デンプンは，粘度上昇開始温度が高く，最高粘度は低いがブレークダウンが小さく，粘度における熱安定性が比較的高い．

デンプンの老化に伴う離漿はデンプンの種類によって異なり，ジャガイモデンプンはわずかであるが，リョクトウやトウモロコシデンプン（コーンスターチ）は高い離漿率を示し，老化しやすい．

● 9.1.2 デンプンの調理特性 ●

デンプンは粉末のまま使ったり（肉団子，から揚げ），糊化して使ったりする．デンプンの調理特性を表9.2に示す．汁やあんかけには透明なジャガイモデンプンやクズデンプンを薄い濃度で使う．とろみがつき，口あたりがよく，冷めにくく，かき玉汁の具の沈殿を防ぐ．嚥下困難な高齢者の食事のとろみ付けに利用される．濃い濃度の糊化デンプンは冷却するとゲル化する．ブラマンジェ（白い食べ物の意）には白くて歯切れのよいコーンスターチを使い，くず桜，ごま豆腐には弾力と歯ごたえのよいクズデンプン（クズ粉）を使うなど，調理目的に適したデンプンを使わなければならない．

9.2 砂 糖 類

砂糖（ショ糖，スクロース）は，甘味料として一般調理に用いられるほかに，菓子類の主材料または副材料として重要なものである．

表 9.2 デンプンの調理特性

調理性	目 的	調理例	濃度（%）	用いられるデンプン
吸湿性	水分の吸収	から揚げ，竜田揚げ		ジャガイモ（片栗粉）
	つなぎ，歯ごたえ	肉団子，かまぼこ，はんぺん		トウモロコシ（コーンスターチ）
	粘りつき防止	打ち粉		ジャガイモ
	食品に皮膜	くずたたき		クズ，ジャガイモ
粘 性	口当たり，保温，具の分散	薄くず汁，かき玉汁	1～1.5	ジャガイモ
	材料に調味液をからめる	あんかけ・溜菜	3～6	ジャガイモ，クズ
	口当たり	くず湯	5～8	クズ，ジャガイモ
	口当たり	カスタードソース	7～9	トウモロコシ
ゲル化性 伸展性	歯切れ	ブラマンジェ	8～12	トウモロコシ
	口当たり，歯ごたえ	くず桜の皮	15～20	クズ，ジャガイモ，トウモロコシ
	舌ざわり，歯ごたえ	ごま豆腐	15～20	クズ
	口当たり，のどごし	くずきり		クズ，ジャガイモ
	口当たり，歯ごたえ	わらびもち	20	サツマイモ
その他	歯ごたえ，調味液の浸透	はるさめ料理		サツマイモ，緑豆，ジャガイモ
	口当たり	タピオカ（またはサゴ）パール		キャッサバ，サゴ

（金谷昭子：食べ物と健康 調理学，医歯薬出版，2004）

ある．中国産はるさめの原料である緑豆やソラ豆の粗製デンプンは，アミロース含量が高いので老化しやすく，また膨潤，溶解しにくい．さらにゲル形成能力に優れているため，煮崩れしにくくコシの強い食感が得られる．日本産のはるさめの原料はサツマイモやジャガイモのデンプンであるので緑豆に比べてアミロース含量が低く，離漿・老化しにくいため，煮崩れしやすい．

パール状デンプン（タピオカパールの利用）

キャッサバから精製するタピオカデンプンを5～6 mmの粒形に加工されたものがタピオカパールである．デンプンを攪拌しながら球状とし半糊化状にローストしたもので半透明の真珠状をしているところからパールと呼ばれる．タピオカパールは加熱により透明感のある美しい形状と歯切れのよい独特の食感が得られることから，スープの浮身，プディング，ゼリーなどの調理に古くから用いられている．煮崩れがしやすく芯が残りやすいので，水に入れて1.5～2時間湯せん加熱するか，魔法ビンに熱湯とタピオカパールを入れて振った後3～4時間放置する方法がある．こうすることで弾力があり芯のない煮上がりになる．

表 9.3　ショ糖の溶解度

温度（℃）	100 gの水に溶解するg数	ショ糖濃度（%）
0	179.2	64.2
20	203.9	67.1
40	233.1	70.4
60	287.3	74.2
80	362.1	78.4
100	487.2	82.9

（山崎清子他：新版調理と理論，同文書院，2003）

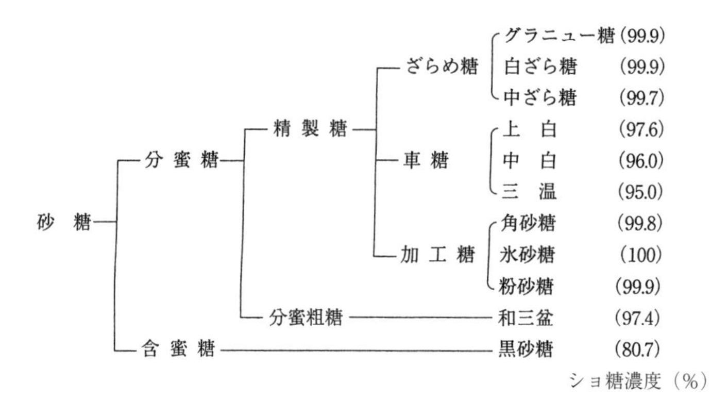

図 9.2　砂糖の種類

9.2.1　砂糖の種類

砂糖の原料の大部分が甘蔗（サトウキビ）と甜菜（ビート）で，この他にサトウカエデ（固形糖はカエデ糖，液状はメープルシロップ），スイートソルガム（ソルガム糖），サトウヤシ（ヤシ糖）などがある．また，原料植物の如何にかかわらず，製造法により含蜜糖と分蜜糖に大別される．原料からの糖汁を濃縮・固化した砂糖を含蜜糖とよぶ．代表例は黒砂糖であり，ショ糖の含有率は80%で，不純物による独特の味と香りをもつ．カエデ糖，ヤシ糖も含蜜糖である．濃縮した糖液を結晶化し，遠心分離機で糖蜜と砂糖結晶に分け，得られた砂糖結晶を分蜜糖という．分蜜糖には精製糖，その原料となる原料糖（粗糖），耕地白糖，耕地精糖などがある．精製糖は結晶の大きさや色調により，ざらめ糖，車糖（くるまとう），加工糖に分けられ，一般調理や製菓に用いられる（図9.2）．和三盆（わさんぼん）は日本古来の方法により四国地方でつくられる国産の砂糖で，薄いクリーム色で結晶が細かく，舌上でさっと溶け風味がよい．煮ると適当な粘性が出て上品な味のため高級和菓子に用いられる．含蜜糖と分蜜糖の中間に分類される．

9.2.2　砂糖の性質

砂糖は親水性が強く水に溶けやすい．温度が上昇するほど砂糖の溶解度は増す（表9.3）．100 gの水に溶けるショ糖量は0℃で179 g，20℃で204 g，100℃で487 gであり，0℃と100℃では300 g以上も増加する．このときの溶液中のショ糖濃度は0℃で64%，100℃で83%である．少量の水に多量の砂糖が溶ける性質は砂糖が周囲の水分を奪い取って溶解し，周囲にその水を渡さない保水性による．これはケーキやカステラ，羊羹，求肥（ぎゅうひ）などでデンプンの老化を抑え，硬くなるのを防いでおり，メレンゲ，マシュマロではタンパク質でできた泡の水分を砂糖が取り泡を安定化する．さらに寒天などのゲル化を助ける働きもする．また，加工食品においてもタンパク質の冷凍変性を防いだり保水性を保つために利用されている．

食品中の砂糖濃度を高めていくと水分活性が低下して，かび以外の微生物の繁殖が抑えられ，食品の防腐効果が高まる．これを利用した食品がジャムや砂糖漬けである．

9.2.3 砂糖の調理

砂糖は加熱によってその性質を大きく変化させる．ショ糖の沸騰点を表9.4に，砂糖液の煮詰め温度による状態変化を表9.5に示した．

砂糖液を加熱し煮詰めていくと砂糖の分解が起こりはじめる高温（130℃程度）に達するまでは，モル沸点上昇の原理に伴い沸点が上昇する．その温度により煮詰め液の砂糖の性質は変わっていく．また，砂糖の調理特性としてほかに，氷点降下がある．

1)　シロップ

102～103℃まで煮詰めると，砂糖濃度50～60%となり，0℃（64%で飽和となる）でもシロップのままである．ジャムは約104℃（砂糖濃度65%）まで煮詰める．

2)　フォンダン

107～112℃まで煮詰めた砂糖液を40℃まで冷却し，手早く撹拌する．40℃で過飽和となり細かい結晶が析出しフォンダンとなる．温度が高くなるほど砂糖濃度が高くなり，結晶化は速くなるが，結晶は粗くなる．結晶核は刺激によって形成される．

3)　砂糖衣（アイシング）

五色豆，かりんとう，雛あられなどに砂糖衣をまぶすには，115～120℃

表 9.4　ショ糖液の沸騰点

ショ糖（%）	10	20	30	40	50	60	70	80	90.8
沸騰点（℃）	100.4	100.6	101.1	101.5	102.0	103.0	106.5	112.5	130.0

表 9.5　砂糖液の煮詰め温度による状態の変化

煮詰め温度（℃）	冷却時の状態	成分比（%）		菓子などへの利用
		水	砂糖	
100	シロップ	17	83	シロップ
105	濃厚シロップ			ゼリー
110	糸状に粘る	16	84	ボンボン，マシュマロ
113～115	柔らかい球状	13	87	フォンダン
115～118	やや柔らかい球状	11	89	ファッジ
120～130	やや硬い球状	10	90	キャラメル
130～132	硬い球状	5	95	タッフィー
135～138	ややもろく破砕			ヌガー
140～145				抜絲（銀絲）
138～154	もろく破砕	2	98	ドロップ，あめ
160～165				抜絲（金絲）
160～180	カラメル			カラメルソース

氷点降下

何らかの溶質が溶けている溶液では0℃以下で凍り始める．このように凍結温度が0℃以下に下がることを氷点降下と呼ぶ．二糖である砂糖（ショ糖）よりも単糖であるブドウ糖や果糖の方が分子量が小さいので氷点降下は大きく，氷点が低くなる．アイスクリームでは，糖分は甘味料としての役割のほかに，氷の結晶を細かいクリーム状に保つためにも欠かせない原料である．

フォンダン

砂糖液を107～112℃（冷やしたときに結晶が析出する温度）に煮つめてから，鍋のまま40℃まで冷ます（砂糖が溶けきれない過飽和の状態になり結晶の核形成率が上がる）．冷ましている間は砂糖液の表面の温度が下がって結晶ができやすいので風などがあたらないようにする．また，霧吹きで表面に水分を与えておくと良い．40℃まで砂糖液が冷めたら，木杓子などで強く早くかき混ぜて雪のように白くなめらかなクリーム状（微細な結晶をたくさんつくる）にする．撹拌が悪いと析出した結晶が大きく成長しざらざらとした口あたりになってしまう．

アミノカルボニル反応

砂糖を加え加熱した料理ではカラメル化のみでなく，アミノカルボニル反応（メイラード反応）により褐色を呈する．この反応にはアミノ酸を必要とする．まず，砂糖が加熱によりブドウ糖と果糖に分解され，還元糖とアミノ酸が加熱により縮合する．この段階では無色であるが，次に糖およびアミノ酸の酸化と分解が続き，最後に反応物の重合と縮合が起きて窒素を含んだ褐色のメラノイジンができる．この反応は還元糖に煮詰めて材料を入れ，90℃以下に冷めないうちに手早く撹拌する．砂糖液に抹茶，シナモン，食紅，クチナシの実などを入れると着色できる．

4) あめ

130℃以上になるとあめとなる．あめの状態では，一部が転化糖（ショ糖が分解されてできたブドウ糖と果糖の混合物）に分解されるため結晶化が抑制される．

5) 抜糸（バース）

140℃に煮詰めた液は約100℃に温度が下がると長く糸を曳く．140℃では色がつかないので銀糸（インス），160℃以上では色がつくので金糸（ジンス）という．カラメル化したものは再結晶しないが，140℃で冷めた揚げイモを入れ撹拌すると結晶ができる．酢を加えて加熱するとショ糖の一部が転化糖になり結晶化が防げる．油に砂糖を加えて加熱すると容易に160℃となる．抜糸地瓜は糸を曳いている熱いうちに食す．

6) カラメル

160℃以上になると砂糖は急激に分解し転化糖が増える．さらに果糖が脱水されて褐色の物質であるヒドロキシメチルフルフラールを生じる．ブドウ糖は果糖より着色速度は遅い．転化しなかったショ糖はフミンとイソサッカロザンの混合物となる．カラメルはいろいろな糖の脱水縮合物の混合物である．カラメルソースは170～190℃に加熱して着色後，熱湯を加えて溶かし，使用した砂糖の1.3～1.35倍になるまで煮詰める．食品加工用の着色料として使用される．

● 9.2.4 砂糖以外の甘味料 ●

a. 蜂蜜

ショ糖，ブドウ糖，果糖を甘味の主体とし花の花粉と蜂の唾液の酵素でつくられ，その他種々の糖類を微量含んでいる．また，糖分のほかにビタミンB_1，B_2，B_6，パントテン酸，鉄，カルシウム，マンガンなどを含んでいる．蜂が蜜を集めた花（レンゲ，ナタネ，ニセアカシア，ミカン，ソバ，クリ，クローバーなど）によって特有の香りがある．特有の風味が好まれ菓子や飲料など幅広く利用されている．エネルギーなどの点では砂糖と同じである．ただし，ボツリヌス菌の芽胞の混入の恐れがあり，1歳児未満には与えないよう厚生労働省から通達が出されている（1987年）．

b. メープルシュガー

カナダ東部，アメリカ北東部にあるサトウカエデや北海道，青森県にあるイタヤカエデからつくられる．カエデの幹から樹液を採取し，石灰で中和して清浄後に濃縮する．主成分はショ糖であるが，加熱濃縮により特有の甘く好ましい風味を含むようになる．風味をいかしてホットケーキのシロップや菓子の原料として用いられる．

があれば比較的低温でも進行する．この反応により，ケーキなどに好ましい焼き色と香ばしい香りがつく．

マルチトール

マルトースの水素添加物である．消化吸収されにくいが，味質および物性が砂糖に似ているため砂糖に代わる市販の甘味料の主成分として用いられる場合がある．

キシリトール

植物のヘミセルロースを構成するキシランを酸分解して得られる五単糖であるキシロースに高圧水添して製造される．フィンランドではシラカバを原料とし，中国では綿実殻を原料としている．体内にシュウ酸が蓄積する副作用があるが，小腸から吸収された後に代謝されずに排泄する量が20％程度あり，ショ糖に比べてエネルギーが低めである．また虫歯予防の報告がある．

ステビア

ステビアは南アメリカ原産のキク科の植物である*Stevia rebaudiana*の葉に含まれる配糖体であり，ステビオール骨格に結合する糖の違いにより6種類ある．原材料の葉は中国からの輸入が70％以上，生産量は200トン/年である（1990年頃）．甘味度がショ糖の100～400倍であるため，使用量が少なくて済む．このためエネルギーがきわめて低い甘味料として漬物・飲料・冷菓・缶詰・チューイングガム・ダイエット甘味料まで利用範囲が広い．熱・酸・アルカリ下でも安定である．

スクラロース

新しい合成甘味料であり，ショ糖の3つの水酸基を選択的に塩素原子で置換してつくられる．ショ糖の600倍の甘味があるため，使用量が少なくて済む．このため，エネルギーがきわめて低い甘味料として用いられる．ただし，食品衛生法によって成分規格が定められており，使用基準がある．非常に安定した構造であり，甘味料として飲料・デザート・ドレッシングなど多数の食品に使用される．

サッカリン・サッカリンナトリウム

1878年に発見され古くから知られている人工甘味料である．安息香酸スルフ ァミドで水に溶けにくいため，ナトリウム塩（サッカリンナトリウム）として用いられることが多い．ショ糖の500倍の甘味を有する．食品衛生法でサッカリンはチューイングガムに対して，サッカリンナトリウムは漬物などの加工食品に対して使用基準が定められている．サッカリンは膀胱癌のイニシエーターであることも報告されている．

アスパルテーム

1966年に発見された甘味料（アスパラギン酸とフェニルアラニンのジペプタイド）である．アミノ酸は糖と同程度のエネルギーを持つが甘味度がショ糖の200倍であり使用量を抑えることができ実質的に低エネルギーとなる．しかし，フェニルアラニン基をもつためフェニルケトン尿症の患者を考慮し表示が義務付けられている．アスパルテームは水溶液中で比較的不安定であり，最終的にジケトピペラジンとメタノールに分解されてしまうことが明らかにされている．

c．水アメ

水アメは，デンプンをアミラーゼで分解したグルコースの低重合度の混合物からなり，無色透明の粘性液体で，吸湿性はショ糖より大きい．デンプンの分解度（糖化度）によってグルコース含量の高い水アメ（DE：グルコース価40～55）からデキストリン含量の高い粉アメ（DE 17～30）まである．ショ糖より甘味は低いが安価なため，砂糖の補助剤として古くから利用されている．菓子にも利用されるが，寒天ゼリーの離漿率を低下させたり，カステラなどの焼き菓子の保湿にも効果がある．

d．オリゴ糖類

オリゴ糖は少糖類のことで，ブドウ糖や果糖などの単糖が数個つながったものをいう．砂糖を原料にしたフラクトオリゴ糖，乳糖を原料にしたガラクトオリゴ糖，脱脂大豆を原料にした大豆オリゴ糖などがある．フラクトオリゴ糖は，甘味料としてジャムの製造などに用いられる．ガラクトオリゴ糖および大豆オリゴ糖は，ヒトが消化しにくい糖を含んでいるため低エネルギーであり，腸内細菌増殖因子として利用される．

e．ソルビトール・マンニトール

ソルビトールはナナカマドの実に多く含まれている．マンニトールは植物界に広く存在しており中でも褐藻類に多く含まれている．マンニトールはソルビトールの異性体で工業的に製造すると互いに副生物として現れる．また，これらの糖アルコールは消化管での吸収が悪く多量に食べると軟便になる．ソルビトールのエネルギーはショ糖と同じであるが吸収が遅いため血糖値の急激な上昇は起こさない．一方，マンニトールのエネルギーはショ糖の半分程度であり，医用の利尿剤として使用される．

f．その他の砂糖以外の甘味料

その他の甘味料として，マルチトール，キシリトール，ステビア，スクラロース，サッカリン，アスパルテームなどがある．

これらの甘味料を利用した低エネルギーの砂糖の代替甘味料として売られている商品の含有比率は，さまざまである．例を挙げると，マルチトール72.6%，砂糖26.8%，ステビア0.5% を主成分とする商品や，マルチトール80%，果糖19%，ステビア1% を主成分とする商品などがある．前者は，100 g あたりのカロリーがショ糖の30% 程度であり，後者は20% 程度である．しかし，もっとも使用量の多いマルチトールは消化吸収されにくいために多量に摂取すると下痢をしてしまうことが考えられる．

9.3 油　脂　類

9.3.1 油脂の種類と性質

油脂とは動植物中に存在する脂質を圧搾，あるいは加熱，有機溶剤等で抽

表 9.6　油脂の種類と性質

	名称	飽和脂肪酸：一価不飽和脂肪酸：多価不飽和脂肪酸	オレイン酸：リノール酸：リノレン酸	融点(℃)	発煙点(℃)	VE 効力(mg)	特徴
天然油	大豆油	14：23：57	24：53：8	−8〜−7	195〜236	14.9	生産量最大
	ナタネ油	6：57：31	59：22：11	−12〜0	186〜227	16.9	天ぷら油に
	トウモロコシ油	13：33：49	35：51：2	−15〜−10	222〜232	20.7	デンプン製造後の胚芽使用
	オリーブ油	12：71：11	75：10：1	0〜6	150〜175	7.6	特有の香りと色（黄緑色）
	ゴマ油	14：37：43	39：45：1	−6〜−3	172〜184	7.6	未精製で香りが強い
	米ヌカ油	18：39：35	42：37：1	−10〜−5		26.1	淡色で味がよい．米菓子など
	サフラワー油	9：13：73	13：76：0	−5		27.4	酸化されやすい
	綿実油	22：18：54	18：57：1	−6〜−4	216〜229	29.8	風味がよく酸化されにくい
	ヒマワリ油	10：18：67	19：70：1	−18〜−16		39.0	マーガリン，ショートニング用
	落花生油	22：42：34	42：35：0	0〜3	150〜160	6.4	味・香りがよい．品質安定
	イワシ油	27：8：62	13：3：1				不快臭のため硬化油に
調合油	天ぷら油	12：33：49	35：43：9			15.5	大豆油7：ナタネ油3
	サラダ油	8：47：39	49：31：10			16.5	大豆油3：ナタネ油7
	ゴマ調合油						ゴマ油に他の油を混合
天然油脂	パーム油（油ヤシ）	48：38：9	39：10：0	27〜50	189〜235	8.8	マーガリン，ショートニング原料
	パーム核油	76：15：3	16：3：0	25〜30		0.4	
	カカオ脂	57：41：2	34：3：0	32〜39			菓子製造（チョコレート，ココア）
	ヤシ油（ココヤシ）	85：6：2	7：2：0	20〜28	190	0.3	コーヒー用クリーム，ラクトアイス
	バター	51：21：2	25：3：1	28〜38	208	1.5	発酵，非発酵，無塩バター
	豚脂（ラード）	40：46：10	43：10：1	28〜48	190	0.3	炒め物によい．風味とコクがある
	牛脂（ヘット）	46：46：3	43：3：0	40〜50	190	0.6	融点が高く温かいうちに食べる
	羊脂	43：30：3	35：3：1				香りにくせがある．石鹸など
加工油脂	マーガリン（ソフトタイプ）	18：32：27	41：32：3			19.1	バターの代用．硬化油に乳化剤，香料，着色料など添加．水分を含む
	ショートニング	34：49：6	32：6：1			10.8	クッキーなどにショートニング性を与えるのでこの名がついた．綿実油使用．油脂量 100%．

（石松成子他：NEW 基礎調理学，医歯薬出版，1999 より改変）

油と脂

常温で液体の油（oil）は不飽和脂肪酸が多く，融点が低く，植物性由来のものが多い．しかし，イワシ油は動物性であるが不飽和脂肪酸が多く，常温で液体であり，多くの場合水素添加して硬化油（固形）として使用する．

常温で固体の脂（fat）は融点が常温より高いために固体となっており，飽和脂肪酸が多く，動物性由来のものが多い．しかし，これにも例外があり，植物由来のパーム油・カカオ脂・ヤシ油は熱帯では液体であることもあるが，温帯の日本では固体である．

出，冷却，分離，精製したものである．

油脂の種類と融点，発煙点（これが低いと揚げ物や炒め物に使いにくい），脂肪酸組成のうち飽和脂肪酸，一価不飽和脂肪酸，多価不飽和脂肪酸の割合，ビタミンE効力を表9.6に示した．

9.3.2 油脂の調理特性

1) 油脂の香味・食味を付加

ドレッシングなどの非加熱調理に使用するサラダ油（JAS規格では0℃で5時間以上おいても澄んだままの状態）は，冷蔵庫で固化する植物ステロールなどをあらかじめ除去した精製油である．オリーブ油やゴマ油は精製していないので，独特の香りが残っている．特にエキストラ・バージン・オリーブ油はパンにそのままつけたり，直接サラダ・パスタにかけたりする．マヨネーズも非加熱の油を使用している．いずれも滑らかな舌ざわりを与える．

2)　100℃以上の加熱調理ができる

比熱が水より小さい（0.47）ので，温度上昇が速く，水（100℃）より高温（130～200℃）が得られ，加熱調理の熱媒体として，揚げ物や炒め物に利用できる．加熱により，生の油とは異なる独特の風味が加わる．しかし，油脂は高温で加熱しすぎると酸化が進み，色・味・香りが悪くなり，粘り，泡立ち，発煙などの現象も出てくる．加熱酸化重合が進むとアクロレインなどの有害物質を生成するので，必要以上の加熱をしない．加熱油を空気に触れさせると，自動酸化が進む．自動酸化はフリーラジカルによって不飽和脂肪酸の二重結合が酸化されていくので，熱重合を避けるためには，飽和脂肪酸の多い油脂（パーム油，ラード）のほうが有効である．

3)　水より軽い

油脂の比重は0.92と水より軽いため，ラードやヘット，生クリームを分離することができる．スープに浮いた油も取り除くことができる．

4)　疎水性（付着防止作用）

水と混ざり合わない性質（疎水性）をもっているので，この性質を利用して付着を防止することができる．ゆでパスタに油をまぶしたり，焼き網，ケーキ型や天板に油脂を塗ったり，サンドイッチのパンにバターを塗るのはこの性質を利用している．

5)　クリーミング性

バターや生クリームなどを攪拌したときに空気を抱き込む性質で，容積を大きくし，軽いクリーミーな口あたりを与える．クリーミング性はショートニングがマーガリンやバターより大きい．バターケーキ（パウンドケーキ）やアイスクリーム，ホイップクリームはこの性質を利用している．

6)　ショートニング性

小麦粉に油脂を加えて練ると，グルテンとデンプンの間に油脂が入りこみ，粘性を阻害して，もろく砕けやすい性質を与える．これをショートニング性という．パイ，クッキーに加える油脂の量が多いほどショートネスが高く，さくさくと砕けやすくなる．

7)　可塑性

バタークリームや泡立てた生クリームが自由に形作れる性質をいう．

8)　固体脂の融点

食用油脂の融点を表9.6に示す．脂肪酸の炭素数が多いものほど融点が高く，二重結合の多いほど融点は低くなる．バター・ラードの固体脂は温度が上がると軟らかくなり，ついには液体となるが，温度が下がると再び固体となる．この性質を利用したものにパイクラスト，シュウペースト，バターケーキ，カレールーなどがある．マーガリン・ショートニングなどの加工油脂は使用目的によって二重結合の数を調節しており，トースト用の融点は低く，パイ用は高い．

9）乳化性

乳化剤が存在すると親水性のものとマヨネーズのようなエマルションをつくることができる．さらに，いため煮やおでんなどのうま味，トンコツスープのうま味はエマルションによるといわれている．

9.4 ゲル化材料（ゲル形成素材）

成分抽出による主なゲル化素材として，動物性タンパク質であるゼラチン，海藻抽出物の多糖類である寒天やカラギーナン，植物抽出物の多糖類であるペクチンなどがある．これらはいずれも溶液中でゾル（コロイド溶液）となり，適温でゲル化する（表 9.7）．

9.4.1 ゼ ラ チ ン

動物の結合組織や真皮，骨などに含まれる肉基質タンパク質の 1 つである

表 9.7　各種ゲル化材料の調理機能

ゲル化材料		動物性	植　物　性			
		ゼラチン	寒　天	カラギーナン	ペクチン	
					HM ペクチン	LM ペクチン
成　分		タンパク質	多糖類		多糖類	
		アミノ酸が細長い鎖状に並んだもの	ガラクトースとその誘導体が細長く鎖状に並んだもの		ガラクツロン酸の誘導体が細長い鎖状に並んだもの	
原　料		主に牛，豚の骨，皮	紅藻（テングサ類）	紅藻（スギノリ類）	果実（柑橘類，リンゴ等），野菜	
抽出方法		熱　水　抽　出				
製品の形状		粉末状，粒状，板状	棒状，糸状，粉状	粉　状	粉　状	
溶解の下準備		水に浸して膨潤させる	水に浸して吸水させる	水に浸して膨潤または砂糖とよく混合しておく	水に浸して膨潤または砂糖とよく混合しておく	
溶解温度		40～50 ℃（湯煎）	90～100 ℃	70 ℃	90～100 ℃	
ゲル化の条件	濃　度	2～4%	0.5～1.5%	0.5～1.5%	0.5～1.5%	
	温　度	要冷蔵（5～10 ℃）	室温（28～35 ℃）	室温（37～45 ℃）	加熱してゲル化室温でやや固くなる	室温でゲル化
	酸の影響	酸にやや弱い（pH 4～）	酸にかなり弱い（pH 4.5～）	酸にやや強い（pH 3.2～）	酸がなければゲル化しない（pH 2.8～3.2）	酸にやや強い（pH 3.2～6.8）
	その他	タンパク質分解酵素を含まないこと		種類によってカリウムやタンパク質によりゲル化	多量の砂糖（55～70%）	カルシウムなど（ペクチンの1.5～3.0%）
ゲルの特性	口当たり	軟らかく独特の粘りをもつ滑らかで口溶けがよい	粘りがなくもろいつるんとした喉ごし	軟らかく粘弾性をもつ	かなり弾力性をもつ	粘りと弾力性をもつ
	保水性	保水性が高い	離漿しやすい	やや離漿する	最適条件から外れると離漿する	
	熱安定性	夏期に崩れやすい融解温度　20～25 ℃	室温で安定融解温度　85 ℃ 以上	室温で安定融解温度 60～65 ℃	室温で安定	
	冷凍安定	冷凍できない	冷凍できない	冷凍保存できる	冷凍保存できる	
	消化吸収	消化吸収される	消化されない	消化されない	消化されない	

（川端晶子・畑　明美：調理学，建帛社，1990；川端晶子・大羽和子：新しい調理学，学建書院，1999 より改変）

コラーゲンは，水とともに加熱すると加水分解し，水溶性の誘導タンパク質となり溶出する．この抽出物を濃縮，ゲル化，乾燥し，粉末状，粒状，板状にしたものがゼラチンである．

a.　ゼラチンの成分と利用

主成分はタンパク質で，アミノ酸組成では，グリシン，プロリンなどの含有量は高いが，必須アミノ酸であるトリプトファンやシスチンを含まないため栄養価は高いとはいえない．しかし，消化吸収もよく，組み合わせる材料を工夫することにより栄養価を高めた調理・加工品を作ることができる．ゲル化機能を利用したゼリー類はもちろんのこと，タンパク質の起泡性を生かしたマシュマロ，安定性を生かしたアイスクリームやシャーベットなど用途は広い．融解温度が低いために口溶け，喉ごしがよく，咀嚼，嚥下機能の低下している病人や高齢者向けの食事に最適なゲル化剤として利用が盛んである．

b.　調理特性

1)　溶解（ゾル化）・ゲル化の条件

溶解前に水に浸漬し吸水・膨潤させる．水は6～10倍程度，浸漬時間は粉末で5分程度，板状で20～30分が目安となる．使用ゼラチン濃度は出来上がりの2～4% が普通で，溶解温度は40～50℃ である．高温加熱によってペプチド結合が分解されるとゲル強度が低下するため，湯煎（50～60℃）で溶解する．

溶解したゼラチン液は5～10℃ で凝固する．ゼラチン濃度が高いほど，冷却時間が長いほど，冷却温度が低いほどゲル強度は高くなる．ゼラチンゲルは熱可逆性で，ゲル化材料のなかでは最も融解温度が低く，約20～25℃ 程度である．夏場など融解温度以上の場所に置くと，離漿しないが，直接ゼリーの崩壊が起きるので注意する必要がある．

2)　添加物の影響

添加物の種類によってゲルの性質は異なる．

① 砂糖：　ゲルの凝固・融解温度を上昇させ，ゼリー強度を高め，透明度や粘稠性を増加させる．

② 酸：　酸度の強い果汁を添加し加熱すると，特にpH 4以下になるとゼリー強度は低下する．

③ 果物中のタンパク質分解酵素：　パインアップルやマンゴー，パパイア，キウイフルーツ，イチジクなどにはタンパク質分解酵素が存在する．ゼラチンはタンパク質であるため生の果汁を添加するとゲル形成能は低下するので，あらかじめ加熱して酵素を失活させて使う．

④ 牛乳：　牛乳中の塩類の影響でゼリー強度は増す．

3)　ゲルの特徴

やわらかで粘稠なゲルで，透明度は高い．接着性がよく2色ゼリーなどに向く．ゼラチン2〜3%と寒天0.5〜0.7%の混合ゲルは，両者の中間の食感をもつゲルとなり，ゼラチンの融解温度が低く，室温で崩壊しやすい性質を改善することができる．

9.4.2 寒　　天

寒天は紅藻類のテングサやオゴノリなどを原料とし，熱水抽出された細胞壁多糖で，濃縮，凝固，凍結，融解，乾燥したものである．棒状（角寒天），糸状，粉末状がある．

a．寒天の成分と利用

寒天はガラクトースと3,6-アンヒドロガラクトースが繰り返し連なる構造をもつアガロース（70%）と，少量のエステル硫酸をもつアガロペクチン（30%）から構成されている．中性ガラクタンのアガロースはゲル形成能が大きく寒天の強度を，酸性ガラクタンのアガロペクチンはゲル形成能が小さく，寒天の粘弾性を左右する．用途はゼリー類のゲル化剤，羊羹や和菓子などの増粘剤や保水剤，ヨーグルト，アイスクリームなどの賦形剤，魚介類や畜肉缶詰の保護剤，ダイエット食品への利用など多岐にわたっている．

寒天は消化されにくくエネルギー源としての価値はないが，低カロリーの健康食品として注目されている．豊富に含まれる食物繊維は整腸作用がある他，大腸癌，高血圧，肥満，糖尿病，高コレステロール血症などの予防効果が期待されている．また，ゼラチン同様に高齢者向けの嚥下食に有効なゲル化剤である．

b．調理特性

1）ゾル・ゲル化条件

水に浸漬して吸水，膨潤させ，加熱溶解する．棒寒天では1時間で約20倍，粉末寒天では5〜10分で約10倍程度に吸水する．使用濃度は0.5〜1.5%で，溶解温度は90℃以上で実際には沸騰させながら十分に溶解する．寒天濃度が2%以上になると溶解しにくいため，それ以下の濃度のものを目的の濃度まで煮詰めて使用する．

凝固温度は35℃前後で，室温でも凝固する．ゾルの状態ではアガロースとアガロペクチンの鎖状が無秩序にもつれ合い，その間に水を保有している．温度が低下してくると分子の一部に規則正しくねじれた二重らせんができ粘性が増加し，さらに温度が下がると二重らせんの部分は並行に並んだ部分が多くなる．すなわち，高分子間に架橋構造ができ網目を形成して流動性が失われゲルが形成される（図9.3）．ゲルを再び70℃以上にすると融解するが，室温に放置しても融解は起きず，離漿しやすい．

寒天濃度が高いほど，冷却温度が低いほど，冷却時間が長いほどゲル強度は高くなる．

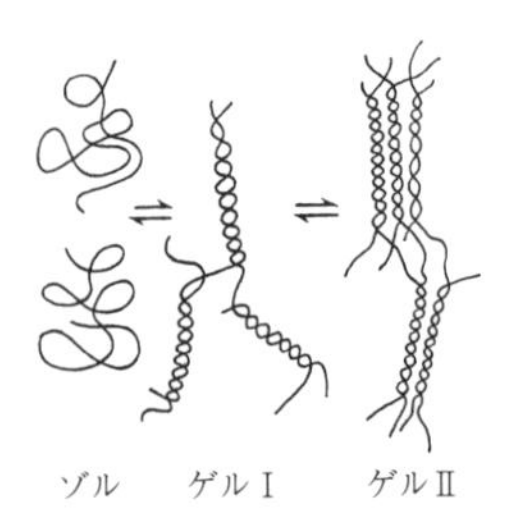

図9.3 寒天のゲル化機構の模式図
（山田信夫：海藻利用の科学，成山堂書店，2001）

2)　添加物の影響

砂糖や果汁など添加材料によってゼリーの性質は異なる.

① 砂糖：　吸水性の高い砂糖を添加することで，ゲル形成能は高くなり，硬くて透明度の高いゲルが形成される．また，自由水が少なくなるために離漿も抑えられる.

② 果汁：　酸に弱い．有機酸を含む果汁を加えて加熱すると，多糖類が熱と酸の両作用によって分解され，凝固性が低下し軟らかいゲルとなる．特に pH 3 以下ではゲルが形成されない．果汁を加える際には寒天液が 60 ℃ 程度に冷えてから加えると影響は少ない.

③ 牛乳：　牛乳にコロイド状で含まれる脂肪やタンパク質の影響でゲル強度は低下する.

④ 食塩：　食塩を加えるとゲル強度は増すが，付着性や凝集性はやや小さくなる.

⑤ 比重の異なる副材料：　水ようかんのあん，泡雪かんの卵白の泡などのように，寒天液と比重の異なるものを混合するとゲル形成能は低くなり，軟らかいゲルとなる．寒天液が粘性を増す 40 ℃ 付近で両者を混ぜ合わせると，2 層に分離せず均一に凝固する.

3)　ゲルの特性

硬くてもろさをもつゲルで，歯切れがよいが透明度はゼラチンに比べ低い．ゲルの接着性は低く，2 層ゼリーには不向きである.

● 9.4.3　カラギーナン ●

a.　カラギーナンの成分と利用

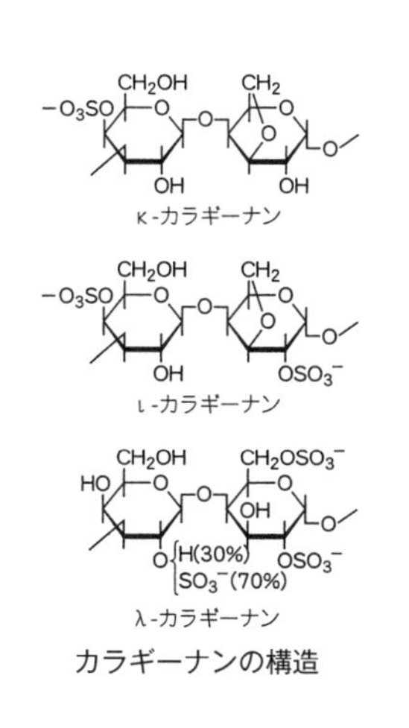

カラギーナンの構造

カラギーナンは紅藻類のスギノリやツノマタなどの細胞間物質で，ガラクトースと 3,6-アンヒドロガラクトースを成分とし，これに硫酸エステルがついた多糖類である．硫酸基の量と結合部位によって性質は異なり，κ（カッパ）-カラギーナン，ι（イオタ）-カラギーナン，λ（ラムダ）-カラギーナンがある．ゲル化剤や増粘剤としてゼリーや製菓製品，乳製品，魚肉や獣肉類の練り製品などに幅広く使用されている．市販されているゼリー用カラギーナンにはローカストビーンガム，塩類，糖類などが混合され，溶解・ゲル化機能が改良されている.

カラギーナンは寒天同様に食物繊維を含み，整腸作用がある．また，ゲル化濃度を変えることにより病人や高齢者の咀嚼，嚥下食に適し，利用範囲は広い.

b.　調理特性

1)　ゾル・ゲル化条件

使用濃度は 0.5〜1.5% 程度で，κ-および ι-カラギーナンは水に 5〜10 分浸漬し吸水，膨潤させた後，約 70 ℃ で加熱溶解すると簡単に溶解する．水への分散性がよくないため吸水性の高い砂糖と混ぜておき，少しずつ水を加え分散させるとよい．いずれのカラギーナンも熱い牛乳にはよく溶ける．

ゲル化するのは κ-および ι-カラギーナンで，ゲル化能は硫酸基の少ない κ-カラギーナンの方が大きい．ゲル化にはカリウムイオンや牛乳カゼインなどのタンパク質の共存が必要である．カラギーナンは水溶液中では硫酸基によりマイナスイオンを呈し，分子間の反発が生ずる．カリウムイオンが存在すると電荷が中和され，分子間の反発は遮蔽され分子は凝集しやすくなり，カルシウムなどの2価のイオンの場合は分子間にイオン結合が形成され，ゲル化が促進される（図9.4）．そして両電解質のタンパク質もカラギーナンと反応しゲル化が促進される．凝固温度は37～45℃で室温でも凝固する．カラギーナンゲルも熱可逆性であり，融解温度は60～65℃程度で，室温に放置しても融解しない．

2）　添加物の影響

カラギーナンは添加する副材料によってゲル形成能は大きく異なる．

① 果汁：　寒天よりも酸に強く，果汁を添加する場合は50℃以下で加えるのがよい．

② 砂糖：　砂糖は添加量が増加するほどゲル強度も透明度も増加し，離漿は少なくなる．

③ 無機イオン：　K^+ や Ca^{2+} はゲル化を促進し，ゲル化温度を上昇させ，ゲル強度を増加させる．特に κ-カラギーナンは K^+ に最も反応し硬くてもろいゲルを形成し，ι-カラギーナンは Ca^{2+} に強く反応してゲル強度が増加し弾力のあるゲルを形成する．

④ タンパク質：　タンパク質のなかでも牛乳中のカゼインの影響は大きい．その他，ミオシン，大豆タンパク質，ローカストビーンガムにも反応す

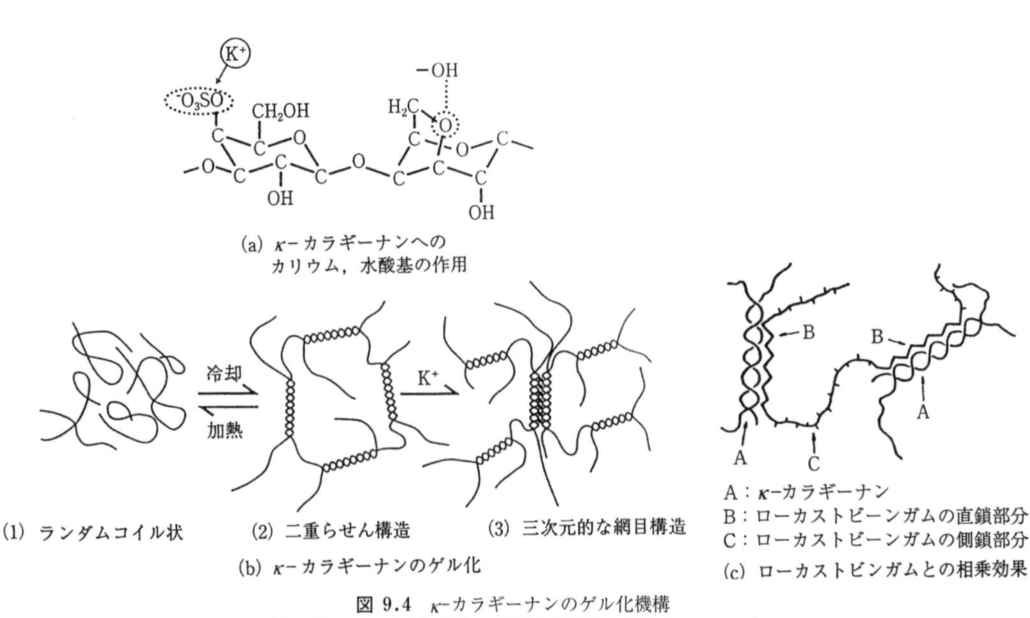

図 9.4　κ-カラギーナンのゲル化機構
（丸山悦子・山本友江編著：調理科学概論，朝倉書店，2005）

る．κ-カラギーナンは牛乳やローカストビーンガムとの反応性が高く，ゲル形成能は大きく促進される．

3) ゲルの特性

透明度が高く，ゼラチンと寒天の中間的な弾力やもろさをもつゲルを形成する．

ローカストビーンガム
地中海沿岸に生育するマメ科イナゴ豆の種子胚芽中に存在する難消化性多糖．カラギーナンやペクチンに混合して使われる．

9.4.4 ペクチン

a. ペクチンの成分と利用

果物や野菜類をはじめとする植物の細胞壁中に含まれ，ガラクツロン酸がα-1,4結合した直鎖状の多糖類で，ラムノースが主鎖にアラビノース，ガラトースなどの中性糖が側鎖に共有結合していると考えられている．柑橘類やリンゴから分離精製され，ゲル化剤や増粘安定剤として利用される．メトキシル基が7% 以下のもは低メトキシル（LM）ペクチン，それ以上では高メトキシル（HM）ペクチンといい，いずれも難消化性多糖類で，低カロリー食品である．HMペクチンはゼリーやジャム，マーマレードに，LMペクチンはミルクゼリーやヨーグルト，アイスクリームなどに利用される．

b. 調理特性

1) ゾル・ゲル化条件

HMペクチン，LMペクチンいずれも粉末状のものは水への分散性が悪く，だまになりやすいので，溶解性の高い砂糖などに混ぜて水に分散し，90～100℃ で加熱溶解するのがよい．室温でゲル化する．

① HMペクチン： ペクチン濃度0.5～1.5%，砂糖の濃度50～70%，pH 2.8～3.2でゲル化する．この条件下で主に水素結合による架橋構造がつくられ，カルボキシル基の解離が抑制され，分子の凝集が起きやすくなる．酸はペクチン粒子の解離を抑え，糖は保水性の役目をもちゲルを安定化させる．

② LMペクチン： カルシウムやマグネシウムなどの2価，3価の金属イオンにより分子間にイオン結合，配位結合などを形成しゲル化する．牛乳を添加するとカルシウムなどが多く含まれているため，金属イオンの添加は必要ない．

2) ゲルの特性

透明感があり，やわらかい粘稠性のある食感である．

カードラン
微生物産生多糖類で，80℃ では熱不可逆性ゲル（ハイセットゲル），60℃ 以下では熱可逆性ゲル（ローセットゲル）ができる．高温で溶けないため温かい寄せ物に利用できる．冷凍耐性があり，冷凍うどんやもちに添加されている（煮崩れ防止用）．

ジェランガム
微生物産生多糖類で，0.4% 濃度でもゲル化する．Ca^{2+}，Na^{+}が存在するとゲル化しやすく，耐酸性，熱不可逆性ゲルである．脱アシル型は透明感があり，果汁などのとろみ付けに利用される．

キサンタンガム
微生物産生多糖類で，透明感があり，粘つき感がなく，のどごしがよく，調味料の添加により粘度が変わりにくいため，嚥下補助食品として最近広く利用されている．

グアーガム
マメ科の種子から抽出された多糖類で，低濃度でも高い粘性が得られ，冷凍耐性があるので，増粘剤として加工食品に利用されている．また，嚥下補助食品としても利用されているが，粘りがあり，口中残留感がある．嚥下補助食品の主流は加工デンプン→グアーガム→キサンタンガムになっている．

9.4.5 その他のゲル化材料

その他のゲル化材料として，微生物が産生する多糖類であるカードラン，ジェランガム，キサンタンガムがある．キサンタンガムやマメ科多糖類のグアーガムは嚥下困難者用のとろみ調製剤（嚥下補助食品）として広く使用されている．

9.5 分離タンパク質

世界の食糧事情は発展途上国の人口増加，先進国の老齢化および工業化に伴う食糧生産の低下，異常気象などによって，近い将来にかなり深刻な状況になることが予測されている．このような中で日本は世界でも有数の食糧輸入大国であり，とくにタンパク質源の確保は緊急の課題になっている．このような中で大豆タンパク質などの新素材の有効利用が進められている．現在，分離タンパク質の多くは，食品産業で用いられているが，今後は，さまざまな機能特性をもつこれらの素材の一般家庭での利用が期待される．植物由来のタンパク質（大豆タンパク質や小麦タンパク質）は，動物性食品にアレルギーをもつ人のための対応食として利用されてきている．

9.5.1 大豆タンパク質

大豆タンパク質製品には，濃縮大豆タンパク質（soy protein concentrate，SPC），分離大豆タンパク質（soy protein isolate，SPI），粒状大豆タンパク質，繊維状大豆タンパク質などがある．この中で，分離大豆タンパク質は，脱脂大豆から pH 7～9 で水溶性成分を抽出し，不溶性成分を除いた上清部を噴霧乾燥させたものである．タンパク質含量は 90% 以上で大豆タンパク質製品の中でもっとも高い．大豆タンパク質は，溶解性，保水性，乳化性，加熱によるゲル形成能，水和特性，乳化性，起泡性，組織形成能などの機能特性をもつが，分離タンパク質ではこれらのほとんどの機能性をもち，中でも保水性，乳化性，ゲル形成能（加熱必要）が優れている．

分離大豆タンパク質は，畜肉加工，マカロニ，めん類，マヨネーズ，コーヒーホワイトナーのほか冷菓に用いられる．家庭用にも大豆プロテインパウダーなどの名称で売られている．食肉・魚肉団子などの肉類の代替品として，または焼菓子類などのバター使用量を減らす目的で小麦粉の一部を大豆タンパク質に代替するなどで利用されている．

9.5.2 小麦タンパク質

小麦粉に水を加えてじゅうぶんこね，デンプンを洗い流すと粘弾性のあるグルテンの塊が残る．これが小麦タンパク質である．生，冷凍品，粉末状，繊維状，ペースト状，粒状にして食品加工に利用されている．

生あるいは冷凍の小麦タンパク質製品は生麩（なまふ）や焼き麩，水産練り製品に使われる．粉末状の小麦タンパク質には吸水するともとの生グルテンの性質を示す活性グルテンと，変性させているため加熱してもゲル化しない変性グルテンがある．前者は，めんの改良剤，畜肉ソーセージ，水産練り製品，健康食品などに，また変性グルテンは畜肉加工品や水産練り製品などに利用される．その他の製品は，畜肉の代替品として冷凍調理食品やレトルト食品に使われる．グルテンなどの名称で家庭用にも市販されており，加工食品と同様に畜肉の代替品として使われる．

9.5.3　乳清タンパク質

乳清タンパク質の利用
畜肉加工食品のゲル強度を高める改良剤として，また，デザートに高い起泡性と安定性および口溶けのよい食感を付与するために添加されている．また，家庭での調理を目的とはしていないが，ホエープロテインとして個人向けに市販されている．

乳清（ホエー）は，欧米やオセアニア諸国でチーズやカゼインの副産物として廃棄されたり，肥料として一部が利用されるにすぎなかった．しかし，乳清には牛乳全体の約20％のタンパク質を含むため，近年，その有効利用が進められてきている．乳清タンパク質の構成タンパク質の主なものはβ-ラクトグロブリン，α-ラクトアルブミン，血清アルブミン，免疫グロブリンおよびプロテオースペプトンである．乳清タンパク質製品には，ホエー粉，ホエータンパク質濃縮物（whey protein concentrate，WPC），ホエータンパク質分離物（whey protein isolate，WPI）などがある．ホエータンパク質分離物の機能特性としては，溶解性，起泡性，乳化性（特に安定性）が優れている．

9.5.4　血漿タンパク質

血漿タンパク質の利用
ヨーロッパやモンゴルなど古くから畜肉の食習慣がある地域では，家畜の血液は，ブラッドソーセージなどに加工されて食されている．

畜肉血液製品の1つに血漿タンパク質がある．屠殺場で生じる血液はヨーロッパなどでは液体肉と呼ばれ食に利用されてきた．しかし，日本ではそのような食習慣がなかったためほとんど廃棄されており，1981年以降になってその食材化が進められてきた．血漿タンパク質の構成タンパク質はフィブリノーゲン，グロブリン，アルブミンが主たるものである．アミノ酸ではリジン含量が高いのでリジン含量が低い穀類と組み合わせると食事中のアミノ酸のバランスがとれる．血漿タンパク質の機能特性では，結着性および保水性に優れている．現在も加工食品への利用についての研究・検討が続けられている．

参考文献

石松成子・鎚　吉・外西壽鶴子：NEW 基礎調理学，医歯薬出版，1999
今堀和友・山川民夫監修：生化学辞典第3版，東京化学同人，1998
金谷昭子：調理学，医歯薬出版，2004
川端晶子・畑　明美：調理学，建帛社，2002
木戸詔子・池田ひろ編：調理学，化学同人，2003
河野友美：コツと科学の調理事典第3版，医歯薬出版，2001
中川一夫・藤田修三：Navigator 食品衛生学，医歯薬出版，2001
橋本慶子・島田淳子：調理科学講座6　食成分素材・調味料，朝倉書店，1993
福場博保・小林彰夫編：調味料・香辛料の事典，朝倉書店，1991
丸山悦子・山本友江：調理科学概論，朝倉書店，2005
山崎清子ほか：新版調理と理論，同文書院，2003
和田淑子・大越ひろ：健康・調理の科学―おいしさから健康へ―，建帛社，2004

10. 嗜好飲料

嗜好飲料は，食事と食事の間や食事の前後，食事中に，水分の補給だけでなく，食事をよりよくするために，あるいは，疲労回復や安らぎを得るために補う飲み物である．嗜好は個人や民族や食習慣により異なるものであり，多くの種類があるのが特徴である．人間の健康に必須ではないと考えられてきた嗜好飲料も，なんらかの健康上への機能性があることが解明されてきている．

10.1 茶

煎茶の地位
栄西が室町時代中国の宋から抹茶法を伝えて，「茶の湯」として展開する以前は，茶を煮出す「煎茶」が平安時代の貴族達の喫茶道風景であり，「煎茶道」といってもよいものであった．現代の煎茶の普及は，江戸時代，明の隠元渡来によるといわれている．

茶の種類と特徴を表10.1に示した．

茶のうま味物質であるアミノ酸の一種テアニンは日光をさえぎって栽培することと，お茶を入れる温度が低いほうが多く抽出されるので，60℃以下が望ましい．お茶とコーヒーに含まれているカフェイン，タンニン，ビタミンC量を表10.2に示した．

近年茶の機能性が明らかになってきた．カテキンにはエピガロカテキン，ガロカテキン，エピガロカテキンガレートなどが含まれ，発ガン抑制，抗腫瘍，抗酸化，血中コレステロール低下作用，血圧上昇抑制，抗インフルエンザ，虫歯予防，口臭予防などがあることが報告されている．カフェインは覚醒作用（疲労感や眠気の除去），利尿作用，ビタミンCはストレス解消，風邪の予防，γ-アミノ酪酸は血圧降下作用などがある．

10.2 コーヒー

最初のコーヒー店
世界最初のコーヒー店はコンスタンチノープル（イスタンブール）に1554年，日本で最初のコーヒー店は明治21年（1888年）に上野黒門町にできた．

コーヒーはコーヒー樹の成熟した赤い実から外皮・果肉皮・銀皮などを除去した種子である．エチオピア山地が原産地といわれ，アラビア人が最初に飲用し，イスラム教諸国からその文化がヨーロッパ・キリスト教国に広がった．木の種類は，アラビカ，ロブスタ，リベリカの三種類である．コーヒーの入れ方にはボイリング，ドリップ（メリタ，カリタ），サイフォン，パーコレーター，エスプレッソ，ダッチコーヒー，オートマチックコーヒーメーカーなどがあり，それぞれ豆のひき方が異なる．ミルクやホイップクリームを入れるカフェオレ，カプチーノ，ウインナーコーヒーがある．またアルコ

表 10.1 茶の種類と特徴

不醗酵茶（緑茶）	クロロフィラーゼを熱で不活性化し，クロロフィル色素を残した緑茶．60℃以下で抽出すると，テアニン，グルタミン酸などの甘味物質が多く，渋味を与えるカテキンが少なくなる．
蒸す（日本式）	緑色が鮮やかで，ビタミンCの損失が少ない．
玉露	太陽光をさえぎる覆いをすることで，うま味成分のテアニンが多くなる．
抹茶	玉露を蒸して乾燥粉末にしたもので，カフェイン，テアニン，カテキン含量は最も多い．
煎茶	日本人の最もよく飲用する緑茶である．高級になるにつれて低温のお湯で入れると甘味が出る．
ほうじ茶	煎茶を焙烙で炒ったもの．熱湯で入れる．
番茶	番茶は茎や古葉が入っているので，褐色になっていることが多い．熱湯で入れる．
炒る（中国式）	釜炒りによって，酵素活性を押さえる中国式製法．緑色は日本式より淡い．
龍井茶	龍井（ロンジン）茶は揉まないので葉の組織が破壊されることなく，平たく乾燥されている．このため，カテキンも少なく，さわやかな味となっている．
嬉野茶	炒りながらよく揉むので，葉が丸い玉状となっている．
半醗酵茶	天日で干して水分をいくらか乾燥させた後で釜炒りする茶．
ウーロン茶	醗酵度合いが，50～55％のもの．香りと色が重要．
鉄観音	ウーロン茶より醗酵度合いが少なく，25～30％のもの．
包種茶	醗酵度合いがウーロン茶より少なく（12～15％）緑茶に近い．台湾で作られている．
醗酵茶（紅茶）	採取した葉を加熱することなく，しおれさせてよくもみ，酸化酵素の働きで，紅茶となる．タンニンは多いが，テアニン，ビタミンCは無い．
色	浸出液の赤色は，フラボノイド色素が変化したテアフラビンとテアルビジンである．レモンティーにした場合に赤色が退色するのは，テアルビジンが酸性で変色するためである．
香	香気成分はヘキセノール，リナロール，ゲラニオール，ベンジルアルコールフェニルエタノール，メチルサルチレート．
産地	産地により，アッサム，セイロン，ウバ，ヌワラエリア，ダージリンなどあるが，多くはブレンドして市販されている．
アイスティー	白濁するクリームダウンという現象が起こることがある．これは，カフェインとタンニンが結合したものであり，この結合を避けるためには，急冷させるとよい．
チャイ	トルコではチューリップ形の小さなガラスコップに，砂糖の入った紅茶を戸外で男性が飲んでいる風景に出会う．チャイハネでは背中に大きな紅茶の入ったタンクを背負った人がお茶をサービスしている．
ミルクティー	イギリスでは圧倒的にミルクティーが飲まれている．
ロシア	ジャムを食べながら紅茶を飲む習慣がある．
後醗酵茶	茶葉を長時間堆積して漬け込み，微生物醗酵させてから形作り乾燥させたもの．
プーアル茶	雲南省の茶である．とう茶という形にして持ち運びに便利なように工夫されている．この製法の名残りは高知県の碁石茶，阿波晩茶，富士黒茶にみられる．

表 10.2 浸出液のカフェイン，タンニン，ビタミンC量（100g中）

浸出方法		カフェイン（g）	タンニン（g）	ビタミンC（mg）
玉露	（茶10g，60℃，60 ml，2.5分）	0.16	0.23	19
煎茶	（茶10g，90℃，430 ml，1分）	0.02	0.07	6
番茶	（茶15g，90℃，650 ml，0.5分）	0.01	0.03	3
ウーロン茶	（茶5g，熱湯360 ml，1.5～4分）	0.02	0.03	0
紅茶	（茶15g，熱湯650 ml，0.5分）	0.03	0.10	0
コーヒー	（粉末10g，熱湯150 ml）	0.06	0.25	0

（五訂食品成分表より）

ールを入れるアイリッシュコーヒーやカフェロワイヤル，カフェグロリアやチョコレートを溶かしアイスクリームを入れるモカフロスティーなど飲み方はさまざまである．近年コーヒーに含まれているトリゴネリンやクロロゲン酸の抗腫瘍，抗酸化作用，ひいては脳の老化予防の可能性が報告されている．

10.3 コ コ ア

カカオ樹の果実に含まれる種子カカオ豆からつくられる．カカオ豆の外皮を炒って殻を除去し，粗挽きしたカカオニブ（胚乳）を細かくすりつぶし，ペースト状のカカオマスにする．これからカカオバター（カカオ脂）を圧搾除去，粉末状にしたものである．消化されやすいタンパク質，脂肪，デンプンを含み，カフェインの前駆体のテオブロミンが，ココアの苦味である．低カフェインの子供にも適した飲み物である．ピュアココアは混ぜ物が無く，脂肪含量が21.6%，粉乳・砂糖を混ぜたミルクココアの脂肪含量は6.8%である．近年カカオマスポリフェノールが活性酸素消去機能をもつことから，一躍注目を浴びた．チョコレートはカカオバターを含んだカカオマスに，砂糖やカカオバターを加えて成型したものである．イギリスでは飲み物としてのココアをホットチョコレートという．

10.4 清 涼 飲 料

清涼感，爽快感をもち，アルコールを含まない（1% 未満）飲料である．炭酸飲料，果実飲料，スポーツ飲料，栄養飲料，特定保健用食品としての飲料に分類される．

10.5 アルコール飲料

イスラム圏など，ある種の宗教上の理由でアルコールの摂取が禁じられている国もあるが，世界各国で，その国の主たる穀物を原料とする醸造酒と，それから蒸留したアルコール度の高い蒸留酒が存在する．食事の前の食前酒は食欲増進のため，食事中はその料理に合う飲み物を，食後には食事の余韻を楽しむために選んで飲用されている．飲料のほか，調味料として，どの国の料理にもその国の酒が使用されている．蒸留酒は特に洋菓子類に香りつけの目的で多く使用されている．サクランボからのキルシュ，糖蜜からのラム，柑橘類のグランマニエ，コアントローなどである．近年赤ワインのポリフェノールに活性酸素消去作用があることがわかった．さらに，ポリフェノールの一種であるリスベラトロールにLDLの酸化を防止し，血小板凝集を抑制することが報告されている．

参 考 文 献

木戸詔子・池田ひろ：調理学，化学同人，2003
橋本慶子・島田淳子：調理科学講座6　食成分素材・調味料，朝倉書店，1993
松下　智：中国の茶，川原書店，1988
村松敬一郎：茶の科学，朝倉書店，1991
吉澤　淑：酒の科学，朝倉書店，1995

11. これからの調理，食生活の行方

11.1 ライフスタイルの変化と食生活

近年，人々をとりまく食生活の変化が著しい．その要因のひとつにライフスタイルの変化がある．核家族化が進行し，年輩者との同居の機会が減ったため，伝統的な日本食文化の継承がされにくく，食生活の洋風化傾向が強まっている．高脂肪の食事は，生活習慣病患者の低年齢化を引き起こし，大きな社会問題となりつつある．生活習慣病は欧米でも大問題であり，一部では健康食として日本食をとり入れる動きさえみられる．また，交通網やインターネットなどによる情報伝達手段の発達により体を動かす機会が顕著に減少し，運動不足が慢性化し，高脂肪食の弊害が生じやすい状況となっている．これらの問題に対して，ファストフード（fast food）の流行に逆行する形で，「スローフード（slow food）」の運動が広まりつつある．1986年にイタリアで，毎日食べる食事から生活の質を再発見しようと生まれた概念であり，消えてゆく恐れのある伝統的な食材や料理，質のよい食品を守り，子供たちを含め消費者に味の教育を進めるものである．生活習慣病の増加は，人々の生活を脅かす深刻な問題であり，スローフードのような概念をふまえて食事の工夫・改善を目指すなど，調理学の分野に求められる責務は大きい．

さらに，女性の社会進出が著しく，結婚後も仕事をもつ女性が増えていることも家庭の食生活に大きな変化をもたらしている．女性が家事に費やす時間的余裕が少ないことは，加工食品および冷凍食品や中食の利用率が上昇している要因のひとつである．これらの購入量が増えるとともに消費者の嗜好がより品質のよいものを求めるようになってきているため，生産者側の競争も激しく，低価格で品質のよいものが多く市販されるようになってきている．しかし，一方で味の画一化・調理技術の低下も生じており，食文化の伝承の面からは深刻な事態も起こりつつある．調理を家庭以外に依存することはある程度やむをえないが，惣菜などにオリジナルな調理の手を加える意識が今後必要とされるであろう．なによりも家族一人一人が自分の食生活に責任をもち，正しい食生活を築いていける知識や意識を身につけるための「食育」の必要性が今後さらに増すと考えられる．

11.2 外食産業と食の安全

BSE（bovine spongiform encephalopathy，牛海綿状脳症）
牛の脳にある正常プリオンが構造変化を起こし，異常プリオンとなることで脳に空胞ができる病気．「狂牛病」（mad cow disease）は俗称であり，正式な病名ではない．

HACCP（hazard analysis critical control point，危害分析重要管理点方式）
宇宙食の衛生管理と安全確保のためにアメリカ航空宇宙局（NASA）が考案した．最終的な製品検査だけではなく，製造の全行程を管理し，製品の安全性を確保する．具体的には，食品を製造する際に工程上の危害を起こす要因を分析し（HA），それを最も効率よく管理できる重要管理点（CCP）を決め，確認項目を記録する方式をいう．

トレーサビリティー
生産流通の履歴を管理し追跡できる仕組みのこと．履歴対象を明示し，「生産履歴管理」「製造履歴管理」などとすることもある．

家庭での食事の減少とは対照的に，外食産業の発達は著しい．少子高齢化の影響もあり外食産業の売上の伸びは鈍化してきたが，それでもなお産業規模としては巨大である．外食産業の発展には価格競争中心の時代もあったが，最近ではBSE・鶏インフルエンザの発生もあり，価格以外に安全性への消費者の関心が急速に高まっている．安全性の確保のためには，厳密な品質管理が要求される．食材の変質・汚染が生じるのは，生産・流通・販売のいずれかの段階である．これを避けるためには，生産現場の衛生管理の他，流通温度の管理，流通時間の短縮などが要求される．これらの問題に包括的に対処するために食品系企業が積極的にとり入れているのがHACCPである．1995年に改正された食品衛生法の中に，「総合衛生管理製造過程」としてHACCPの承認制度が導入された．企業は法的に定められた基準により製造するか，HACCPにより製造するかを選択することになっている．

また，流通経路を一括管理して消費者へ情報を提供し，問題が生じた際にはその発生源を特定するために威力を発揮するのがトレーサビリティーの考え方である．現在，実際に市販品レベルで行われているのは小売現場における生産地・生産者表示が中心であるが，ICチップを商品に埋め込んで流通させる方法は実験段階にあり，実用化も間近である．現在，商品についているコード番号をインターネット上で検索すれば生産者の名前や生産地が表示される商品もあり，粗悪な品質管理を防ぐ意味でも有効な手段となりつつある．近い将来，輸入生鮮品についてもこのようなシステムが導入され，世界のどこでどのような人が生産したものなのかを消費者自身が確かめることができるようになる日が来るかもしれない．

11.3 環境に配慮した調理

エコ・クッキング
エコ・クッキング推進委員会（大学，NPO，社団法人日本ガス協会，東京ガス株式会社らで構成され，環境省がオブザーバーとして参加している）では，エコ・クッキングを「環境に配慮して，買い物，調理，片付けを行うこと」と定義している．なお，エコ・クッキングは東京ガス株式会社の登録商標である．

1980年頃から地域的問題とされた様々な環境問題が，現在，地球規模で急速に進行している．自分の身の回りだけでなく地球環境レベルに視野を広げて考える時代となっている．環境問題の中でも最も深刻な問題の1つが「地球温暖化」であり，国際的な協力と取り組みが必要とされている．

調理学の立場からできることとして，「エコロジー・クッキング（エコ・クッキング）」が挙げられる．私たちができることから環境にやさしい食生活を目指す試みであり，SDGsの目標達成に貢献できる取り組みの1つである．「買い物」，「調理」，「片付け」において家庭でできることから始めることが重要である．

11.3.1 買い物

買い物時には，① 旬産・旬消（旬のものを旬の時期に消費する），② 地産・地消（地元でとれたものを地元で消費する）を意識する，③ 必要な食材を必要な分だけ購入する，④ 買い物袋を持参するなど，環境にやさしいかどうかという視点で考えることが重要である．

食材の中でも特に野菜・果物や魚は，「旬」が明確である．旬のメリットとしては，安価であることやおいしくて栄養価が高いことに加えて環境にやさしいことが挙げられる．

また，日本の食料自給率はカロリーベースで 38%（2019 年度）であり，先進諸国の中でも依然として低い水準となっている．食材を購入する際に地元産のものを中心とすることは地元産業の振興につながるだけでなく，流通に関わるエネルギーロスや排気ガスなどによる環境破壊を低減することができる．さらに輸入品に関しては「フードマイレージ」という概念が提唱されている．フードマイレージは，その数値が高いほど環境への負荷が大きいことを示す．多くの食料を輸入に頼る日本には大きな問題であり，これについても「地産・地消」の意識をもって環境負荷の低減に取り組まなければならない．

買い物時には，3R＋1R（Reduce：減らす，Reuse：再利用，Recycle：再資源化）＋（Refuse：断る）の取り組みが重要であり，簡易包装選択や買い物袋持参が有効である．プラスチック製のレジ袋は生分解性がないため土中に埋められても半永久的に土中に残ってしまう．焼却すれば莫大なエネルギーが必要になるとともにダイオキシンなどの有害物質も発生することになる．2020 年 7 月 1 日より，全国でプラスチック製買物袋の有料化を行うこととなり，買い物袋持参の浸透へつながると思われる．

SDGs（エス・ディー・ジーズ）（Sustainable Development Goals）
2015 年 9 月 25 日の国連サミットで，持続可能な開発のために必要不可欠な，2030 年までの向こう 15 年間の新たな行動計画として「持続可能な開発のための 2030 アジェンダ」が採択された．この中で，17 の世界的目標と 169 の達成基準が示された．
国際連合 SDGs 公式サイト
https://sdgs.un.org/

フードマイレージ
輸入農産物が，環境に与えている負荷を数値化するために考えられ，次の式で算出される．
フードマイレージ（t･km）＝輸入相手国別の食料輸入量(t)×輸出国から日本までの輸送距離(km)

11.3.2　調　　理

調理時には，① 同時調理で省エネ・省タイム，② 食材を丸ごと活用するなど，調理に関わるエネルギー消費の無駄をなくし，③ 食材の皮などの廃棄部分の有効利用を心がけることが重要である．

加熱時のエネルギーの無駄をなくすためには，加熱不足にならない程度のできるだけ弱い火力で，できるだけ短時間に調理を終える工夫が必要である．簡単にできる工夫としては，落し蓋をする（熱が上部から逃げにくい），火は調理器具の大きさを超えない程度にする（鍋の横に出た火力は無駄になる），などがある．圧力鍋は蒸気となって放散する熱が少なく，調理時間も短いためエネルギーの節約が期待できる．

また，フードロス（食品ロス）削減への取り組みとして，食材の廃棄部分を有効利用した様々な料理が考案されている．廃棄部分とはいえ，そのほとんどはビタミン・ミネラルなど各種栄養成分を含んでおり，味やテクスチャーなどを変えれば料理となりうる．不味成分があれば抜く，硬いならば軟らかくするといった工夫で，ただのゴミを栄養源へとかえることができるとい

食品リサイクル法
食品の売れ残りや食べ残しにより，または食品の製造過程において大量に発生している食品廃棄物について，発生抑制と減量化により最終的に処分される量を減少させるとともに，飼料や肥料等の原材料として再生利用するため，食品関連事業者（製造・流通・外食等）による食品循環資源の再生利用等を促進する，という趣旨をもつ．

う意識が重要である．ただし，意識しすぎると義務感が先に出てしまう場合もあるので，自分に合ったやり方で調理を楽しむ気持ちを忘れずに取り組むことがより重要である．

11.3.3 片付け

片付け時のポイントは，いかにして水とゴミを減らすかである．地球全体の水資源のうち，人が使いやすい淡水は約0.01%であり，たとえば，地球全体を浴槽1杯（300 l）に例えると，淡水は大さじ2杯程度となる．水資源は貴重であることを常に意識することが大切である．水の汚れの程度を示す指標の一つに生物化学的酸素要求量（BOD：Biochemical Oxygen Demand）がある．BODは，水中のバクテリアが有機物を分解するときに消費する酸素量mg/lで示している．例えば，使用済みのてんぷら油を大さじ1杯流しただけで，魚がすめる水質（BOD 5 mg/l）に戻すのに真水が300 lのバスタブ17杯必要とも言われている．片付けの際に，鍋や皿の汚れはふき取ってから使う，油汚れの食器を重ねない，洗い桶などを活用するなどのほんのちょっとした工夫が有効である．

また，料理にもできなかった食材でも，やはり有機物にかわりはなく，残飯であればなおさらである．それらをゴミとして捨てるのではなく，発酵により堆肥に変えて利用する例が増えている．小型の生ゴミ処理機が販売されており，食品リサイクル法が2001年に施行されたこともあり，導入に補助金を支給する制度も実施された．できた堆肥は家庭菜園やプランターに使うことができる．また，より大きな規模としては，学校・自治体・農家がタイアップした「リサイクル型学校給食事業」が行われている例があり今後，全国的に活動が広がっていくことが期待される．

参考文献

エコ・クッキング推進委員会：エコ・クッキング指導者教本，エコ・クッキング推進委員会，2011
川端晶子・大羽和子：健康調理学，学健書院，2004
環境省ホームページ　http://www.env.go.jp/recycle/food/
国際連合SDGs公式サイト https://sdgs.un.org/
全国地区衛生組織連合会：食生活，**95**（6），213-35，2001
東京ガス株式会社ホームページ　https://home.tokyo-gas.co.jp/shoku/torikumi/eco-cooking/about-eco-cooking.html
長尾慶子編著：改訂版調理を学ぶ，八千代出版，2021
西原修造・田中弥生：やさしく作れる家庭介護の食事，日本医療企画，2001

索　　引

ア　行

カ　行

サ　行

タ　行

ナ　行

ハ　行

マ 行

ヤ 行

ラ 行

ワ 行

編著者略歴

渕上倫子（ふちがみ みちこ）

1943年　岡山県に生まれる

1966年　奈良女子大学家政学部卒業

現　在　岡山県立大学名誉教授

　　　　医学博士・学術博士

テキスト食物と栄養科学シリーズ5

調理学　第2版

定価はカバーに表示

2006年3月30日　初　版第1刷

2020年1月15日　　　　第17刷

2022年3月1日　第2版第1刷

編著者　渕　上　倫　子

発行者　朝　倉　誠　造

発行所　株式会社　朝　倉　書　店

東京都新宿区新小川町6-29

郵便番号　162-8707

電　話　03(3260)0141

FAX　03(3260)0180

https://www.asakura.co.jp

〈検印省略〉

中央印刷・渡辺製本

ISBN 978-4-254-61650-7　C 3377

Printed in Japan